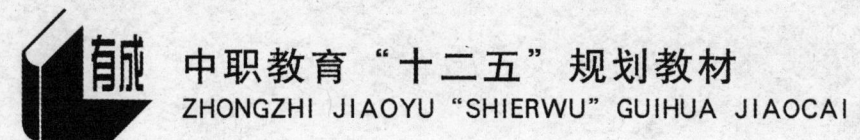

中职教育"十二五"规划教材

ZHONGZHI JIAOYU "SHIERWU" GUIHUA JIAOCAI

会计电算化实务

主编／赵荣敏

副主编／娄召辉 李晓东

立信会计出版社

LIXIN ACCOUNTING PUBLISHING HOUSE

图书在版编目(CIP)数据

会计电算化实务/赵荣敏主编. —上海:立信会计出版社,2015.5
中职教育"十二五"规划教材
ISBN 978-7-5429-4697-3

Ⅰ.①会… Ⅱ.①赵… Ⅲ.①会计电算化—中等专业学校—教材 Ⅳ.①F232

中国版本图书馆 CIP 数据核字(2015)第 120869 号

策划编辑	赵新民
责任编辑	赵新民
封面设计	周崇文

会计电算化实务

出版发行	立信会计出版社
地　　址	上海市中山西路 2230 号　邮政编码　200235
电　　话	(021)64411389　传　真　(021)64411325
网　　址	www.lixinaph.com　电子邮箱　lxaph@sh163.net
网上书店	www.shlx.net　电　话　(021)64411071
经　　销	各地新华书店
印　　刷	常熟市梅李印刷有限公司
开　　本	787 毫米×1 092 毫米　1/16
印　　张	15.75
字　　数	320 千字
版　　次	2015 年 5 月第 1 版
印　　次	2016 年 8 月第 2 次
印　　数	3 101—6 200
书　　号	ISBN 978-7-5429-4697-3/F
定　　价	30.00 元

如有印订差错,请与本社联系调换

中职教育"十二五"规划教材编委会

职教指导专家	李 勉　陈二军　倪穗华　谢丽萍
企 业 顾 问	陈锡凡　孙森田　陈清平　黄堪敬
主　　　编	杨良松　赵荣敏　陈寿花　柳晓霞
副 主 编	卢 荫　娄召辉　黄文敏　孔丽丽
	李晓东　李春霞　陈怀武　雷 明
	梁秀媚　李丽萍

序 PREFACE

2014年6月23日至24日,全国职业教育工作会议在北京召开,国家主席习近平就加快职业教育发展作出重要指示。他强调,职业教育是国民教育体系和人力资源开发的重要组成部分,是广大青年打开通往成功成才大门的重要途径,必须高度重视、加快发展。可见,职业教育在经济和社会发展中将发挥越来越重要的作用,职业教育面临着新的挑战和机遇。

东莞市经济贸易学校于2013年4月启动国家中等职业教育改革发展示范学校建设工作,作为重点建设专业的会计专业,扎实开展教学研究,大胆探索实践,取得了一系列建设成果。成果之一,是按照会计专业人才培养模式的要求,以培养高素质技能型人才为根本目标,在教学模式、课程体系、评价模式等一系列改革的基础上,编写了本套教材。

本套教材以2013年1月1日起实施的《小企业会计准则》为基础,结合现行最新税收政策及相关法律、法规,按照会计从业资格考试大纲要求编写,可供中等职业教育会计、审计等财经类专业学生学习使用。

本套教材的特色是:第一,教材中的典型教学案例资料来自东莞本地一家真实企业,该企业的基本资料贯穿整套教材,学习内容与实际工作内容对接,使学生能够全面完整地掌握企业运营管理的全过程,掌握会计核算工作的整体内容。第二,教材的编排以基础内容为起点,理实一体,逐步深入扩展,并在内容上完全符合实际工作操作要求,操作性强,学习过程能充分体现会计工作过程,体现渐进式全程实训过程,方便学生实训。第三,教材按照项目化的教学内容编排,方便教师运用任务驱动、案例讨论、小组合作、问题研究、轮岗实训等多种教学方法组织教学。第四,各章节要点的陈述以够用为度,以实务操作内容为主,突出实践性教学环节。

为编写此套教材,我们专门成立了由学校、企业和职教指导专家三方共同组成的教材编委会。《会计电算化实务》主编赵荣敏,副主编娄召辉和李晓东。各单元内容及编写具体分工为:赵荣敏编写单元一和单元二,娄召辉编写单元三、单元四和单元五,李晓东编写单元六。本教材的职教指导专家是陈二军,企业顾问是黄堪敬(用友新道科技有限公司)。

本套教材在编写成书过程中,得到了东莞市经济贸易学校领导及学校各部门的大力支持,会计教研组全体同仁给予了极大的帮助。同时,本教材按照T3-用友通标准版10.8系统编写,得到了用友科技有限公司的鼎力相助,在此一并致谢。

由于水平有限,书中难免有错漏之处,恳请读者予以批评指正。联系邮箱:536450792@qq.com。

编　者

目录 CONTENTS

单元 1 设置财务软件基础信息 ········· 001
  任务 1.1 财务软件认知及系统安装 ········· 001
    活动 1.1.1 会计电算化简介 ········· 001
    活动 1.1.2 安装用友财务软件系统 ········· 005
  任务 1.2 系统管理操作 ········· 009
    活动 1.2.1 建立账套及启用模块 ········· 010
    活动 1.2.2 增加操作员并授权 ········· 017
    活动 1.2.3 账套管理 ········· 021
  任务 1.3 基础信息设置 ········· 026
    活动 1.3.1 设置机构人员档案 ········· 027
    活动 1.3.2 设置往来单位 ········· 030
    活动 1.3.3 设置收付结算 ········· 035

单元 2 操作总账管理模块 ········· 039
  任务 2.1 总账管理模块初始化 ········· 039
    活动 2.1.1 设置外币 ········· 039
    活动 2.1.2 设置会计科目 ········· 041
    活动 2.1.3 录入期初余额 ········· 051
    活动 2.1.4 设置总账管理模块参数 ········· 055
  任务 2.2 总账管理模块日常业务处理 ········· 058
    活动 2.2.1 填制凭证 ········· 058
    活动 2.2.2 出纳签字 ········· 074

活动 2.2.3　审核凭证及记账 …………………………………………… 076

　　活动 2.2.4　现金管理 …………………………………………………… 080

　　活动 2.2.5　账簿管理 …………………………………………………… 087

　任务 2.3　总账管理模块期末处理 ………………………………………………… 095

　　活动 2.3.1　定义并生成转账凭证 ……………………………………… 096

　　活动 2.3.2　对账及结账 ………………………………………………… 106

单元 3　操作报表模块 …………………………………………………………………… 110

　任务 3.1　自定义报表 ……………………………………………………………… 110

　　活动 3.1.1　认识报表模块 ……………………………………………… 110

　　活动 3.1.2　设置报表格式 ……………………………………………… 114

　　活动 3.1.3　定义报表公式 ……………………………………………… 117

　任务 3.2　应用报表模板 …………………………………………………………… 122

　　活动 3.2.1　调用报表模板 ……………………………………………… 122

　　活动 3.2.2　自定义报表模板 …………………………………………… 125

单元 4　操作工资核算模块 ……………………………………………………………… 128

　任务 4.1　工资核算模块初始化 …………………………………………………… 128

　　活动 4.1.1　设置工资系统参数 ………………………………………… 128

　　活动 4.1.2　设置工资类别 ……………………………………………… 132

　　活动 4.1.3　设置工资项目及银行名称 ………………………………… 134

　　活动 4.1.4　设置人员信息 ……………………………………………… 136

　　活动 4.1.5　选择工资项目及设置计算公式 …………………………… 141

　任务 4.2　工资核算模块日常业务处理 …………………………………………… 144

　　活动 4.2.1　工资变动 …………………………………………………… 144

　　活动 4.2.2　代扣个人所得税 …………………………………………… 148

　　活动 4.2.3　工资发放 …………………………………………………… 149

　任务 4.3　工资核算模块期末处理 ………………………………………………… 152

　　活动 4.3.1　工资分摊与费用计提 ……………………………………… 152

　　活动 4.3.2　月末处理 …………………………………………………… 155

单元 5　操作固定资产核算模块 ······ 158

任务 5.1　固定资产核算模块初始化 ······ 158
- 活动 5.1.1　设置账套参数 ······ 158
- 活动 5.1.2　设置资产类别 ······ 163
- 活动 5.1.3　设置固定资产核算规则 ······ 165
- 活动 5.1.4　录入原始卡片 ······ 168

任务 5.2　固定资产核算模块日常业务处理 ······ 171
- 活动 5.2.1　资产增加 ······ 171
- 活动 5.2.2　资产变动 ······ 174
- 活动 5.2.3　计提本月折旧 ······ 177
- 活动 5.2.4　资产减少 ······ 179

任务 5.3　固定资产核算模块期末处理 ······ 181
- 活动 5.3.1　制单处理 ······ 181
- 活动 5.3.2　对账与结账 ······ 183

单元 6　操作购销存模块 ······ 185

任务 6.1　购销存系统初始化 ······ 185
- 活动 6.1.1　设置基础信息 ······ 185
- 活动 6.1.2　设置基础科目 ······ 192
- 活动 6.1.3　录入期初数据 ······ 197

任务 6.2　采购与应付核算 ······ 204
- 活动 6.2.1　处理采购订单 ······ 205
- 活动 6.2.2　处理采购入库单 ······ 206
- 活动 6.2.3　处理采购发票 ······ 210
- 活动 6.2.4　处理采购付款单 ······ 213

任务 6.3　销售与应收核算 ······ 216
- 活动 6.3.1　处理销售订单 ······ 216
- 活动 6.3.2　处理销售发货单 ······ 217
- 活动 6.3.3　处理销售发票 ······ 222

活动 6.3.4　处理销售收款单 ·· 226

任务 6.4　库存与存货核算 ·· 229

活动 6.4.1　处理材料领用业务 ·· 229

活动 6.4.2　处理调拨业务 ·· 232

活动 6.4.3　处理盘点业务 ·· 234

活动 6.4.4　期末处理 ·· 237

单元 1　设置财务软件基础信息

单元导读

认识财务软件是学习财务软件的开始,认识财务软件才可以学好财务软件,驾驭财务软件。本单元主要介绍财务软件的基本知识、系统管理模块的操作方法及企业基础信息设置方法。内容包括:财务软件简介、财务软件认知及系统安装、系统管理操作、基础信息设置。

学习目标

- 知道财务软件工作原理
- 能界定财务软件的使用范围
- 能说出常用的财务软件及其功能模块
- 会安装财务软件系统
- 会建立账套,定义相关岗位角色、增加操作员和对操作员授权
- 会设置部门档案、人员档案、客户档案、供应商档案、币别等基础信息
- 能针对财务软件提示问题进行思考并提出有效解决方案,养成财务软件操作思维,自主学习

任务 1.1　财务软件认知及系统安装

会计电算化是整个企业信息化进程完备化不可或缺的一部分,同时在会计核算领域中越来越不可替代,它使得会计工作的作用和地位得到了很大的加强。企业在实施会计电算化系统的同时,需要更加深入地学习和了解会计电算化的工作流程,从而优化手工出纳工作的内容。

活动 1.1.1　会计电算化简介

活动描述

东莞市京贸塑料制品有限公司要全面实施会计电算化,为了做好上线准备,公司财务

部专门请教软件公司顾问，对会计电算化做了系统全面的了解和学习。

 知识点拨

1. 会计电算化的概念

会计电算化即是会计工作与电子计算机、网络等技术的有机融合，充分利用电子计算机和网络等科学技术，更好地发挥会计的职能作用，极大地提高会计工作效能和水平。

狭义地说，会计电算化是指以电子计算机为主体的当代信息技术、网络通信技术在会计工作中的应用，包括利用计算机完成记账、算账、报账，以及对会计信息的分析、预测和决策。

广义地说，会计电算化是指与实现会计工作电算化有关的所有工作，包括会计软件的开发应用及软件市场的培育、电算化人才的培养、会计电算化的宏观规划和管理、会计电算化制度建设等。

2. 会计电算化的发展

1）模拟手工记账的探索起步。

我国的会计电算化工作始于1979年，其代表是1979年财政部支持并直接参与了长春第一汽车制造厂进行的会计电算化试点工作。

1981年8月，财政部、一机部和中国会计学会在长春召开的"财务、会计、成本应用计算机学术研讨会"上，第一次使用"会计电算化"这一名称作为计算机在会计工作中应用的代名词，这标志着我国会计电算化工作的开始。

2）与其他业务结合的推广发展。

进入20世纪90年代后，以会计核算系统为核心进行信息集成，实现财务信息和业务信息一体化，统一数据输入源头并保持其唯一性，有效地加强了信息共享，将企业内的各个信息"孤岛"进行连接，解决了因数据重复输入而导致的数据不一致和无效劳动的问题。

3）引入会计专业判断的渗透融合。

20世纪90年代中期以来，会计软件也逐步从"核算型"向"管理决策型"的方向发展，朝着会计电算化的高级阶段演进。在这阶段，企业和会计软件开发商不断完善、实施会计电算化系统中的专业判断功能。

4）与内控相结合建立ERP系统的集成管理。

进入21世纪以后，ERP软件越来越成熟，应用也越来越广泛。ERP（Enterprise Resource Planning）的全称是企业资源计划，是整合先进管理理念、业务流程、基础数据、人力资源、计算机软硬件于一体的企业资源管理系统，它将企业的人、财、物等资源集中管理，用于最佳的时间和地点，从而使企业获得最大限度地增值。ERP软件的发展为内部控制的实施应用提供了平台，内部控制规范同时也对会计软件的设计开发和应用提出了更高的要求。

3. 会计电算化与手工会计核算的差异

1）会计核算工具。

会计电算化系统以计算机为计算工具，数据处理代码化、速度快、精度高。通过计算机替代人工来记录和处理数据，对系统原始数据采用编码的方式，压缩数据项的长度，减少数据占用的储存空间,从而提高了数据处理的速度和精度。

2) 会计信息载体不同。

手工处理以纸为载体,占用空间大,不易长久保存,查找困难。计算机处理以存储介质保存数据文件为主,以计算机输出的纸质证、账、表为辅。计算机存储介质的优点是占用空间小、可以长久保存,但是数据文件具有无形性,容易复制、篡改和删除。

3) 记账规则不完全相同。

手工核算中账簿记录的错误要用划线更正法、补充登记法或红字更正法进行更正;账页中的空行、空页要用红线划销等。而在会计电算化下,一切数据均以文件形式存在于机器内部,登账只是一个沿用的旧名词;各种信息可直接从凭证文件中处理出来。只要凭证输入正确,机器处理是准确无误的。

4) 账务处理流程类型存在差别。

手工会计采用不同的会计核算形式,常用的有记账凭证核算形式、科目汇总表核算形式、汇总记账凭证核算形式、日记账核算形式等,对业务数据采用了分散处理的方法进行内部牵制和相互核对,以减少舞弊和差错。在会计电算化中常用的是日记账文件核算形式和凭证文件核算形式。在一个会计系统软件中,通常只采用其中一种核算形式对数据进行集中收集、统一处理和数据共享。

4. 会计电算化的操作流程

1) 总账系统业务流程。

总账系统是会计电算化软件的核心,其业务流程如图1-1所示。

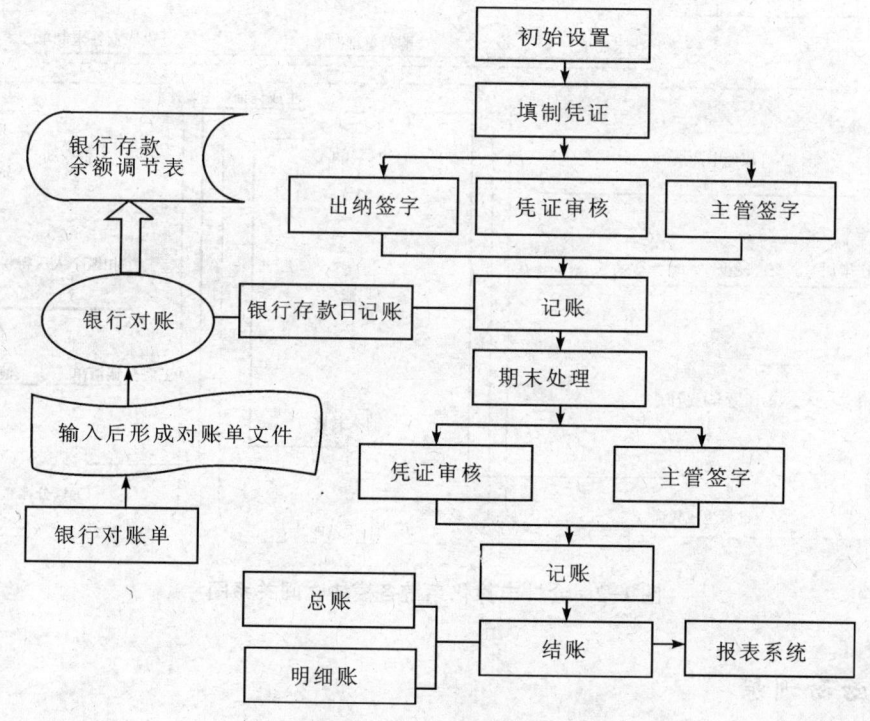

图1-1 总账业务流程图

2) 会计电算化软件中各模块的关系。

会计电算化软件的各个模块中存在着多种复杂的数据关系,其基本关系如图1-2所示。

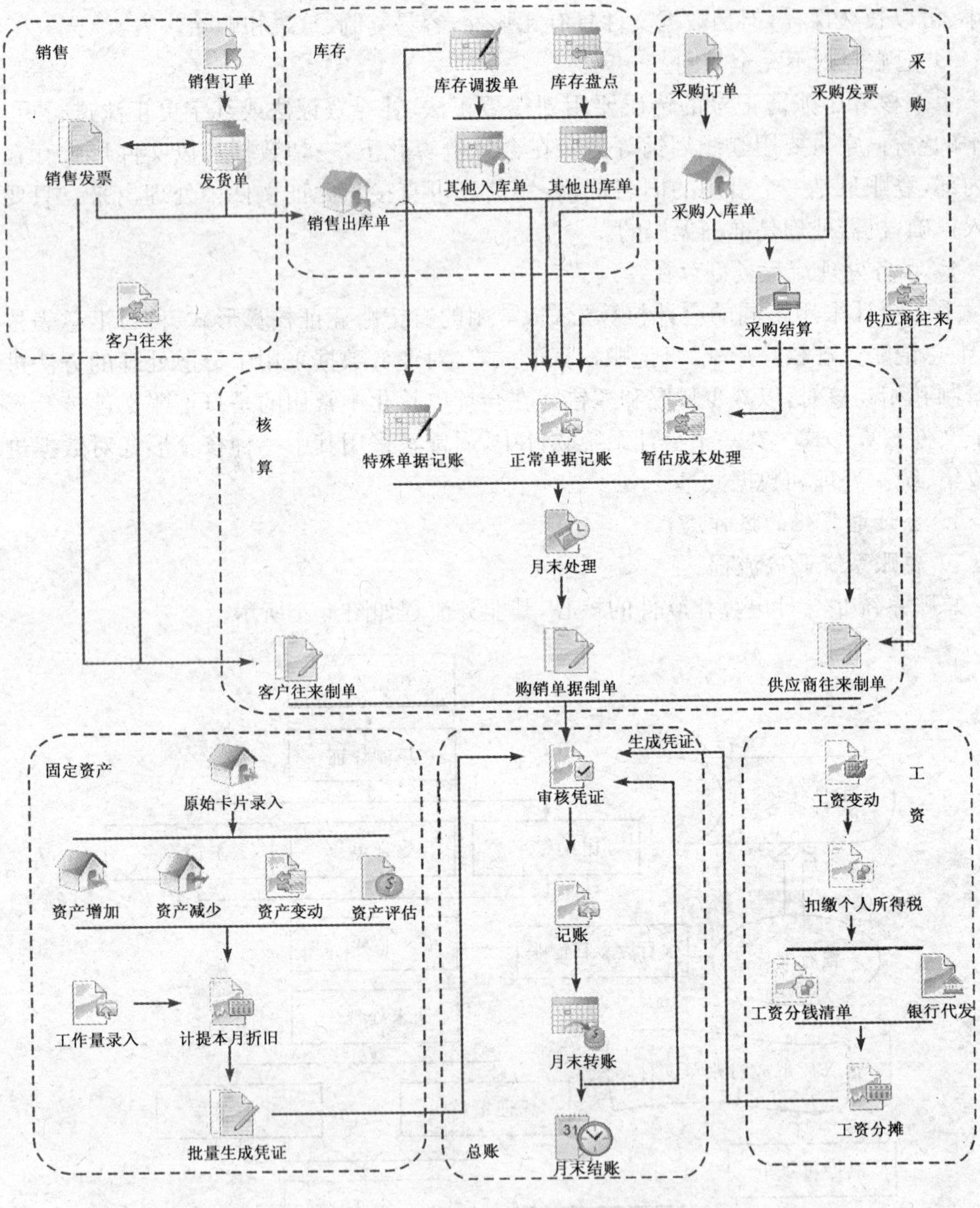

图1-2 会计电算化系统各模块之间关系图

 活动训练

填写学习记录表(见表1-1)。

表 1-1　　　　　　　　　　　学习记录表

项　　目	记　录　内　容
什么是狭义的会计电算化？	
会计电算化的发展经过哪几个阶段？	

活动 1.1.2　安装用友财务软件系统

 活动描述

为了实现财务部门的信息化管理，提高财务部门的工作效率，公司为财务部购买了用友畅捷通 T3 企业管理信息化软件。财务部决定从 2014 年 7 月 1 日起开始正式启用软件处理相关工作。

现在，公司财务部需要做的第一步是在软件公司服务工程师的协助下完成软件安装。

 活动步骤

1. 检查安装环境

（1）对计算机桌面上的"我的电脑"快捷图标单击右键，在弹出的对话框中单击"属性"，如图 1-3 所示。

（2）单击"属性"，打开"系统属性"对话框，单击"计算机名"选项卡，检查计算机名，如图 1-4 所示。

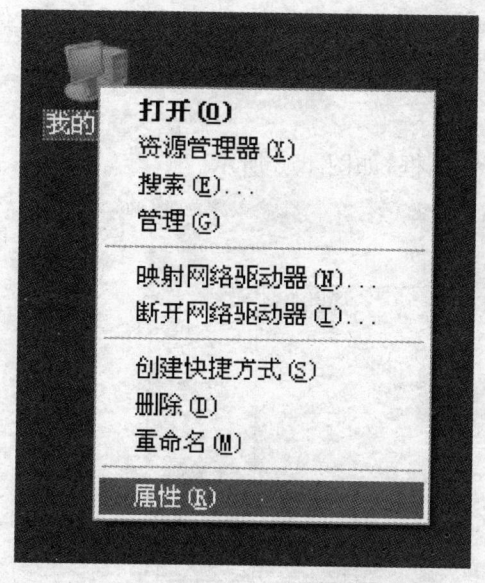
图 1-3　"我的电脑""属性"对话框

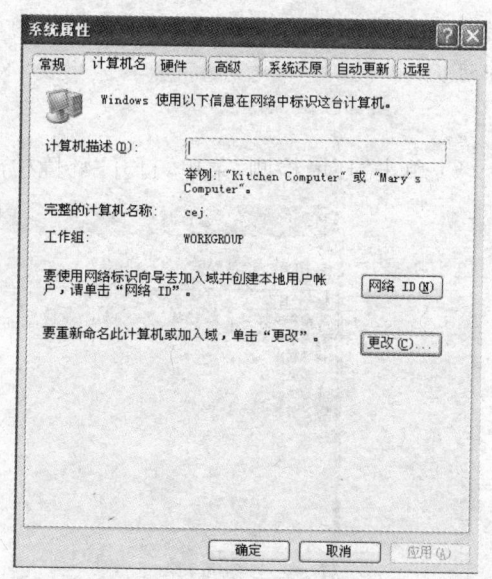
图 1-4　"系统属性"对话框

（3）"计算机描述"录入框中不要出现"—"、"*"、"#"等特殊字符，应以英文、数字或英文加数字进行命名。如果需要更改计算机名称,可单击"更改"按钮完成更改计算机名称。

(4) 将畅捷通 T3 软件安装程序光盘放入计算机光驱,系统自动弹出"畅捷通 T3-企业管理信息化软件教育专版"安装对话框,如图 1-5 所示。

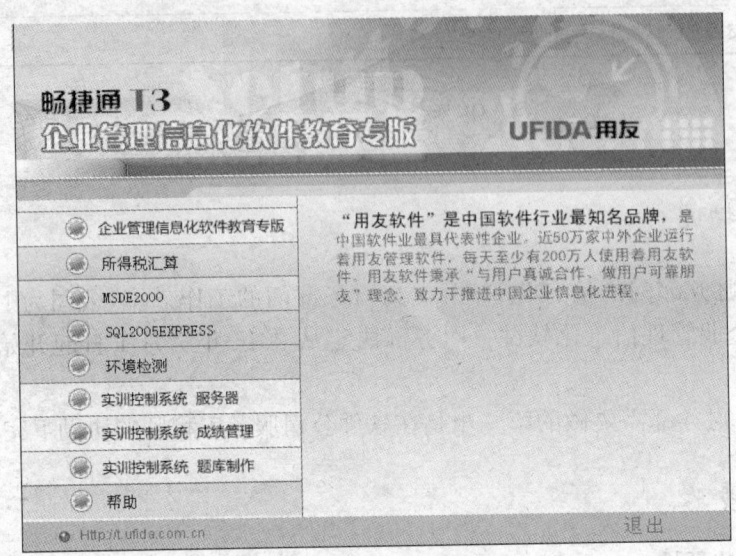

图 1-5 T3 软件安装对话框

 说 明

本书配套光盘加载了畅捷通 T3-企业管理信息化软件教育专版程序,只需要将光盘根目录的"T3 Setup.rar"解压,运行解压后的文件夹中的"AutoRun.exe"文件即可。

(5) 单击"环境检测"菜单,打开"环境检测"对话框,如图 1-6 所示。

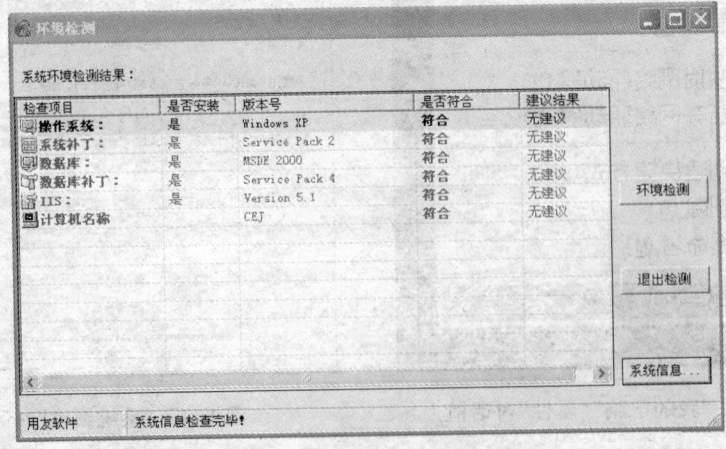

图 1-6 "环境检测"对话框

（6）在"环境检测"对话框中，单击"环境检测"按钮进行系统环境检测。若检查有问题，根据"建议结果"栏信息进行相关操作，检查完毕后单击"退出检测"按钮完成检测。

2．安装数据库程序

（1）在"畅捷通 T3-企业管理信息化软件教育专版"安装对话框中，单击"MSDE 2000"菜单，打开"Microsoft SQL Server Desktop Engine"安装对话框。

（2）安装过程中的内容均选择默认，SA 密码默认为空，完成 MSDE 2000 的安装。

（3）安装完成后重启计算机（或者运行计算机 Windows 操作系统下"开始"|"程序"|"启动"|"服务管理器"启动数据库），计算机右下角任务栏出现  图标，说明数据库已经安装成功。

3．安装 T3 软件程序

（1）在"畅捷通 T3-企业管理信息化软件教育专版"安装对话框中，单击"企业管理信息化软件教育专版"菜单，打开"1. 欢迎"安装向导对话框，如图 1-7 所示。

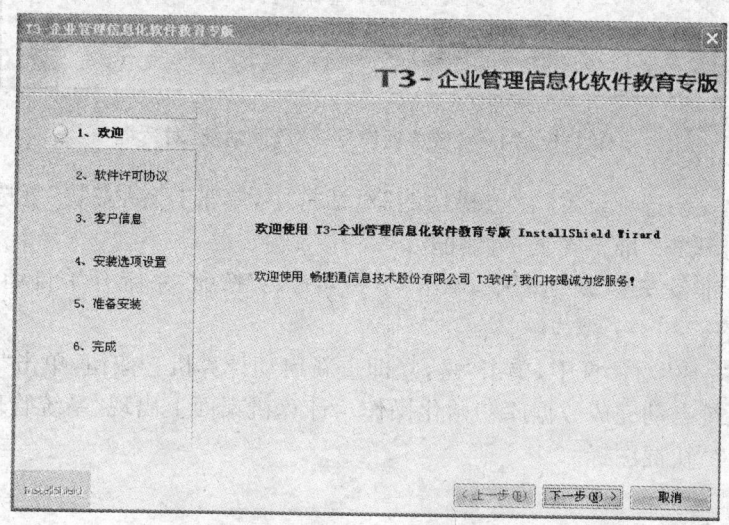

图 1-7 "1. 欢迎"对话框

> **说　明**
>
> 在 T3 软件安装之前，应检查运行环境配置是否正确，同时将各种杀毒软件的防火墙和实时监控系统关闭，以确保安装的顺利进行。

（2）在"1. 欢迎"对话框中，单击"下一步(N)"按钮，打开"2. 软件许可协议"对话框。

（3）在"2. 软件许可协议"对话框中，单击"我接受许可证协议中的条款(A)"单选按钮，单击"下一步(N)"按钮，打开"3. 客户信息"对话框。

（4）在"3. 客户信息"对话框中，录入用户的名字和所在公司的名称后，单击"下一步(N)"按钮，打开"4. 安装选项设置"对话框。

（5）在"4. 安装选项设置"|"开始复制文件"对话框中，录入 T3 软件安装目的地文件

夹,这里假设不需要更改安装路径,单击"下一步(N)"按钮,打开"4. 安装选项设置"|"选择功能"对话框,如图1-8所示。

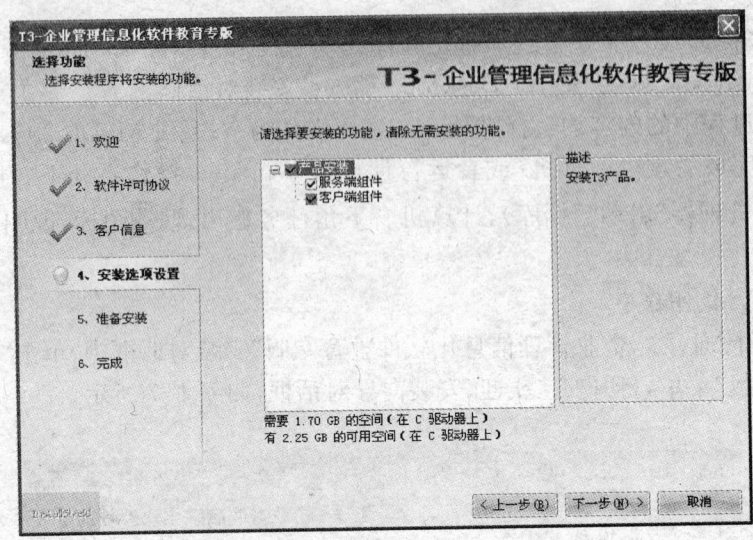

图1-8 "4. 安装选项设置"|"选择功能"对话框

(6) 在"4. 安装选项设置"|"选择功能"对话框中,单击"产品安装"复选框,单击"下一步(N)"按钮,打开"5. 准备安装"对话框。

(7) 在"5. 准备安装"对话框中,单击"下一步(N)"按钮,系统开始自动安装软件,并实时显示安装状态。

(8) 在"6. 完成"对话框中,单击"是,立即重新启动计算机。"按钮,单击"完成"按钮。计算机重启后,系统自动完成数据库初始化操作。计算机桌面上出现"系统管理"和"T3-企业管理信息化软件"快捷图标。

 知识点拨

1. 硬件环境安装要求

软件安装分为单机版安装和网络版安装。如果是单机版,只需安装在一台计算机上;如果是网络版,则需要分别在服务器和客户端上安装。

(1) 单机版用户计算机配置。CPU PⅢ 550或以上,内存128 M或以上,硬盘至少10 G以上,至少应有一个光驱。

(2) 网络用户配置。网络服务器:CPU PⅢ 800或以上,内存256 M或以上,硬盘至少20 G以上,至少应有一个光驱。客户端:CPU PⅢ 550或以上,内存128 M或以上,硬盘至少10 G以上,至少应有一个光驱。

(3) 操作系统所在的磁盘分区剩余磁盘空间应大于180 M。

2. 软件环境安装要求

畅捷通T3软件的运行需要在计算机上事先安装操作系统和数据库系统,这是基础软件环境,具体要求见表1-2。

表1-2　　　　　　　　　　畅捷通T3软件环境安装要求

操作系统（符合要求的）	操作系统补丁情况				
	无	SP1	SP2	SP3	SP4
Windows 2000					支持
Windows XP			支持	支持	无
Windows 2003		支持	支持	无	无
Windows Vista	支持	支持	无	无	无
数据库系统（符合要求的）	数据库系统补丁情况				
	无	SP1	SP2	SP3	SP4
MSDE 2000				支持	支持
MS SQL 2000					支持
MS SQL 2005 Express	支持	支持	支持	无	无
MS SQL 2005	支持	支持	支持	无	无

本书所用的软件为"畅捷通T3-企业管理信息化软件教育专版10.8 Plus1"。为学习方便，采取单机版安装方式。操作系统为Windows XP SP3，数据库系统为MSDE 2000 SP3。

 活动训练

独立完成MSDE 2000数据库和T3软件的安装。填写学习记录表，见表1-3。

表1-3　　　　　　　　　　　　学习记录表

项　　　目	记　录　内　容
软件为什么要进行环境检测？	
ⅡS表示什么意思？	
MSDE 2000数据库和畅捷通T3软件安装有什么顺序要求？	
软件安装的路径是什么？	
软件安装完成后桌面上出现哪些图标？	

 任务1.2　系统管理操作

用友财务软件由多个功能模块组成，各功能模块之间既相对独立，又相互联系，为同一主体的不同方面服务，共同完成一体化的会计核算管理工作。为了实现一体化管理，用友财务软件设立了系统管理功能,通过系统管理功能,为各功能模块提供统一的环境,对各功能模块进行统一的操作管理和数据维护,使得各个功能模块共享公用的基础信息,拥有相同的账套和年度账,操作员和操作权限集中管理,所有数据存放在同一数据库中可以共享。

在这里,要完成的任务包括建立账套及启用模块、增加操作员并授权、账套管理。

活动 1.2.1 建立账套及启用模块

活动描述

2014 年 7 月 1 日,会计主管高山建立 321 账套并启用总账模块。

1) 账套信息。

账套号:321;账套名称:东莞市京贸塑料制品有限公司;采用默认账套路径;启用会计期:2014 年 7 月;会计期间设置:默认。

2) 单位信息。

单位名称:东莞市京贸塑料制品有限公司,简称东莞京贸;法人代表:李明;单位地址、邮编及电话:东莞市莞城区学院路 287 号(523106),0769-22662220;税号:441911792915001。

3) 核算类型。

该公司的记账本位币:人民币(RMB);企业类型:工业企业;行业性质:小企业会计准则(2013 年);账套主管:demo;选中"按行业性质预置科目"复选框。

4) 基础信息。

该公司有外币核算,进行经济业务处理时,需要对存货、客户进行分类,供应商不分类。

5) 分类编码方案。

科目编码级次:42222;客户和供应商分类编码级次:222;部门编码级次:122;结算方式编码级次:12;存货分类编码级次:22223。其余编码方案采用系统默认。

该公司对存货数量单位小数位定为 2;启用总账系统,启用时间为 2014 年 07 月 01 日。

活动步骤

1. 启动系统管理

(1) 以系统管理员"admin"的身份登录"系统管理"。执行"开始"|"所有程序"|"T3-企业管理信息化软件教育专版"|"T3"|"系统管理"(或者直接双击桌面上的系统管理图标)命令,打开"畅捷通 T3-企业管理信息化软件教育专版 10.8〖系统管理〗"窗口,如图 1-9 所示。

(2) 在"系统管理"窗口中,执行"系统"|"注册"命令,打开"注册〖控制台〗"对话框,如图 1-10 所示。

(3) 在"注册〖控制台〗"对话框中,在"用户名"栏输入"admin",单击"确定"按钮(默认口令为空),进入系统管理模块。

单元1　设置财务软件基础信息

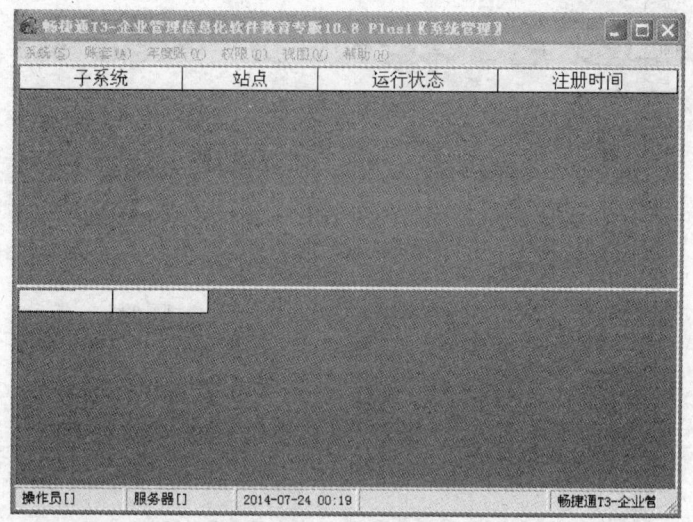

图 1-9　"畅捷通 T3-企业管理信息化软件教育专版 10.8〖系统管理〗"窗口

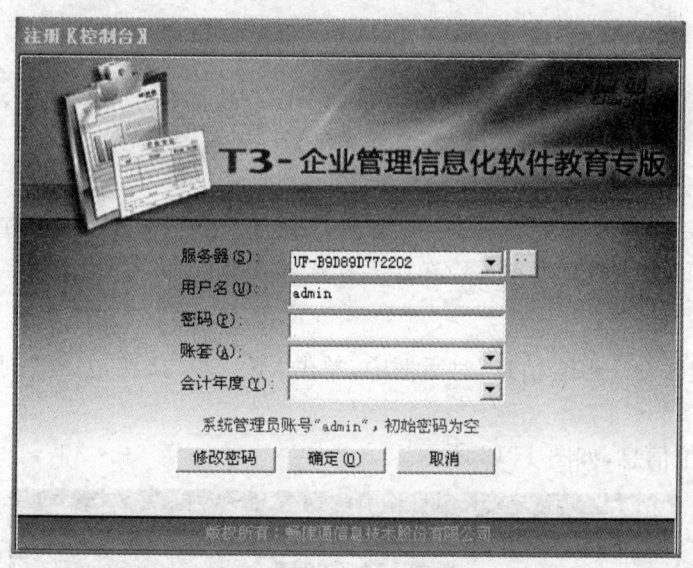

图 1-10　"注册〖控制台〗"对话框

 说　明

　　在实际工作中,为了保证系统的安全,必须为系统管理员设置密码。在教学中,由于一台电脑供多人使用,为了方便,建议不为系统管理员设置密码。"demo"是系统预置的操作员,密码为"demo"。

2. 建立账套
(1) 在"系统管理"窗口中,执行"账套"|"建立"命令,打开"创建账套—账套信息"对话框。
(2) 输入账套信息。如图 1-11 所示。

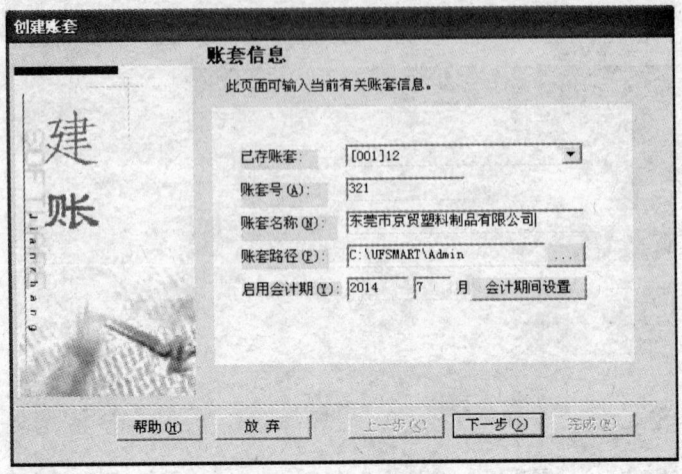

图1-11 "创建账套—账套信息"对话框

 说 明

(1) 不同账套的账套名称可以相同,但每个账套的账套号是唯一的,新账套号不能与已存账套号重复,账套号为3位数,只能是001~999之间的数字。一般用企业名称做企业账套名称。

(2) 启用会计期为启用财务管理软件处理会计业务的日期,默认为计算机系统日期,可以修改,但启用的会计期不能在计算机系统日期之后。

(3) 在"创建账套—账套信息"对话框中,单击"下一步"按钮,打开"创建账套—单位信息"对话框。

(4) 输入单位信息,如图1-12所示。

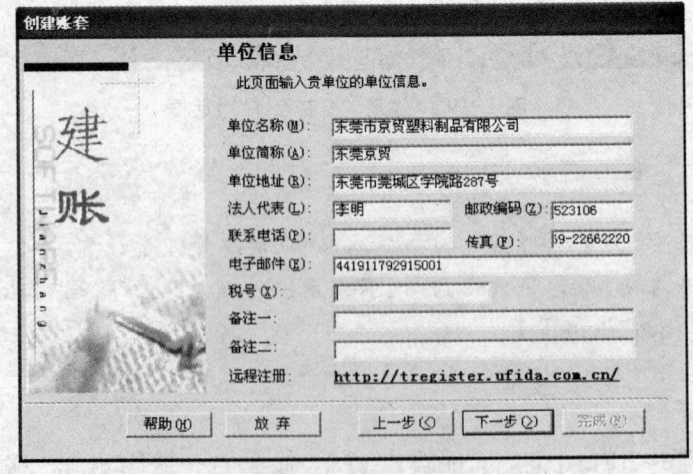

图1-12 "创建账套—单位信息"对话框

(5) 在"创建账套—单位信息"对话框中,单击"下一步"按钮,打开"创建账套—核算类型"对话框。

(6) 在"创建账套—核算类型"对话框中,单击"行业性质"下拉列表框的下三角按钮,选择"小企业会计准则(2013年)",单击"账套主管"下拉列表框的下三角按钮,选择"[demo]demo"。

(7) 选中"按行业性质预置科目"复选框,如图1-13所示。

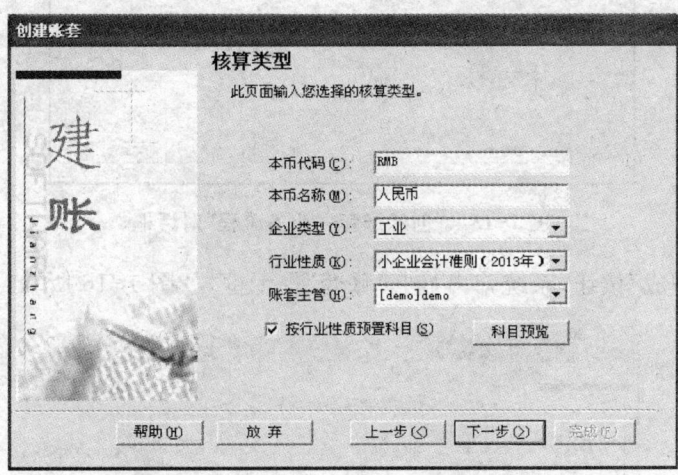

图1-13 "创建账套—核算类型"对话框

 说 明

(1) 行业性质的选择决定了系统采用何种会计制度下的会计科目进行会计核算。

(2) 如果选择了"按行业性质设置科目",系统自动设置企业所属行业的标准一级科目和部分二级科目。如果不选择"按行业性质设置科目",则由企业自己设置企业所有的会计科目。

(8) 在"创建账套—核算类型"对话框中,单击"下一步"按钮,打开"创建账套—基础信息"对话框。

(9) 设置基础信息。选择"存货是否分类"复选框、"客户是否分类"复选框、"供应商是否分类"复选框、"有无外币核算"复选框,如图1-14所示。

(10) 在"创建账套—基础信息"对话框中,单击"下一步"按钮,打开"创建账套—业务流程"对话框。如图1-15所示。

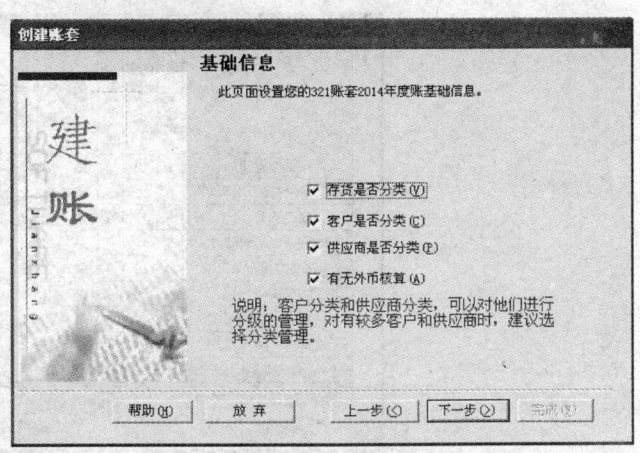

图1-14 "创建账套—基础信息"对话框

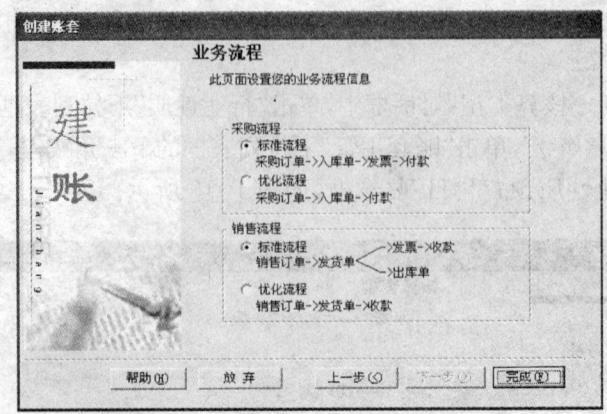

图 1-15 "创建账套—业务流程"对话框

(11) 单击"完成"按钮,系统弹出"创建账套"提示框,如图 1-16 所示。

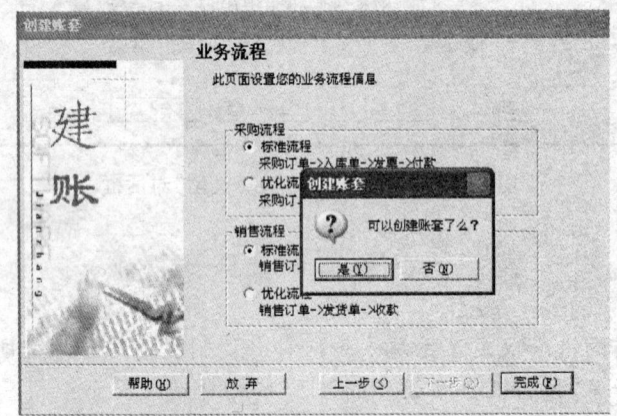

图 1-16 "创建账套"提示框

(12) 单击"是"按钮,打开"分类编码方案"对话框,设置编码方案。如图 1-17 所示。

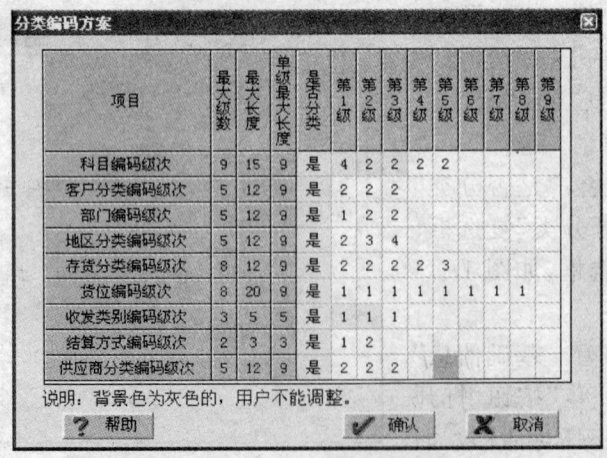

图 1-17 "分类编码方案"对话框

（13）单击"是"按钮，打开"数据精度定义"对话框，如图1-18所示。

（14）单击"确认"按钮，系统提示"创建账套{东莞市京贸塑料制品有限公司：[321]成功。}"，如图1-19所示。

（15）单击"确定"按钮，系统提示"是否立即启用账套"，如图1-20所示。

（16）单击"是"按钮，打开"系统启用"对话框。

（17）在"系统启用"对话框中，选择"总账"复选框，弹出"日历"选择对话框，选择日期为"2014年7月1日"，如图1-21所示。

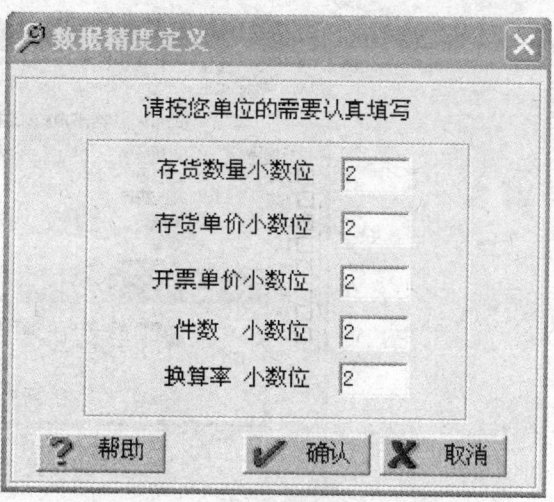

图1-18 "数据精度定义"对话框

图1-19 "提示创建账套成功"对话框

图1-20 "提示是否立即启用账套"对话框

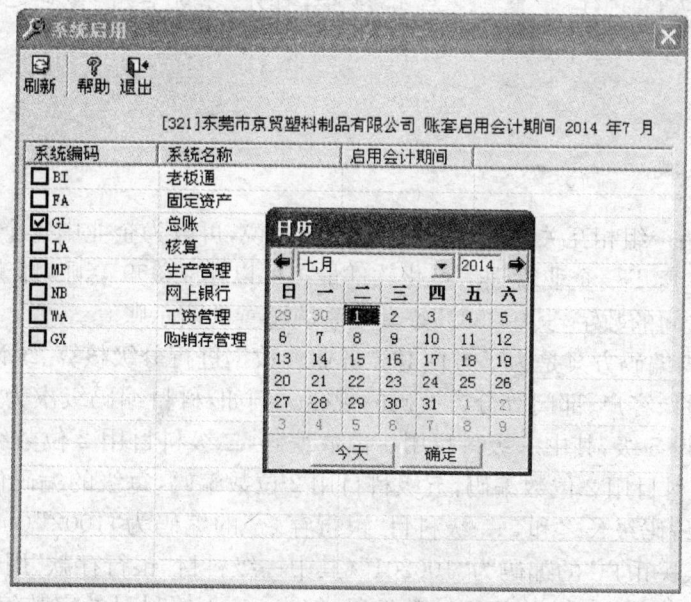

图1-21 "系统启用"对话框

（18）单击"确定"按钮，系统弹出提示信息，如图1-22所示。

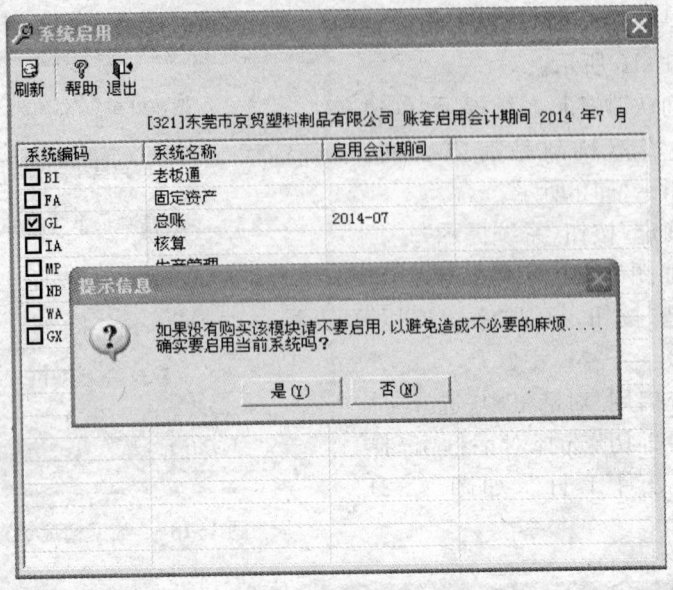

图 1-22 "提示是否启用当前系统"对话框

(19) 单击"是"按钮,完成总账系统的启用设置。
(20) 单击"退出"按钮。

 说 明

如果在建账套后不启用账套,以后只能通过以账套主管的身份注册系统管理,在"系统管理"窗口中,执行"账套"|"启用"命令,打开"系统启用"窗口进行相应系统启用的操作。

 知识点拨

(1) 账套是指一组相互关联的财务数据,一般来说,可以为企业中每个独立核算的单位建立一个账套,一套 T3-企业管理信息化软件最多可以建立 999 套账,账套号为 3 位数,只能是 001~999 之间的数字,其中"999"账套是系统预置的演示账套。

(2) 设置分类编码方案是为了方便对经济业务数据进行分级核算、统计和管理,它规定了企业的会计科目、客户、部门等分类编码的规律。例如,科目编码级次为 42222,表示会计科目设置时最多设 5 级,其中一级科目用 4 位数编码,二级科目用 2 位数编码,三级科目用 2 位数编码,四级科目用 2 位数编码,五级科目用 2 位数编码,每级的编码位数称为级长,编码总级长为每级编码级长之和。一级科目"银行存款"的编码为"1002"(4 位数),二级科目"银行存款——人民币户"的编码为"100201"(其中一级科目"银行存款"用 4 位数编码,编为 1002,二级科目"人民币户"本身用 2 位数编码,编为 01,下级科目的完整编码要包含其上级科目的完整编码)。

(3) 如果在"创建账套—基础信息"对话框中选择对存货或客户或供应商进行分类,那

么在进行基础信息设置时,必须先设置存货或客户或供应商分类,才能设置存货或客户或供应商档案。一般是单位的存货、客户、供应商较多,希望对存货、客户、供应商分类管理时选择对存货、客户、供应商进行分类,如果单位的存货、客户、供应商较少,也可以选择不对存货、客户、供应商进行分类。

 活动训练

1. 建立账套

根据以下信息建立新账套:

(1) 账套号:101;账套名称:腾飞科技;采用默认账套路径;启用会计期:2014年1月;会计期间设置:默认。

(2) 单位名称:腾飞电子科技有限公司;单位简称:腾飞科技。

(3) 该公司的记账本位币:人民币(RMB);企业类型:工业企业;行业性质:小企业会计准则(2013年);账套主管:demo;按行业性质预置科目。该企业有外币核算,进行经济业务处理时,不需要对存货、客户、供应商进行分类。

(4) 该公司的分类方案如下:

科目编码级次:42222。

部门编码级次:122。

收发类型编码级次:12。

结算方式编码级次:12。

其余采用系统默认。

(5) 数据精度:

该公司对存货数量、单位小数位定为2。

暂不启用任何系统

2. 填写学习记录表

表1-4　　　　　　　　　　　学习记录表

项　　目	记　录　内　容
建立账套的流程是什么?	
为什么要建立账套?	
启用总账系统的方法有哪两种?	
分类编码方案有什么作用?	

活动1.2.2　增加操作员并授权

 活动描述

东莞市京贸塑料制品有限公司使用会计电算化系统人员及其权限见表1-5,请在系统中进行设置。

表 1-5　　　　　　　　　　　　企业内部分工表

编号	姓名	岗位	权限
301	高山	账套主管	系统所有模块的全部权限
302	李一凡	会计	总账、往来、应收管理、应付管理、工资管理、固定资产、核算
303	张晴	出纳	出纳签字、现金管理
304	张成	采购主管	公用目录设置、采购管理、库存管理、核算
305	李大兵	销售主管	公用目录设置、销售管理、库存管理、核算
306	王国勤	仓库主管	公用目录设置、库存管理、核算

活动步骤

1. 启动系统管理

（1）以系统管理员"admin"的身份登录"系统管理"。执行"开始"|"所有程序"|"T3-企业管理信息化软件教育专版"|"T3"|"系统管理"（或者直接双击桌面上的系统管理图标)命令，打开"畅捷通 T3-企业管理信息化软件教育专版 10.8〖系统管理〗"窗口。

（2）在"系统管理"窗口中，执行"系统"|"注册"命令，打开"注册〖控制台〗"对话框，在"用户名"栏输入"admin"。

（3）单击"确定"按钮（默认口令为空），进入系统管理模块。

2. 增加操作员

（1）在"系统管理"窗口中，执行"权限"|"操作员"命令，打开"操作员管理"对话框。

（2）单击"增加"按钮，打开"增加操作员"对话框。

（3）在"增加操作员"对话框中，输入编号"301"、姓名"高山"，如图 1-23 所示。

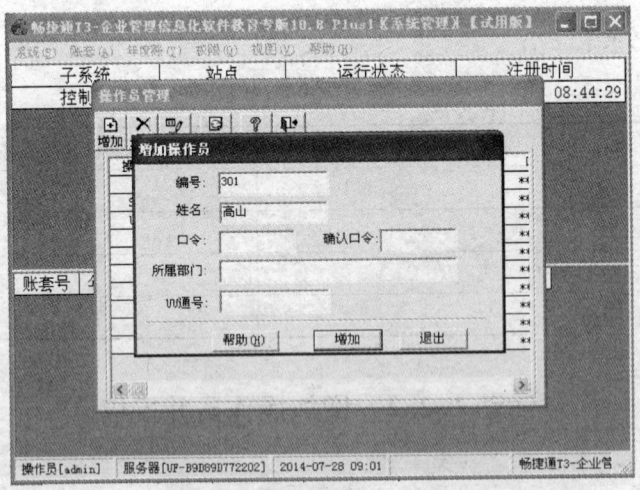

图 1-23　"增加操作员"对话框

（4）单击"增加"按钮，确认。继续增加其他的操作员。

（5）单击"退出"按钮，系统显示操作员名单，如图 1-24 所示。

单元1　设置财务软件基础信息

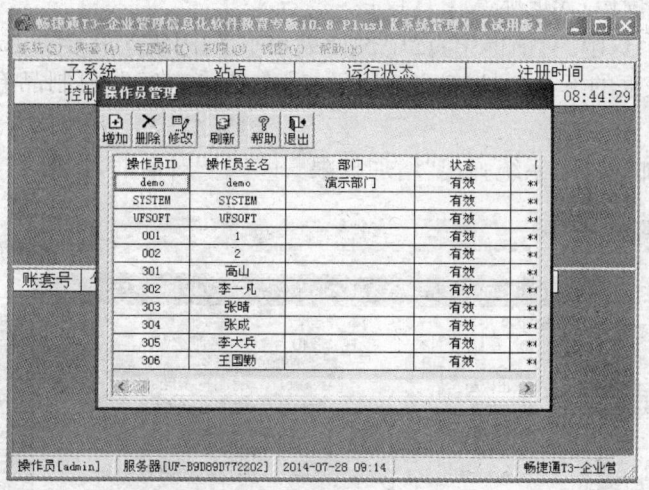

图1-24　"操作员管理"对话框

（1）只有系统管理员（admin）才有权限增加操作员。
（2）在"增加操作员"对话框中输入操作员信息后要单击"增加"按钮保存。
（3）在系统中所设置的操作员在未被使用前，可以进行修改，但操作员信息保存后，其编号不能修改。
（4）在实际工作中，为保证系统安全、分清责任，应设置操作员口令。操作员的口令除了可以由系统管理员以修改操作员信息的方式进行修改外，还可以由操作员本人登录系统修改。

3. 设置操作员权限

（1）系统管理员在"系统管理"窗口中，执行"权限"|"权限"命令，打开"操作员权限"对话框。

（2）在"操作员权限"对话框中，选中操作员显示区中的"301 高山"所在行，单击对话框右上角下拉列表框的下三角按钮，选择"[321]东莞市京贸塑料制品有限公司"及"2014"选项。

（3）选中"账套主管"复选框，系统弹出"创建账套"提示框，如图1-25所示。

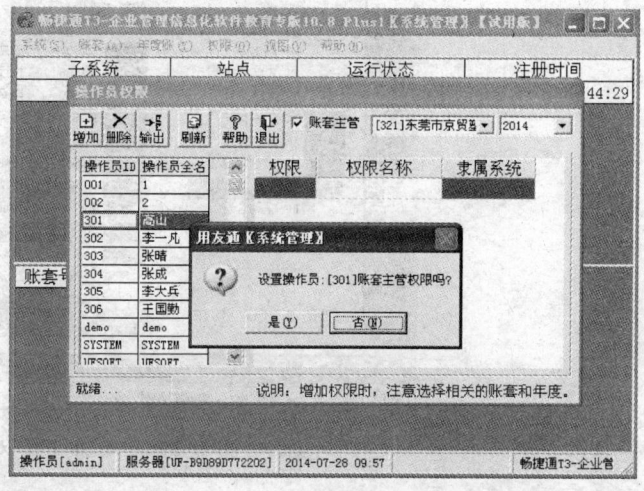

图1-25　"设置账套主管权限"提示

(4) 单击"是"按钮,完成账套主管授权。

(5) 在"操作员权限"对话框中,选中操作员显示区中的"302 李一凡"所在行,单击对话框右上角下拉列表框的下三角按钮,选择"[321]东莞市京贸塑料制品有限公司"及"2014"选项。

(6) 单击"增加"按钮,系统弹出"增加权限—[302]"对话框,如图1-26所示。

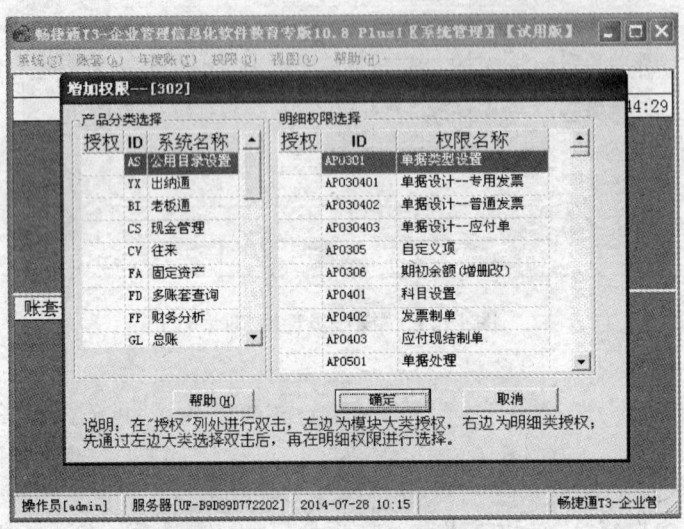

图1-26 "增加权限"对话框1

(7) 在"增加权限—[302]"对话框中,双击"产品分类选择"列表框中的"总账"、"往来"、"应收管理"、"应付管理"、"工资管理"、"固定资产"、"核算"选项,系统在"明细权限选择"列表框中显示已增加权限,如图1-27所示。

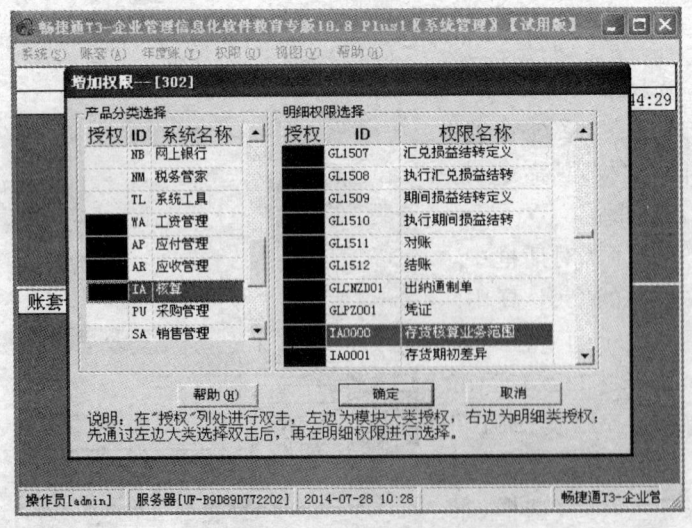

图1-27 "增加权限"对话框2

(8) 单击"确定"按钮,完成该操作员授权。

知识点拨

(1) 设置操作员权限是企业为了保证权责清晰和企业经营数据的安全与保密而对系统中的操作人员进行的分工。

(2) 在"增加权限"对话框中,通过"双击已选择的权限选项"实现取消该权限。在"增加权限"对话框中,双击右侧明细权限选择区中的明细权限,可以根据需要添加或删除已选中的明细权限。

(3) 账套主管的权限由系统管理员(admin)设置或删除。

(4) 非账套主管操作员的权限可以由系统管理员(admin)或本账套的账套主管设置或删除。

(5) 操作员权限一旦被引用,便不能被修改或删除。

(6) 一个账套可以定义多个账套主管,一个操作员也可以担任多个账套的账套主管。

 活动训练

(1) 继续增加"321 账套"未增加的操作员。

(2) 继续对"321 账套"未授权的操作员授权(注意:"出纳签字"权限是"总账"权限的明细权限)。

(3) 填写学习记录表(见表 1-6)。

表 1-6　　　　　　　　　　　　学 习 记 录 表

项　　　目	记 录 内 容
系统管理员(Admin)和账套主管在授权方面有何区别?	
什么情况下可以使用"注销操作员"?	
一般谁可以拥有"恢复记账前状态"权限?	

活动1.2.3　账　套　管　理

 活动描述

321 账套主管高山按照企业实际业务情况,发现供应商无需进行分类,要修改账套数据。

备份账套数据到 D 盘的"321 账套备份"文件夹,察看账套备份形成的文件。

引入账套备份数据恢复账套。

 活动步骤

1. 修改账套

(1) 以 321 账套主管"301 高山"的身份登录"系统管理"。执行"开始"|"所有程序"|"T3-企业管理信息化软件教育专版"|"T3"|"系统管理"(或者直接双击桌面上的系统管理

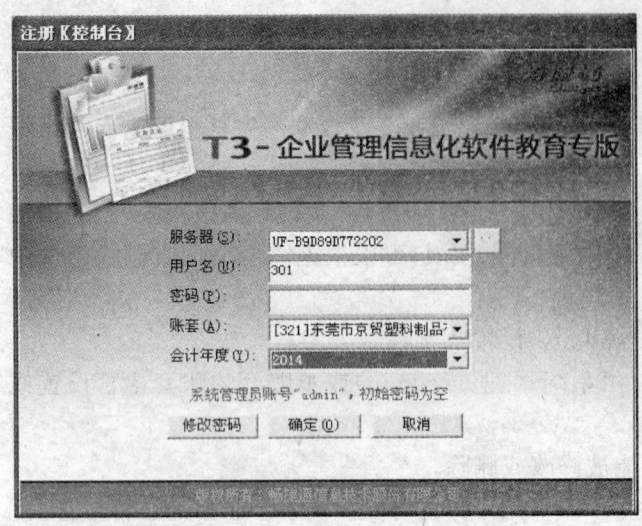

图1-28 "注册〖控制台〗"对话框

图标）命令，打开"畅捷通T3-企业管理信息化软件教育专版10.8〖系统管理〗"窗口。

（2）在"系统管理"窗口中，执行"系统"|"注册"命令，打开"注册〖控制台〗"对话框。

（3）在"注册〖控制台〗"对话框中，在"用户名"栏输入"301"，单击"账套"下拉列表框的下三角按钮，选择"[321]东莞市京贸塑料制品有限公司"，如图1-28所示。

（4）单击"确定"按钮。

（5）在"系统管理"窗口中，执行"账套"|"修改"命令，打开"修改账套"对话框，如图1-29所示。

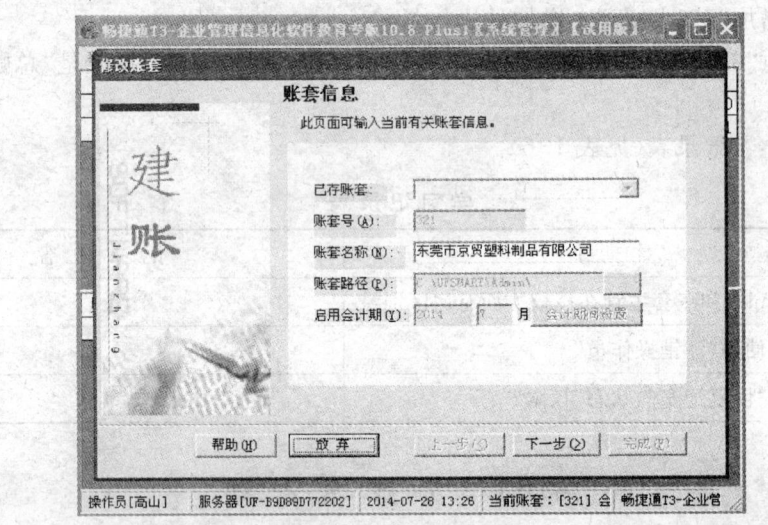

图1-29 "修改账套"对话框

（6）单击"下一步"按钮，打开"修改账套—单位信息"对话框，然后单击"下一步"按钮，打开"修改账套—核算类型"对话框，接着单击"下一步"按钮，打开"修改账套—基础信息"对话框。

（7）在"修改账套—基础信息"对话框中，单击"供应商是否分类"复选框，取消对"供应商是否分类"的选择，如图1-30所示。

（8）单击"完成"按钮，系统提示"确认修改账套了么？"如图1-31所示。

（9）单击"是"按钮，打开"修改账套—分类编码方案"对话框，再单击"确认"按钮，打开"修改账套—数据精度定义"对话框，再单击"确认"按钮，系统提示修改账套成功，如图1-32所示。

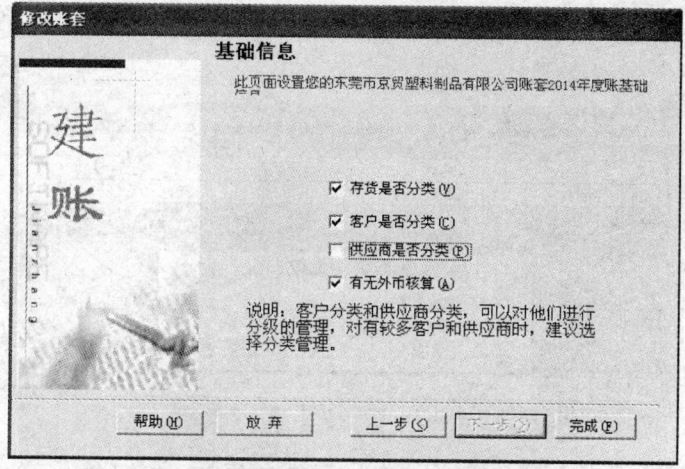

图 1-30 "修改账套—基础信息"对话框

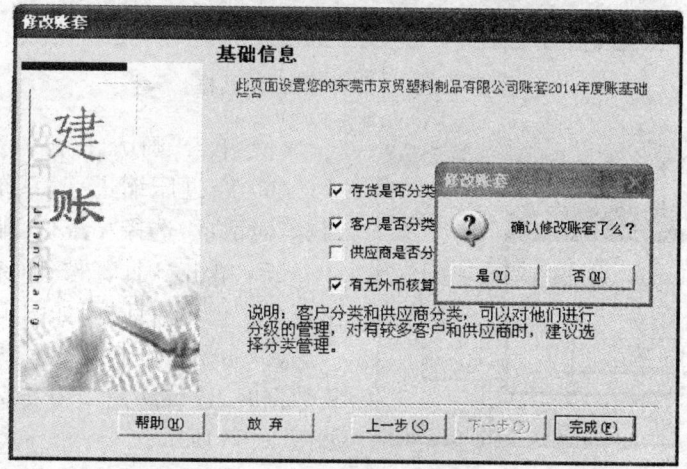

图 1-31 提示确认修改账套信息

图 1-32 提示修改账套成功

(10) 单击"确定"按钮。

2. 备份账套

(1) 在 D 盘中建立"321 账套备份"文件夹。
(2) 以系统管理员"admin"的身份登录"系统管理"。
(3) 在"系统管理"窗口中,执行"账套"|"备份"命令,打开"账套输出"对话框。

（4）单击"账套号"下拉列表框的下三角按钮，选择"[321]东莞市京贸塑料制品有限公司"，如图1-33所示。

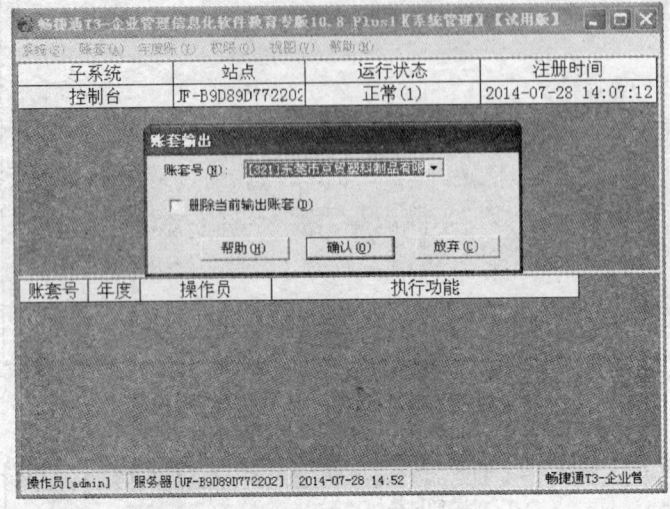

图1-33 "账套输出"对话框

图1-34 "硬盘备份完毕"提示对话框

（5）单击"确认"按钮。

（6）经过压缩进程，系统打开"选择备份目标"对话框，选择"c:\321账套备份"。

（7）单击"确认"按钮，系统弹出"硬盘备份完毕！"提示对话框，如图1-34所示。

（8）单击"确定"按钮，系统提示"备份/恢复数据时，建议您使用用友安全通进行杀毒"，如图1-35所示。

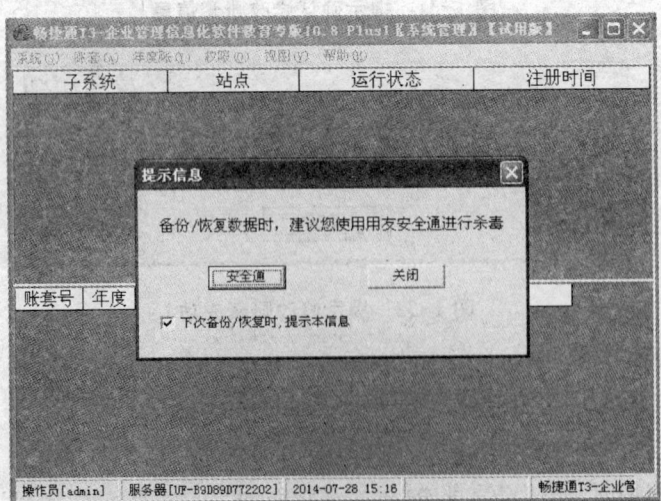

图1-35 "建议使用用友安全通杀毒"提示对话框

(9)单击"关闭"按钮。

3. 恢复账套

(1)以系统管理员"admin"的身份登录"系统管理"。

(3)在"系统管理"窗口中,执行"账套"|"恢复"命令,系统提示"备份/恢复数据时,建议您使用用友安全通进行杀毒"。

(4)单击"关闭"按钮,打开"恢复账套数据"对话框。

(5)在"恢复账套数据"对话框中,单击"查找范围"下拉列表框的下三角按钮,选择"d:\321账套备份\"中的数据文件"UF2KAct.Lst",如图1-36所示。

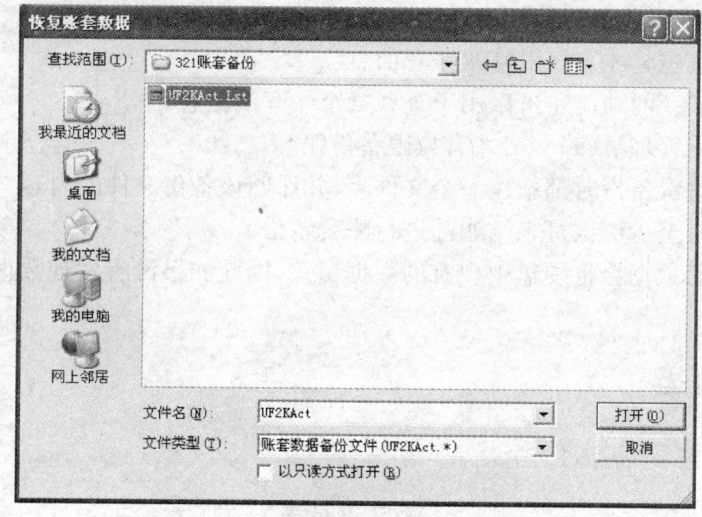

图1-36 "恢复账套数据"对话框

(6)单击"打开"按钮。系统弹出"是否覆盖账套"提示对话框,如图1-37所示。

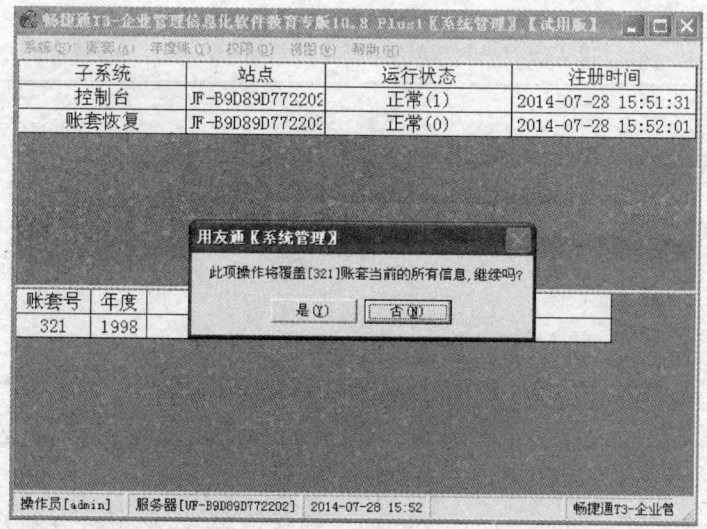

图1-37 "是否覆盖账套"提示对话框

图1-38 "账套恢复成功"
提示对话框

(7) 单击"是"按钮。系统弹出"账套321恢复成功"提示对话框,如图1-38所示。

(8) 单击"确定"按钮。

 知识点拨

(1) 账套备份就是将财务管理软件所产生的数据备份到硬盘、软盘、光盘等存储介质中。其目的是长期保存,预防意外事故造成的硬盘数据丢失、非法篡改和破坏。当有需要时,利用备份数据,能使系统数据得到尽快恢复以保证业务的正常进行。

(2) 只有账套主管才有权限修改账套信息。

(3) "修改账套"的功能还可以用于查看某个账套的信息。

(4) 只有系统管理员(admin)才有权限备份账套。

(5) 建议在每次备份时都新建一个文件夹,并注明该备份文件的内容。

(6) 企业每月至少应该月末结账前进行账套备份。

(7) 恢复备份数据会将硬盘中现有的数据覆盖,因此如果没有发现数据损坏,不要轻易进行数据恢复。

 活动训练

填写学习记录表(见表1-7)。

表1-7 学习记录表

项 目	记 录 内 容
谁有权利修改账套、备份账套?	
企业为什么要备份账套?	
企业需要经常进行恢复账套操作吗?	

 活动成果

操作至此,将本账套数据备份为"任务1.2 系统管理"。

任务1.3 基础信息设置

一个账套由多个功能模块组成,这些功能模块共享公用的基础信息,在启用新账套时,应根据企业的实际情况,结合"系统管理"模块基础信息设置的要求,进行基础信息设置。基础信息设置的内容主要包括部门档案和职员档案设置、往来单位分类及档案设置、凭证类别和结算方式设置等。

活动 1.3.1 设置机构人员档案

  活动描述

2014年7月1日,以账套主管高山的身份对321账套进行部门档案设置、人员档案设置。

1. 部门档案(见表1-8)

表1-8　　　　　　　　　　　　部门档案

部门编码	部门名称	负责人
1	行政部	李明
2	财务部	高山
3	采购部	张成
4	销售部	李大兵
5	仓管部	王国勤
6	生产车间	马金龙
601	饭盒组	
602	密封盒组	
603	水杯组	

2. 职员档案(见表1-9)

表1-9　　　　　　　　　　　　职员档案

编号	姓名	部门	编号	姓名	部门
101	李明	行政部	601	马金龙	生产车间-饭盒组
102	刘明	行政部	602	邹佩亮	生产车间-饭盒组
103	朱梅颖	行政部	603	刘玉海	生产车间-饭盒组
201	高山	财务部	604	方建	生产车间-饭盒组
202	张晴	财务部	605	石建国	生产车间-饭盒组
203	李一凡	财务部	606	张山	生产车间-密封盒组
301	张成	采购部	607	李式	生产车间-密封盒组
302	王明	采购部	608	刘建华	生产车间-密封盒组
401	李大兵	销售部	609	钟俊雅	生产车间-密封盒组
402	周迪生	销售部	610	胡欣	生产车间-水杯组
501	王国勤	仓管部	611	林森杰	生产车间-水杯组
502	齐铭	仓管部	612	周权	生产车间-水杯组
			613	叶晓	生产车间-水杯组

根据以上信息,进行机构人员信息设置。

活动步骤

1. 设置部门档案

(1) 选择"开始"|"所有程序"|"T3-企业管理信息化软件教育专版"|"T3"|"T3-企业管理信息化软件教育专版"(或者直接双击桌面上的"T3-企业管理信息化软件教育专版"图标)命令,以账套主管高山(301)的身份登录畅捷通 T3 软件。注册打开"畅捷通 T3-企业管理信息化软件教育专版 10.8 Plus1"窗口。

(2) 在"畅捷通 T3-企业管理信息化软件教育专版 10.8 Plus1"窗口中,执行"基础设置"|"机构设置"|"部门档案"命令,打开"部门档案"窗口,如图 1-39 所示。

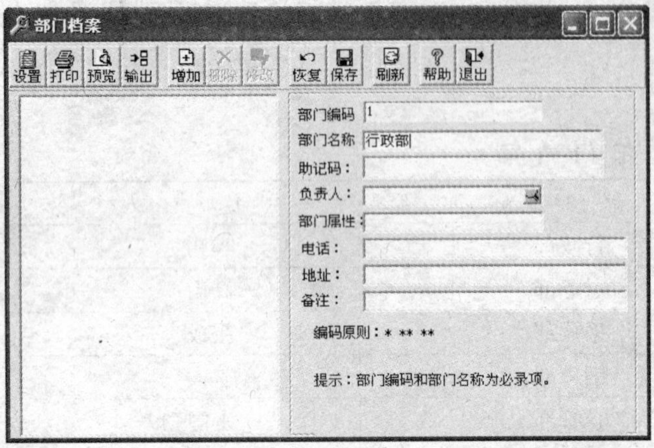

图 1-39 部门档案对话框

(3) 在"部门档案"窗口中,单击"增加"按钮,在"部门编码"框中输入"1",在"部门名称"框中输入"行政部"。

(4) 单击"保存"按钮,保存部门信息。

(5) 重复(2)~(4)操作步骤,继续输入其余部门信息。

2. 设置人员档案

(1) 以账套主管高山(301)身份登录畅捷通 T3 软件,在"畅捷通 T3-企业管理信息化软件教育专版 10.8 Plus1"窗口中,执行"基础设置"|"机构设置"|"职员档案"命令,打开"职员档案"对话框。

(2) 在"职员档案"对话框中,在"职员编号"列框中输入"101";第一行"职员名称"列框中输入"李明";"所属部门"列框中,单击框中的 按钮,弹出"部门参照"对话框,在"部门参照"对话框中选择"行政部"。

(3) 单击"增加"按钮(或单击"Enter"键),保存第一行职员信息,自动进入第二行,如图 1-40 所示。

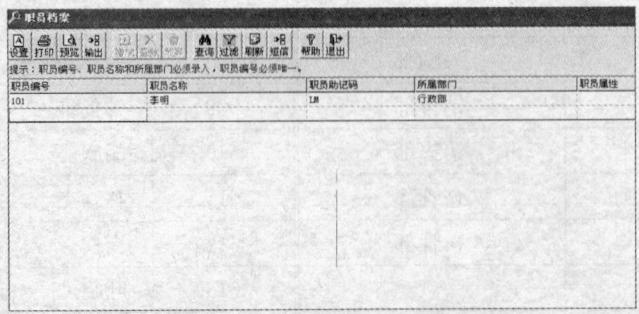

图 1-40 "职员档案"对话框

(4) 重复(2)和(3)操作步骤,继续输入其余职员信息。
(5) 单击"退出"按钮。

 说 明

  1. 各部门"负责人"信息需要设置完人员档案后,在"部门档案"对话框的修改状态下输入。
  2. 在"职员档案"对话框中录完一条记录后不能马上单击"退出"按钮,要单击"增加"按钮或单击"Enter"键,直到出现下一行才保存成功,否则最后输入的那条记录没被保存。

 知识点拨

1. 部门档案

这里的"部门",是指在某使用单位管辖下的具有进行财务核算或业务管理要求的单元体,不一定与企业实际的职能部门完全吻合。由于在会计核算中,往往需要按部门进行分类核算和汇总,有隶属关系的上下级部门之间具有数据汇总关系,因此部门档案主要用于设置企业各个职能部门的信息,主要包括部门编码、名称、负责人、部门属性等信息。

部门编号必须符合在创建账套时定义好的编码级次原则,部门编号及名称必须唯一。

2. 职员档案

这里的"职员",是指企业的各个职能部门中,参与企业的业务活动且需要对其进行核算和业务管理的人员,如采购员、库管员、销售员等。职员档案主要用于记录本企业使用系统的职员列表,包括职员编号、名称、所属部门及职员属性等。

 活动训练

1. 实操练习
(1) 继续输入其余部门信息(包括输入各部门负责人)。
(2) 继续输入其余职员信息。
2. 填写学习记录表(见表1-10)

表1-10   学习记录表

项 目	记 录 内 容
部门编码"122"表示什么意思?	
如何保存输入的职员信息?	
如何在"部门档案"窗口输入部门负责人?	

活动1.3.2 设置往来单位

活动描述

1. 东莞市京贸塑料制品有限公司的客户分类(见表1-11)

表1-11　　　　　　　　　　　　　客户分类

客户分类编码	客户分类名称
01	批发商
02	零售商

2. 客户档案(见表1-12)

表1-12　　　　　　　　　　　　　客户档案

客户编码	客户名称	客户简称	所属分类码	税　号	开户银行及账号	地址	联系电话
01	东莞市百家百货有限公司	东莞百家	01	441911792915101	中国工商银行东莞新基支行 0030110122223333444	东莞市南城区宏图大道19号	0769-26980233
02	东莞市新天地购物中心公司	东莞新天地	02	441911792915102	中国工商银行东莞中信支行 0030110188889999000	东莞市东城中路218号	0769-22385568
03	广州市百利超市	广州百利	02	440101792915102	中国建设银行广州天河支行 1056020077778888999	广州市天河路560号	020-33254325

3. 供应商档案(见表1-13)

表1-13　　　　　　　　　　　　　供应商档案

序号	供应商名称及地址	供应商简称	纳税号	银行及账号	联系电话
01	广州石油化工有限公司 广州市大金钟路239号	广州石化	440101179291601	中国农业银行广州龙洞支行 3349089711112222333	020-87031065
02	东莞市益能化工有限公司 东莞市东城区桑园狮龙路20号	东莞益能化工	441911792915002	中国建设银行东莞市分行桑园支行 1056020011112222333	0769-26753300
03	东莞市永恒包装有限公司 东莞市中堂镇新兴路65号	东莞永恒包装	441911792915004	中国建设银行东莞市分行中堂支行 1056020044445555666	0769-32884567

2014年7月1日,账套主管高山根据以上信息进行客户档案和供应商档案设置。

活动步骤

1. 设置客户分类

(1) 以账套主管高山(301)身份登录畅捷通T3软件,在"畅捷通T3-企业管理信息化软件教育专版10.8 Plus1"窗口中,执行"基础设置"|"往来单位"|"客户分类"命令,打开"客户分类"对话框。

(2) 在"客户分类"对话框中,单击"增加"按钮,在"类别编码"框中输入"01",在"类别名称"框中输入"批发商",如图1-41所示。

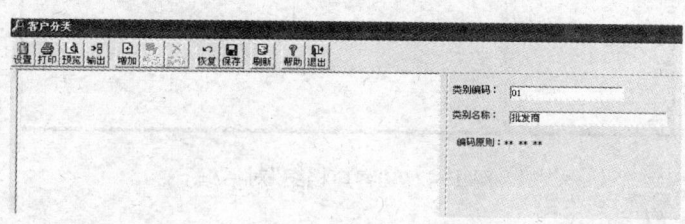

图1-41 "客户分类"对话框

(3) 单击"保存"按钮,保存客户分类信息。

(4) 重复(2)和(3)操作步骤,继续输入其余客户分类信息。

(5) 单击"退出"按钮。

说 明

1. 有下级分类码的客户分类前会出现带框的＋符号,双击该分类码时,会出现或取消下级分类码。

2. 新增的客户分类的分类编码必须与"分类编码方案"中设定的编码级次结构相符。例如,编码级次结构为"XX-XXX",那么,"001"是一个错误的客户分类编码,01或01001是一个正确的客户分类编码。

3. 客户分类必须逐级增加。除了一级客户分类之外,新增的客户分类的分类编码必须有上级分类编码。例如,编码级次结构为"XX-XXX,那么"01001"这个编码只有在编码"01"已存在的前提下才是正确的。

2. 设置客户档案

(1) 在"畅捷通T3-企业管理信息化软件教育专版10.8 Plus1"窗口中,执行"基础设置"|"往来单位"|"客户档案"命令,打开"客户档案"对话框,如图1-42所示。

(2) 在"客户档案"对话框中,选中"01 批发商",单击"增加"按钮,打开"客户档案卡片"对话框。

(3) 在"客户档案卡片"对话框中,在"基本"页签的"客户编号"框中输入"01";在客户名称框中输入"东莞市百家百货有限公司";在客户简称中输入"东莞百家";在税号框中输入

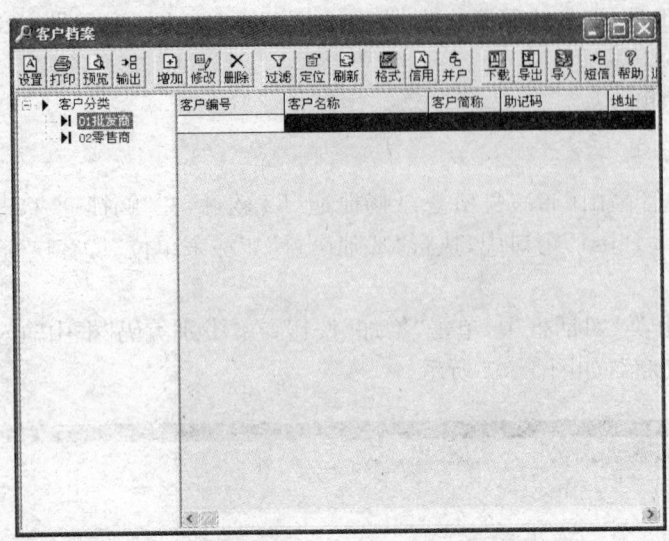

图 1-42 "客户档案"对话框

"441911792915101";在开户银行框中输入"中国工商银行东莞新基支行";在银行账号框中输入"0030110122223333444"。在"联系"页签的"地址"框中输入"东莞市南城区宏图大道19号";在"电话"框中输入"0769-26980233"。如图1-43所示。

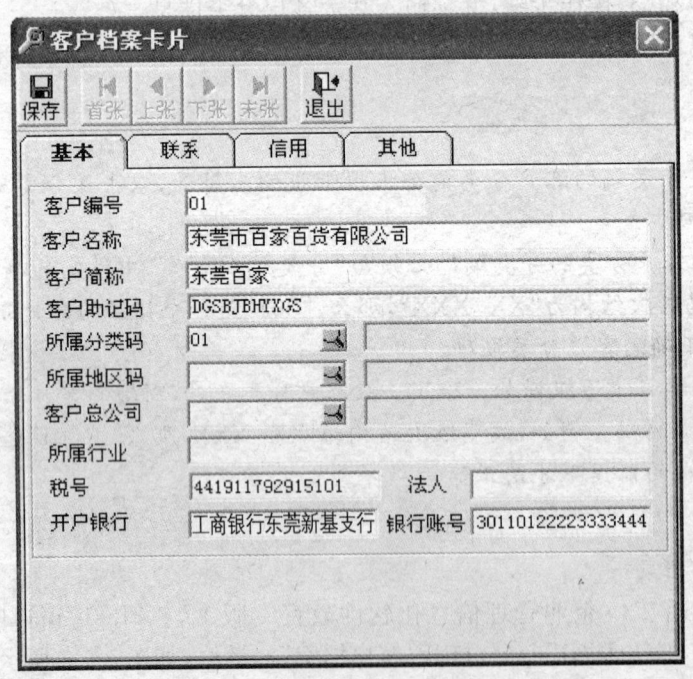

图 1-43 "客户档案卡片"对话框

(4) 单击"保存"按钮,保存客户信息。
(5) 重复(3)～(4)操作步骤,继续输入其余客户档案,如图1-44所示。

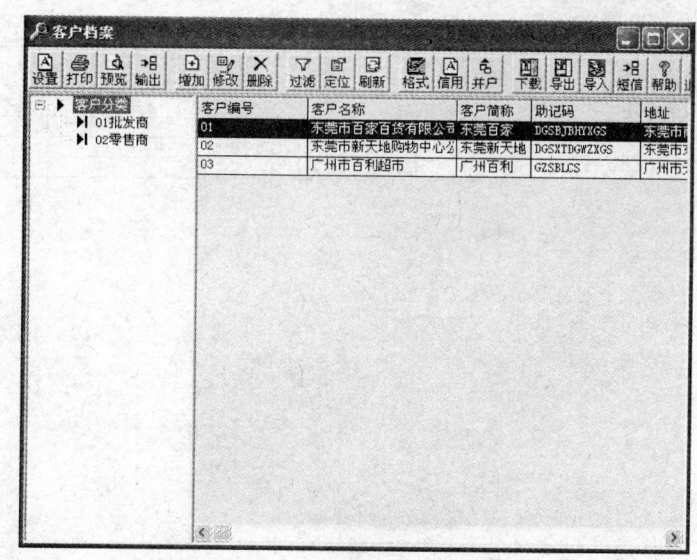

图 1-44 "客户档案"对话框

(6) 单击"退出"按钮。

3. 设置供应商档案

(1) 在"畅捷通 T3-企业管理信息化软件教育专版 10.8 Plus1"窗口中,执行"基础设置"|"往来单位"|"供应商档案"命令,打开"供应商档案"对话框。

(2) 在"供应商档案"对话框中,选中"00 无分类",单击"增加"按钮,打开"供应商档案卡片"对话框。

(3) 在"供应商档案卡片"对话框中,在"基本"页签的"供应商编号"框中输入"01";在"供应商名称"框中输入"广州石油化工有限公司";在"供应商简称"中输入:"广州石化";在"税号"框中输入"440101179291601";在"开户银行"框中输入"中国农业银行广州龙洞支行";在"银行账号"框中输入"3349089711112222333"。在"联系"页签的"地址"框中输入"广州市大金钟路 239 号";在"电话"框中输入"020-87031065"。如图 1-45 所示。

(4) 单击"保存"按钮,保存供应商信息。

(5) 重复(3)和(4)操作步骤,继续输入其余供应商档案,如图 1-46 所示。

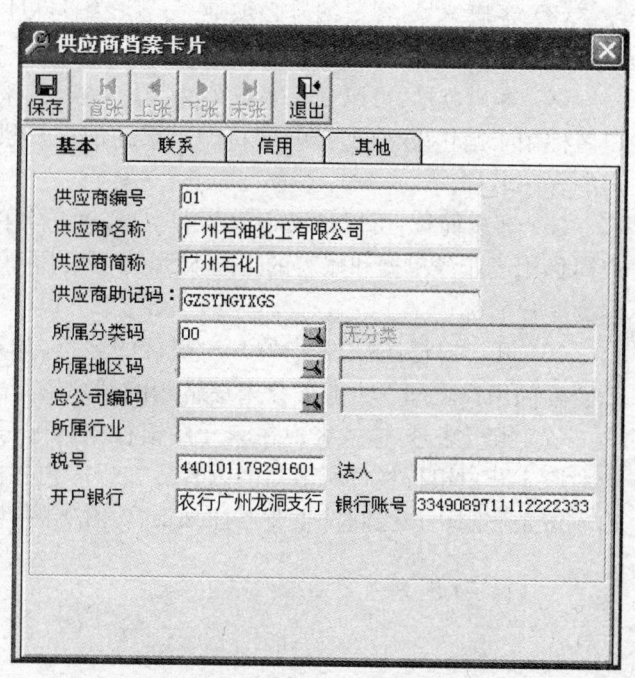

图 1-45 "供应商档案卡片"对话框

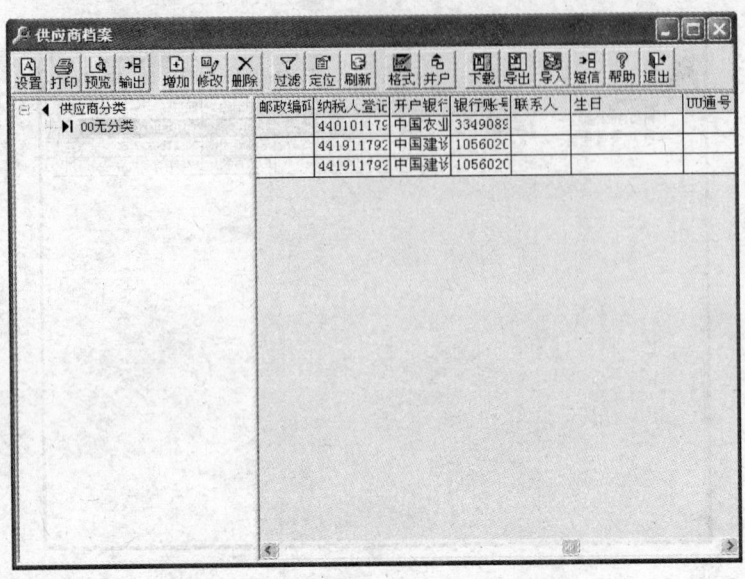

图1-46 "供应商档案"对话框

(6) 单击"退出"按钮。

 知识点拨

(1) 已经使用的客户分类不能删除。

(2) 非末级客户分类不能删除。

(3) 客户编号：客户编号必须唯一；客户编号可以用数字或字符表示，最多可输入20位数字或字符。

(4) 客户名称：可以是汉字或英文字母，客户名称最多可写49个汉字或98个字符。客户名称用于销售发票的打印，即打印出来的销售发票的销售客户栏目显示的内容为销售客户的客户名称。

(5) 客户简称：可以是汉字或英文字母，客户名称最多可写30个汉字或60个字符。客户简称用于业务单据和账表的屏幕显示，例如：屏幕显示的销售发货单的客户栏目中的内容为客户简称。

(6) 开户银行：输入客户的开户银行的名称，如果客户的开户银行有多个，在此处输入该企业同用户之间发生业务往来最常用的开户银行。

(7) 银行账号：输入客户在其开户银行中的账号，可输入50位数字或字符。银行账号应对应于开户银行栏目所填写的内容。如果客户在某开户银行中银行账号有多个，在此处输入该企业同用户之间发生业务往来最常用的银行账号。

 活动训练

1. 实操练习

(1) 继续输入其余客户信息。

（2）继续输入其余供应商信息。

2. 填写学习记录表（见表 1-14）

表 1-14　　　　　　　　　　　　学 习 记 录 表

项　　　　目	记 录 内 容
客户、供应商信息输入有编码要求吗？	
设置客户分类、供应商分类与系统管理模块的账套信息有何关系？	

活动 1.3.3　设置收付结算

活动描述

1. 结算方式（见表 1-15）

表 1-15　　　　　　　　　　　　结 算 方 式

结算方式编号	结算方式名称	票据管理
1	现金结算	否
2	支票结算	否
201	现金支票	是
202	转账支票	是
3	银行汇票	否
4	商业汇票	否
401	商业承兑汇票	否
402	银行承兑汇票	否
5	其他	否

2. 付款条件（见表 1-16）

表 1-16　　　　　　　　　　　　付 款 条 件

编码	信用天数	优惠天数1	优惠率1	优惠天数2	优惠率2	优惠天数3	优惠率3
01	30	5	2				
02	60	5	4	15	2	30	1
03	90	5	4	20	2	45	1

3. 开户银行信息（见表 1-17）

表 1-17　　　　　　　　　　　　开户银行信息

开户银行编码	01
开户银行名称	中国建设银行东莞市分行建业支行
开户银行账号	1056020040405555678

2014年7月1日,321账套的账套主管(301高山)根据以上信息进行结算方式设置、付款条件设置和开户银行设置。

活动步骤

1. 设置结算方式

（1）以账套主管高山(301)身份登录畅捷通T3软件,在"畅捷通T3-企业管理信息化软件教育专版10.8 Plus1"窗口中,执行"基础设置"|"收付结算"|"结算方式"命令,打开"结算方式"对话框。

（2）在"结算方式"对话框中,单击"增加"按钮,在"类别编码"框中输入"1",在"类别名称"框中输入"现金结算",如图1-47所示。

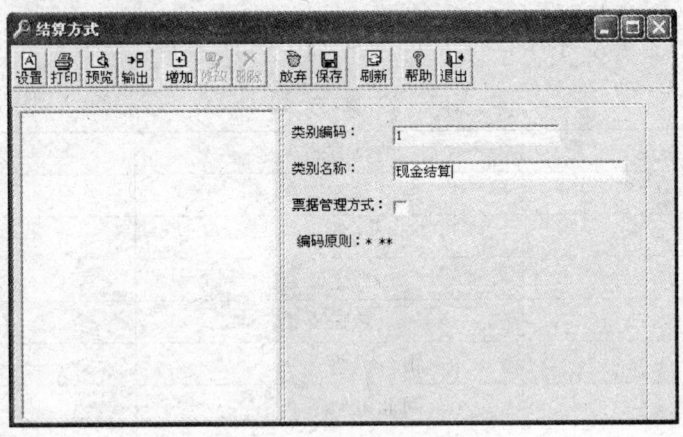

图1-47 "结算方式"对话框

（3）单击"保存"按钮,保存结算方式信息。
（4）重复(2)和(3)操作步骤,继续输入其余结算方式信息。
（5）单击"退出"按钮。

说 明

在"结算方式"对话框中选择了"票据管理"功能,并且在总账的"选项"中选择了"支票控制"选项,就能使用"支票登记簿"功能登记支票的核销情况。

2. 设置付款条件

（1）在"畅捷通T3-企业管理信息化软件教育专版10.8 Plus1"窗口中,执行"基础设置"|"收付结算"|"付款条件"命令,打开"付款条件"对话框。

（2）在"付款条件"对话框中,在"付款条件编号"列框中输入"01";第一行"信用天数"列框中输入"30";"优惠天数1"列框中输入"5";"优惠率1"列框中输入"2"。

（3）单击"Enter"键(或单击"增加"按钮),保存第一行付款条件信息,自动进入第二行,如图1-48所示。

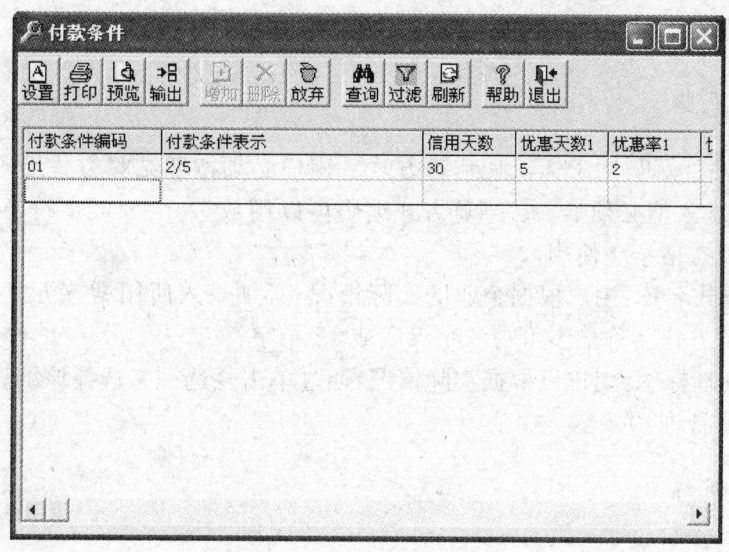

图 1-48 "付款条件"对话框

（4）重复(2)和(3)操作步骤，继续输入其余付款条件。

（5）单击"退出"按钮。

3. 设置开户银行

（1）在"畅捷通 T3-企业管理信息化软件教育专版 10.8 Plus1"窗口中，执行"基础设置"|"收付结算"|"开户银行"命令，打开"开户银行"对话框。

（2）在"开户银行"对话框中，在"编号"列框中输入"01"；第一行"开户银行"列框中输入"中国建设银行东莞市分行建业支行"；"银行账号"列框中输入"1056020040405555678"。

（3）单击"Enter"键两次，保存第一行开户银行信息，自动进入第二行，如图 1-49 所示。

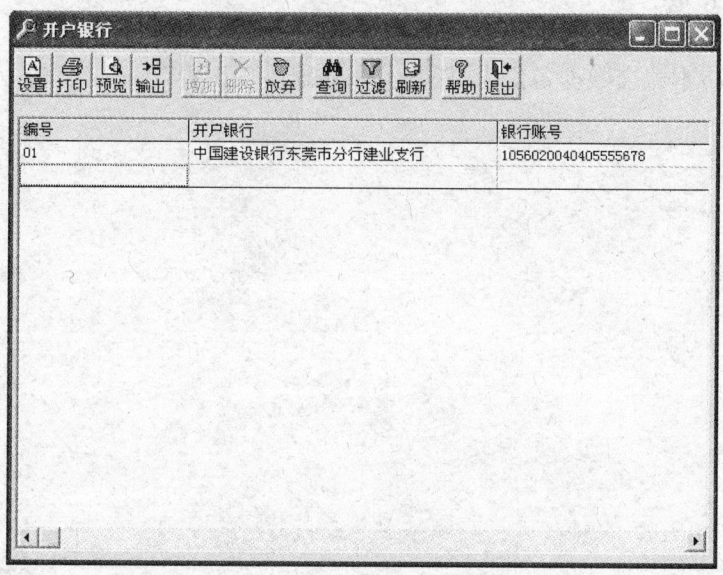

图 1-49 "开户银行"对话框

(4)单击"退出"按钮。

 知识点拨

(1)结算方式编码:用于标识某结算方式。用户必须按照结算方式编码级次的先后顺序来进行录入,录入值必须唯一。结算方式编码可以用数字0~9或字符A~Z表示,但编码中&";-以及空格禁止使用。

(2)结算方式名称:用户根据企业的实际情况,必须录入所用结算方式的名称,录入值必须唯一。结算方式名称最多可写6个汉字或12个字符。

(3)票据管理标志:用户可根据实际情况,通过单击复选框来选择该结算方式下的票据是否要进行票据管理。

 活动训练

1. 实操练习
(1)继续设置其余结算方式。
(2)继续输入其余付款条件。
2. 填写学习记录表(见表1-18)

表1-18 学习记录表

项 目	记 录 内 容
"付款条件"对话框与"职员档案"对话框、"开户银行"对话框有何相同点?	
在"结算方式"对话框中选择"票据管理"功能有何作用?	

 活动成果

操作至此,将本账套数据备份为"任务1.3 基础信息设置"。

单元 2　操作总账管理模块

 单元导读

总账管理模块是财务软件的核心模块,其他功能模块往往需要读取总账管理模块的数据进行核算,而且要将处理结果汇总生成凭证送总账管理模块统一处理。许多企业是从总账管理模块开始实行会计电算化的。本单元主要介绍总账管理模块的操作方法。内容包括:总账管理模块初始化、总账管理模块日常业务处理、总账管理模块期末处理。

 学习目标

- 能描述总账模块具备的主要功能及其业务流程
- 能理解总账模块参数的含义
- 能完成总账系统初始化设置
- 会记账凭证输入、修改、查询、审核的操作
- 会进行转账凭证设置的操作,生成相关凭证
- 会进行期末对账、结账的操作
- 能针对财务软件提示问题进行思考并提出有效解决方案,养成财务软件操作思维,自主学习

 任务 2.1　总账管理模块初始化

在刚开始使用总账管理模块时,应先设置总账控制参数,选项决定了你将如何使用总账系统,如果你希望系统的功能与控制能够适应自己单位的实际需要,那么,最好你先在这里进行相应的设置。

活动 2.1.1　设置外币

 活动描述

东莞市京贸塑料制品有限公司采用固定汇率核算外币,外币只涉及美元一种,美元币

符为$,2014年7月初汇率为6.3。

2014年7月1日,账套主管高山根据以上信息进行外币设置。

 活动步骤

（1）以账套主管高山(301)身份登录畅捷通T3软件,在"畅捷通T3-企业管理信息化软件教育专版10.8 Plus1"窗口中,执行"基础设置"|"财务"|"外币种类"命令,打开"外币设置"对话框。

（2）在"外币设置"对话框中,单击"增加"按钮,在"币符"框中输入"$";"币名"框中输入"美元";采用默认的折算方式"外币*汇率=本位币"。如图2-1所示。

（3）单击"确认"按钮,在2014.07的"记账汇率"列框中输入"6.3",如图2-2所示。

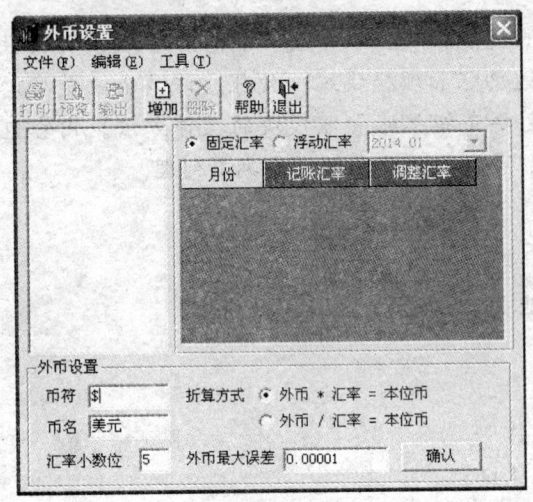

图2-1 "外币设置"对话框

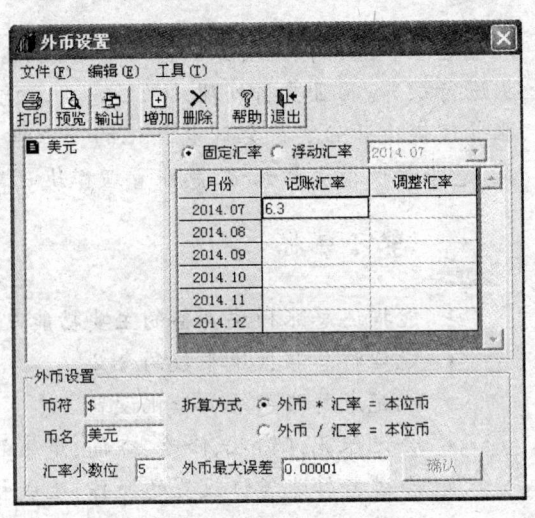

图2-2 "外币设置"对话框

（4）单击"Enter"键,保存外币信息。

（5）单击"退出"按钮。

 知识点拨

（1）汇率管理是专为外币核算服务的。在此可以对本账套所使用的外币进行定义;在"填制凭证"中所用的汇率应先在此进行定义,以便制单时调用,减少录入汇率的次数和差错。当汇率变化时,应预先在此进行定义,否则,制单时不能正确录入汇率,对于使用固定汇率(即使用月初或年初汇率)作为记账汇率的用户,在填制每月的凭证前,应预先在此录入该月的记账汇率,否则在填制该月外币凭证时,将会出现汇率为零的错误,对于使用变动汇率(即使用当日汇率)作为记账汇率的用户,在填制该天的凭证前,应预先在此录入该天的记账汇率。

（2）币符及币名:所定义外币的符号及其名称,如美元,其币符可以定义为$,名称定义为美元。

(3) 汇率小数位:定义外币的汇率小数位数,系统默认为5位。

(4) 折算方式:分为直接汇率与间接汇率两种,用户可以根据外币的使用情况选定汇率的折算方式。直接汇率即[外币*汇率=本位币],间接汇率即[外币/汇率=本位币]。

(5) 最大折算误差:在记账时,如果外币×(或/)汇率-本位币>出现最大折算误差,则系统给予提示,系统默认最大折算误差为0.00001,即不相等时就提示,如果用户希望在制单时不提供最大折算误差提示,可以将最大折算误差设为一个比较大的数值,如1000000即可。

(6) 固定汇率与浮动汇率:选"固定汇率"即可录入各月的月初汇率,选"浮动汇率"即可录入所选月份的各日汇率。此处仅供用户录入固定汇率与浮动汇率,并不决定在制单时使用固定汇率还是浮动汇率,在"账簿选项"中的"汇率方式"的设置决定制单使用固定汇率还是浮动汇率。

(7) 记账汇率:在平时制单时,系统自动显示此汇率,如果用户使用固定汇率(月初汇率),则记账汇率必须输入,否则制单时汇率为0。

(8) 调整汇率:即月末汇率。在期末计算汇兑损益时用,平时可不输,等期末可输入期末汇率,用于计算汇兑损益,本汇率不作其他用途。

 活动训练

1. 业务处理

设置日元,日元币符为¥,2014年7月初汇率为0.06163。

2. 填写学习记录表(见表2-1)

表2-1　　　　　　　　　　　　学 习 记 录 表

项　　　目	记 录 内 容
外币设置的流程是什么?	
如何保存输入的外币信息?	

活动2.1.2　设置会计科目

 活动描述

2014年7月1日,账套主管高山根据表2-2的信息进行会计科目设置。

表2-2　　　　　东莞市京贸塑料制品有限公司会计科目及期初余额表　　　　单位:元

科目编号及名称	辅助核算	方向	币别/计量	期初余额
库存现金(1001)	日记账	借		8 500.00
银行存款(1002)	银行账,日记账	借		183 110.00
人民币户(100201)	银行账,日记账	借		120 110.00
美元户(100202)	银行账,日记账	借		63 000.00

(续表)

科目编号及名称	辅助核算	方向	币别/计量	期初余额
			美元	10 000.00
应收票据(1121)	客户往来	借		
应收账款(1122)	客户往来	借		177 600.00
预付账款(1123)	供应商往来	借		
其他应收款(1221)		借		3 800.00
备用金(122101)	部门核算	借		
应收个人款(122102)	个人往来	借		3 800.00
原材料(1403)		借		85 000.00
聚丙烯(140301)	数量核算	借		5 000.00
			千克	500
聚乙烯(140302)	数量核算	借		7 000.00
			千克	350
红色母料(140303)	数量核算	借		31 000.00
			千克	100
黄色母料(140304)	数量核算	借		42 000.00
			千克	100
库存商品(1405)		借		72 500.00
饭盒(140501)	数量核算	借		32 500.00
			个	5 000
密封盒(140502)	数量核算	借		18 000.00
			个	3 000
水杯(140503)	数量核算	借		22 000.00
			个	4 000
固定资产(1601)		借		2 738 720.00
累计折旧(1602)		贷		738 854.34
在建工程(1604)		借		565 053.84
短期借款(2001)		贷		220 000.00
应付票据(2201)	供应商往来	贷		
应付账款(2202)	供应商往来	贷		276 850.00
预收账款(2203)	客户往来	贷		
应付职工薪酬(2211)		贷		

(续表)

科目编号及名称	辅助核算	方向	币别/计量	期初余额
应交税费(2221)		贷		42 851.50
应交增值税(222101)		贷		13 144.50
进项税额(22210101)		贷		−55 578.00
销项税额(22210106)		贷		68 722.50
应交营业税(222103)		贷		
应交消费税(222104)		贷		
应交所得税(222106)		贷		28 096.00
应交城市维护建设税(222108)		贷		920.11
应交个人所得税(222112)		贷		296.56
教育费附加(222113)		贷		394.33
实收资本(3001)		贷		1 700 000.00
盈余公积(3101)		贷		200 000.00
法定盈余公积(310101)		贷		200 000.00
任意盈余公积(310102)		贷		
本年利润(3103)		贷		505 728.00
利润分配(3104)		贷		150 000.00
提取法定盈余公积(310402)		贷		
提取法定公益金(310403)		贷		
提取任意盈余公积(310409)		贷		
应付利润(310410)		贷		
未分配利润(310415)		贷		150 000.00
生产成本(4001)		借		
材料费(400101)		借		
人工费(400102)		借		
制造费用(400103)		借		
制造费用(4101)		借		
员工工资(410101)		借		
折旧费(410102)		借		
其他(410103)		借		
销售费用(5601)		借		
差旅费(560108)		借		

(续表)

科目编号及名称	辅助核算	方向	币别/计量	期初余额
折旧(560109)				
管理费用(5602)		借		
开办费(560201)	部门核算			
业务招待费(560202)	部门核算			
员工工资(560209)	部门核算			
折旧(560210)	部门核算			
无形资产摊销(560211)	部门核算			
办公费(560212)	部门核算	借		
差旅费(560213)	部门核算	借		
其他(560214)	部门核算	借		
营业外支出(5711)		借		

活动步骤

1. 增加会计科目

（1）以账套主管高山(301)身份登录畅捷通 T3 软件，在"畅捷通 T3-企业管理信息化软件教育专版 10.8 Plus1"窗口中，执行"基础设置"｜"财务"｜"会计科目"命令，打开"会计科目"窗口，如图 2-3 所示。

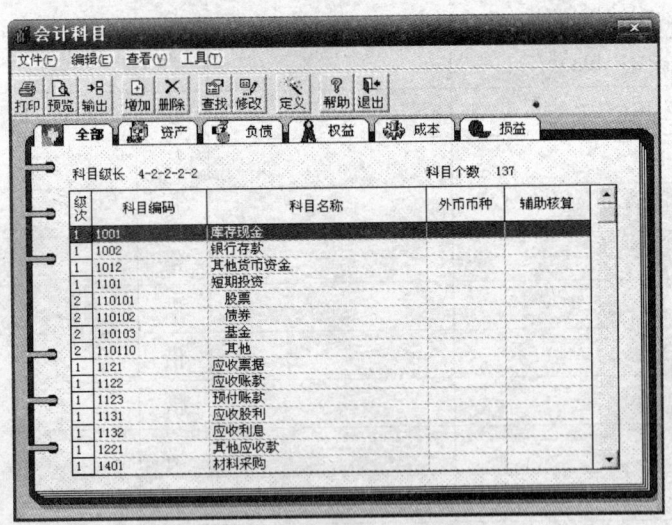

图 2-3 "会计科目"窗口

（2）在"会计科目"窗口中，单击"增加"按钮，进入"会计科目_新增"对话框。

（3）在"会计科目_新增"对话框的"科目编码"栏中输入"100201"；"科目中文名称"栏中输入"人民币户"，如图 2-4 所示。

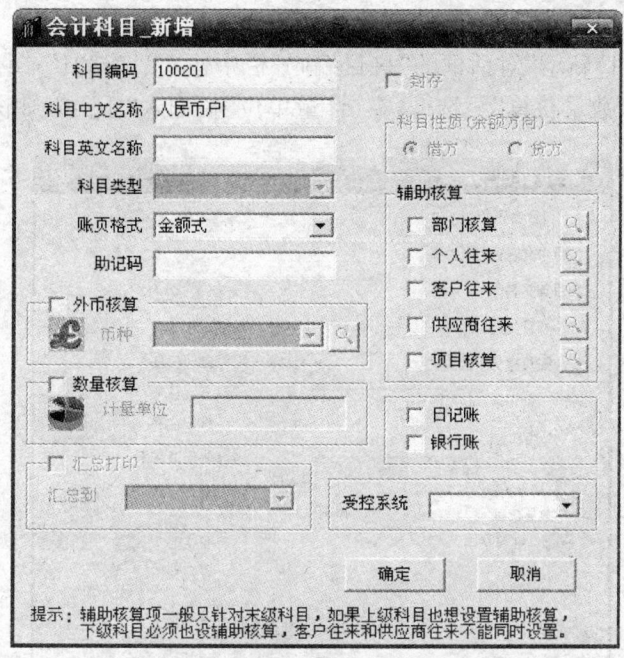

图 2-4 "会计科目_新增"对话框

(4) 单击"确定"按钮,保存新增的会计科目信息。

(5) 在"会计科目_新增"对话框的"科目编码"栏中输入"100202";"科目中文名称"栏中输入"美元户",选中"外币核算"复选框,单击"币种"下拉列表框的下三角按钮,选择"美元$",如图 2-5 所示。

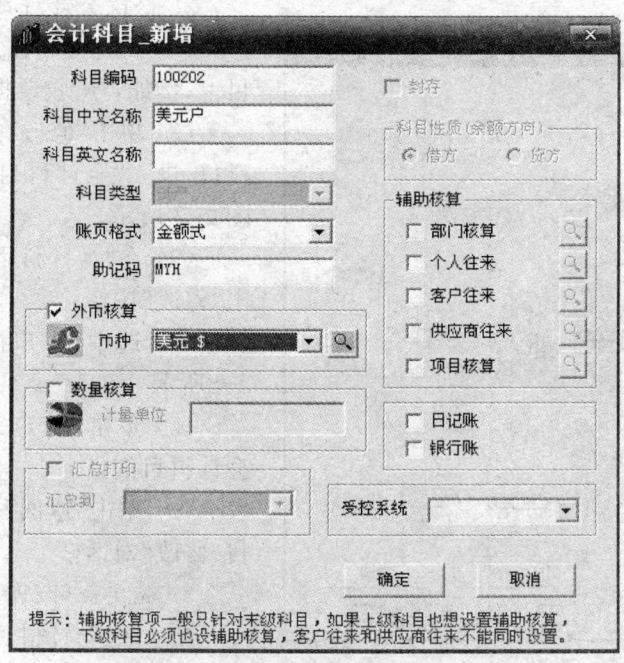

图 2-5 "会计科目_新增"对话框

(6)单击"确定"按钮,保存新增的会计科目信息。

(7)在"会计科目_新增"对话框的"科目编码"栏中输入"140301";"科目中文名称"栏中输入"聚丙烯",选中"数量核算"复选框,在"计量单位"栏输入"千克",如图2-6所示。

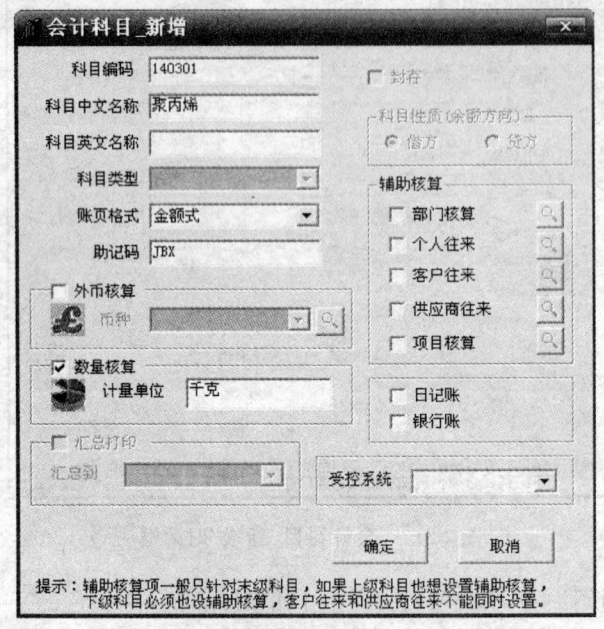

图2-6 "会计科目_新增"对话框

(8)单击"确定"按钮,保存新增的会计科目信息。

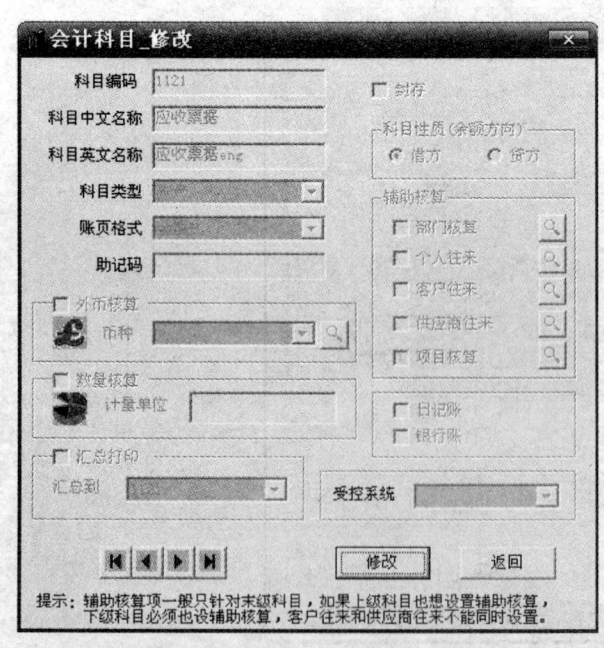

图2-7 "会计科目_修改"对话框

2. 修改会计科目

(1)将光标定在需要修改的会计科目上,例如,"应收票据(1121)"。

(2)单击"修改"按钮或直接双击该科目,进入"会计科目_修改"对话框,如图2-7所示。

(3)在"会计科目_修改"对话框,单击"修改"按钮。

(4)选中"客户往来"复选框,如图2-8所示。

(5)单击"确定"按钮,保存修改的会计科目信息。

(6)单击"返回"按钮,退出"会计科目_修改"对话框。

3. 指定会计科目

(1)在"会计科目"窗口中,执行"编辑"|"指定科目"命令,打开"指定科目"

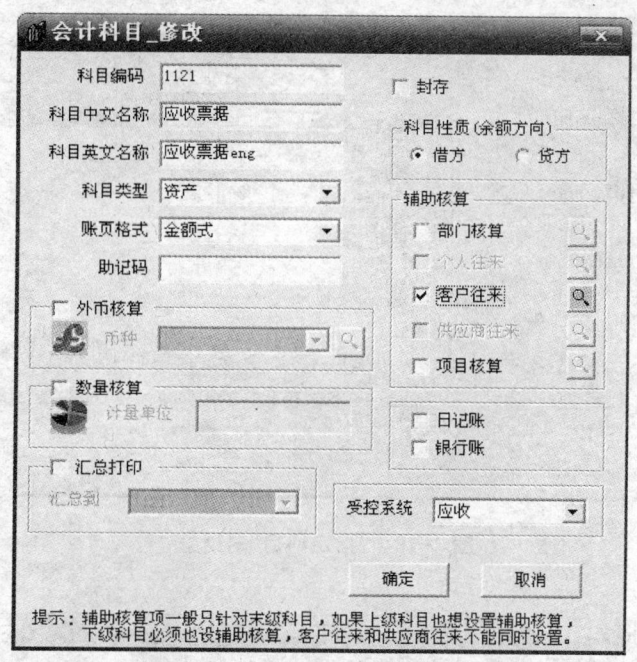

图 2-8 "会计科目_修改"对话框

对话框,如图 2-9 所示。

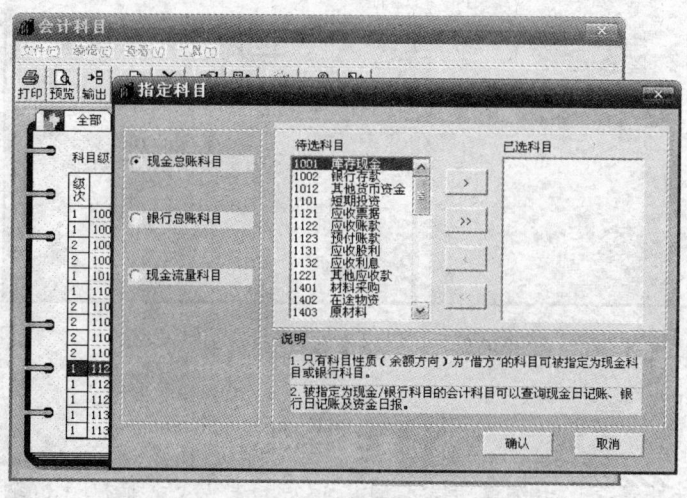

图 2-9 "指定科目"对话框

(2) 单击"现金总账科目"单选按钮,在"待选科目"框中选择"1001 库存现金",单击 > 按钮,如图 2-10 所示。

(3) 单击"银行总账科目"单选按钮,在"待选科目"框中选择"1002 银行存款",单击 > 按钮,如图 2-11 所示。

(4) 单击"确认"按钮。

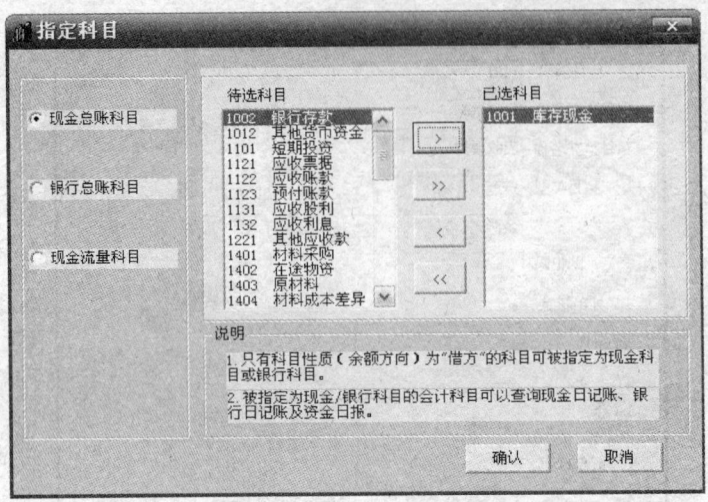

图 2-10 "指定科目"对话框

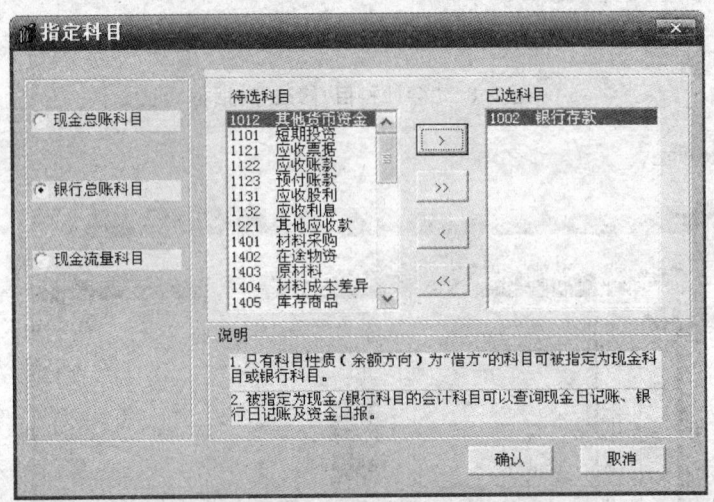

图 2-11 "指定科目"对话框

说 明

　　指定会计科目是指定出纳的专管科目。指定科目后，才能执行出纳签字和查看现金、银行存款日记账。

 知识点拨

1. 会计科目的设置原则

（1）会计科目的设置必须满足会计报表编制的要求，凡是报表所用的数据，需要从总账管理模块中取数的,必须设置对应的会计科目。

(2)会计科目的设置必须注意科目与科目之间的协调性和体系的完整性。不能只有下级科目而没有上级科目。

(3)会计科目要保持相对的稳定性,会计年中不能删除,一旦使用,不能增加下一级明细科目。

(4)设置会计科目要考虑到总账模块与其他功能模块的衔接。在总账模块中,只有末级会计科目才允许有发生额,才能接收其他功能模块转入的数据,因此,要将其他功能模块中的核算科目设置为末级科目。

2. 各栏目说明

(1)级次:即科目级次,以数字1、2、3、4、5、6表示,数字即代表科目级次,如"1"代表一级科目,"2"代表二级科目。级次由系统根据科目编码自动定义。

(2)科目编码:科目编码必须唯一;科目编码必须按其级次的先后次序建立。科目编码只能由数字(0~9)、英文字母(A~Z及a~z)及减号(一)、正斜杠(/)表示,其他字符(如 &、"、';空格等)禁止使用。

(3)科目名称:分为科目中文名称和科目英文名称,可以是汉字、英文字母或数字,可以是减号(一)、正斜杠(/),但不能输入其他字符。科目中文名称最多可输入20个汉字,科目英文名称最多可输入100个英文字母。

注意

科目中文名称和科目英文名称不能同时为空。若你在进入系统时选择的是中文版,则必须录入中文名称,英文名称可输也可不输;若你在进入系统时选择的是英文版,则必须录入英文名称,中文名称可输也可不输。

(4)科目类型:行业性质为企业时,科目类型分为:资产、负债、所有者权益、成本、损益,没有成本类的企业可不设成本类;行业性质为行政单位或事业单位时,按新会计制度科目类型设置。

(5)助记码:用于帮助记忆科目,一般可用科目名称中各个汉字拼音的头一个字母组成,系统提供自动生成助记码功能,新增/修改会计科目,焦点离开科目名称时,助记码自动按照科目名称的第一个英文字母组合生成,用户可修改。助记码允许重复。在需要录入科目的地方输入助记码,系统可自动将助记码转换成科目名称。

(6)账页格式:定义该科目在账簿打印时的默认打印格式。系统提供了金额式、外币金额式、数量金额式、外币数量式四种账页格式供选择。一般情况下,有外币核算的科目可设为外币金额式,有数量核算的科目可设为数量金额式,既有外币又有数量核算的科目可设为外币数量式,既无外币又无数量核算的科目可设为金额式。

(7)辅助核算:也叫辅助账类。用于说明本科目是否有其他核算要求,系统除完成一般的总账、明细账核算外,还提供以下几种专项核算功能供用户选用:部门核算、个人往来核算、客户往来核算、供应商往来核算、项目核算。

 注意

（1）一个科目可同时设置两种专项核算。如：管理费用既想核算各部门的使用情况也想了解各项目的使用情况，那么，可以同时设置部门核算和项目核算。

（2）个人往来核算不能与其他专项一同设置，客户与供应商核算不能一同设置。辅助账类必须设在末级科目上，但为了查询或出账方便，有些科目也可以在末级和上级设账类。但若只在上级科目设账类，其末级科目没有设该账类，系统将不承认，也就是说，当上级科目设有某账类时，其末级科目中必设有该账类，否则只在上级设账类系统将不处理。

（3）在设置辅助核算时请尽量慎重，因为，如果科目已有数据，而又对科目的辅助核算进行修改，那么，很可能会造成总账与辅助账对账不平。

（8）科目性质（余额方向）：增加登记在借方的科目，科目性质为借方；增加登记在贷方的科目，科目性质为贷方。在一般情况下，资产类科目的科目性质为借方，负债类科目的科目性质为贷方。

 注意

只能在一级科目设置科目性质，下级科目的科目性质与其一级科目的相同。已有数据的科目不能再修改科目性质。

（9）外币核算：用于设定该科目核算是否有外币核算，以及核算的外币名称。一个科目只能核算一种外币，只有有外币核算要求的科目才允许也必须设定外币币名，如果此科目核算的外币币种没有定义，可以用鼠标点取外币币种下拉选择框旁边的按钮〖参照〗，进入［汇率管理］中进行定义。

（10）数量核算：用于设定该科目是否有数量核算，以及数量计量单位。计量单位可以是任何汉字或字符，如：千克、件、吨等。

（11）封存：被封存的科目在制单时不可以使用。此选项只能在科目修改时进行设置。

（12）汇总打印：在同一张凭证中当某科目或有同一上级科目的末级科目有多笔同方向的分录时，如果你希望将这些笔分录按科目汇总成一笔打印，则需要将该科目设置汇总打印，汇总到的科目设置成该科目的本身或其上级科目。

 注意

只有在修改会计科目时才能设置汇总打印和封存。只有末级科目才能设置汇总打印，且汇总到的科目必须为该科目本身或其上级科目。当你将该科目设成汇总打印时，系统登记明细账仍按明细登记，而不是按汇总数登记，此设置仅供凭证打印输出。

单元2 操作总账管理模块

 活动训练

1. 业务处理
(1) 根据表2-2完成会计科目的增加、修改。
(2) 删除"营业外支出(5711)"的明细科目。
2. 填写学习记录表(见表2-3)

表2-3　　　　　　　　　　　学习记录表

项　　　目	记 录 内 容
会计科目的设置原则是什么?	
增加会计科目的流程是什么?	
常用的辅助核算有哪几种?	
谈谈"应收账款(1122)"设置"客户往来"辅助核算的作用。	
指定科目有什么作用?	

活动2.1.3　录入期初余额

 活动描述

2014年7月1日,账套主管(301 高山)根据以下信息录入会计科目期初余额。
1. 账户期初余额表(见表2-2)
2. 辅助账期初明细(见表2-4至表2-6)
(1) 会计科目:1122　应收账款　　余额:借 177 600 元

表2-4　　　　　　　　　　　辅助账期初明细1

日　　期	凭证号	客　　户	摘要	方向	金额	业务员	票号	票据日期
2014-06-10	记-6	东莞市百家百货有限公司	销售产品	借	99 600	李大兵		2014-06-08
2014-06-25	记-25	广州市百利超市	销售产品	借	78 000	周迪生		2014-06-20

(2) 会计科目:122102　其他应收款——应收个人款　　余额:借 3 800 元

表2-5　　　　　　　　　　　辅助账期初明细2

日　　期	凭证号	部门	个人	摘要	方向	期初余额
2014-06-28	记-38	行政部	刘明	出差借款	借	2 000.00
2014-06-30	记-30	销售部	李大兵	出差借款	借	1 800.00

(3) 会计科目:2202　应付账款　　余额:贷 276 850 元

表2-6　　　　　　　　　　　　　　辅助账期初明细3

日期	凭证号	供应商	摘要	方向	金额	业务员	票号	票据日期
2014-05-20	记-45	广州石油化工有限公司	购买材料	贷	276 850	王明	C001	2014-05-15

期初余额试算要平衡。

活动步骤

1. 录入期初余额

图2-12　"期初余额录入"窗口

（1）以账套主管高山（301）身份登录畅捷通T3软件，在"畅捷通T3-企业管理信息化软件教育专版10.8 Plus1"窗口中，执行"总账"|"设置"|"期初余额"命令，打开"期初余额录入"窗口。

（2）在"期初余额录入"窗口，将光标定在"库存现金"科目的期初余额栏中，直接输入余额8 500，按Enter键（或单击鼠标键）保存。

（3）输入"100201"科目余额120 110、"100202"科目余额63 000及美元10 000，如图2-12所示。

说明

（1）在开始使用总账模块时，应先将各账户启用月份的月初余额和年初到该月的借、贷方累计发生额输入总账模块中去。若是年初建账，可以直接录入年初余额，如果是年中建账，例如7月份开始使用总账，则可以录入7月份的期初余额以及1~7月份的借、贷方累计发生额，系统将会自动计算年初余额。本例题为了突出期初余额的录入方法，省略了1~7月份的借、贷方累计发生额。

（2）只要求录入最末级科目的余额和累计发生数，上级科目的余额和累计发生数由系统自动计算。若年中启用，则只要录入末级科目的期初余额及累借、累贷，年初余额将自动计算出来。

（3）如果某科目为数量、外币核算，可以录入期初数量、外币余额。但必须先录入本币余额，再录入外币余额。

（4）双击"应收账款（1122）"的期初余额栏，打开"客户往来期初"窗口。

（5）在"客户往来期初"窗口，单击"增加"按钮。

（6）直接输入（或按 🔍 按钮选择输入）时间：2014-06-10；凭证号：记-6；客户：东莞市百家

百货有限公司;摘要:销售产品;方向:借;金额:99 600;业务员:李大兵;票据日期:2014-06-08。

(7) 单击"增加"按钮。

(8) 直接输入(或按 🔍 按钮选择输入)时间:2014-06-25;凭证号:记-25;客户:广州市百利超市;摘要:销售产品;方向:借;金额:78 000;业务员:周迪生;票据日期:2014-06-20。如图2-13所示。

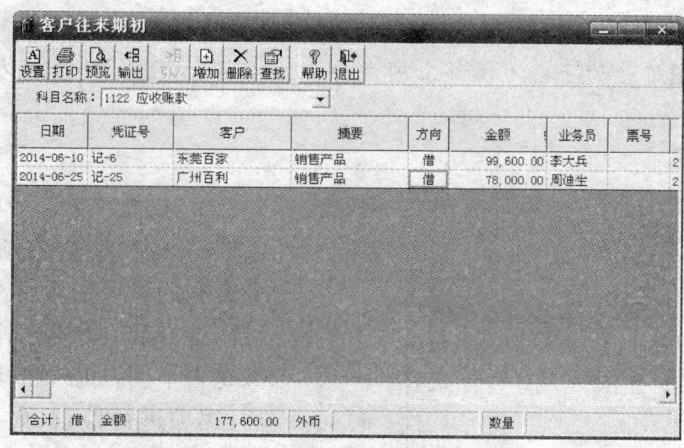

图 2-13 "客户往来期初"窗口

(9) 单击"退出"按钮。

2. 调整余额方向

(1) 在"期初余额录入"窗口,将光标定在需要修改余额方向的科目行上,例如"1702累计摊销",单击"方向"按钮,系统弹出"调整余额方向"对话框,如图2-14所示。

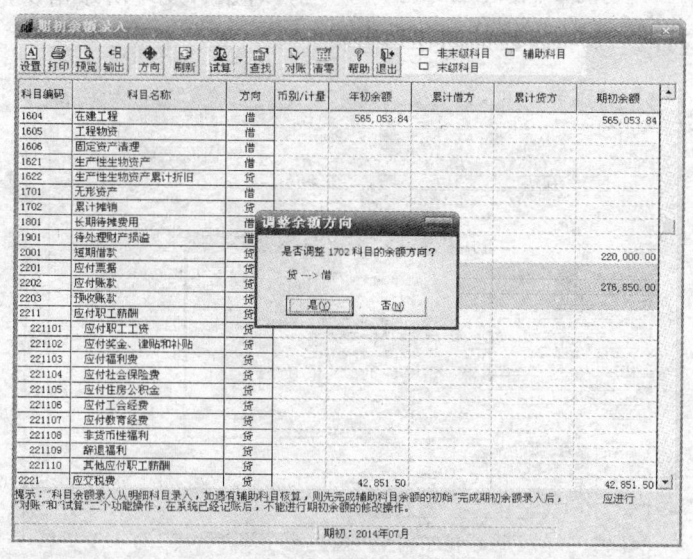

图 2-14 "调整余额方向"对话框

(2) 单击"是"按钮。

(3) 再将"1702累计摊销"的余额方向调为贷方。

 说 明

（1）一般情况下，每个科目的余额方向由科目性质确定。例如，资产类科目余额方向为借，负债类科目和所有者权益类科目余额方向为贷。按〖方向〗按钮可修改科目的余额方向（即科目性质）。

（2）只能调整一级科目的余额方向，且该科目及其下级科目尚未录入期初余额。当一级科目方向调整后，其下级科目也随一级科目相应调整方向。

（3）本例题目是为了练习调整余额方向，"1702 累计摊销"的余额方向最后要调整为贷方。

3. 试算平衡和对账

（1）在"期初余额录入"窗口，输入完所有的科目余额后，单击"试算"按钮，可以查看期初余额试算平衡表，检查余额是否平衡，如图 2-15 所示。如果不平衡，逐项进行检查、更正，再进行试算平衡，直至平衡为止。

（2）单击"确认"按钮。

（3）单击"对账"按钮，打开"期初对账"对话框，单击"开始"按钮，系统自动进行账务数据的对账，如图 2-16 所示。对账后发现对账错误，可单击"显示对账

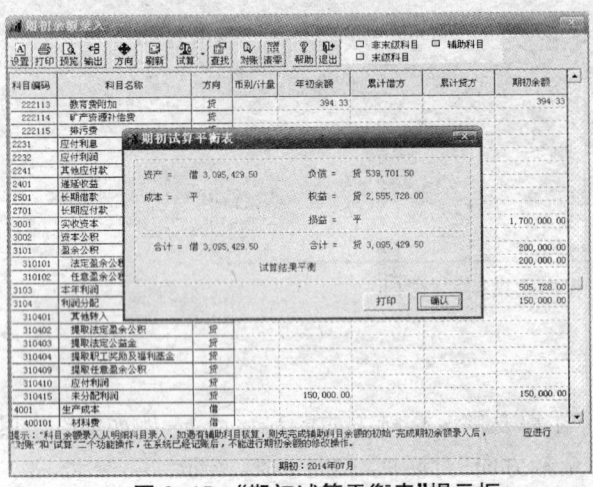

图 2-15 "期初试算平衡表"提示框

错误"按钮，系统将把对账中发现的问题列出来。

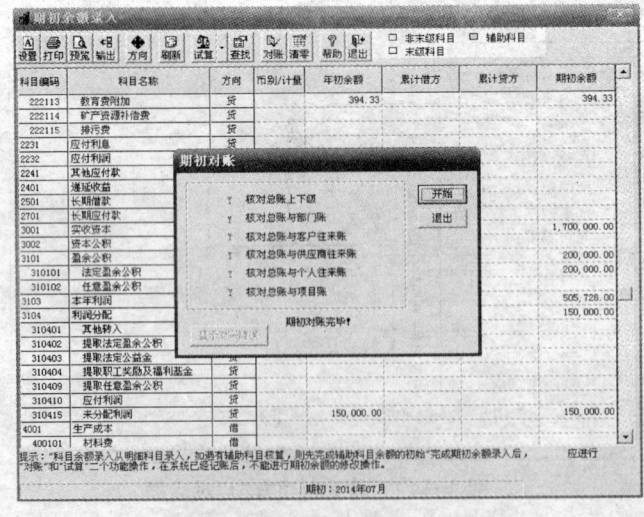

图 2-16 "期初对账"对话框

（4）单击"退出"按钮，退出期初对账。

知识点拨

(1) 由于初次使用,对系统不太熟悉,在进行期初设置时的一些不经意的修改,可能会导致总账与辅助总账、总账与明细账核对有误,系统提供对期初余额进行对账的功能,可以及时做到账账核对,并可尽快修正错误的账务数据。

(2) 如果是第一次使用账务处理系统,必须使用此功能输入科目余额。如果系统中已有上年的数据,在使用"结转上年余额"后,上年各账户余额将自动结转到本年。

 活动训练

1. 业务处理

继续完成东莞市京贸塑料制品有限公司7月份期初余额录入,并进行试算平衡和对账。

2. 填写学习记录表(见表2-7)

表 2-7　　　　　　　　　　　　　学 习 记 录 表

项　　　目	记 录 内 容
期初余额录入的方法?	
期初余额试算不平衡影响记账吗?影响填制会计凭证吗?	
期初对账是将哪些账进行核对?	

活动 2.1.4　设置总账管理模块参数

 **活动描述**

2014年7月1日,账套主管(301 高山)根据表2-8的信息对"[321]东莞市京贸塑料制品有限公司"账套设置总账控制参数。

表 2-8　　　　　　　　　　　　　总账控制参数

选项卡	控 制 对 象	参 数 设 置
凭证	制单控制	制单序时控制 支票控制 资金及往来赤字控制 允许修改、作废他人填制的凭证 可以使用其他系统受控科目
	凭证控制	打印凭证页脚姓名 出纳凭证必须经由出纳签字
	凭证编号方式	凭证编号方式采用系统编号
	外币核算	外币核算采用固定汇率
	预算控制	进行预算控制

(续表)

选项卡	控制对象	参数设置
账簿	打印位数宽度	账簿打印位数每页打印行数按软件的标准设定
	明细账打印方式	明细账打印按年排页
会计日历		会计日历为1月1日至12月31日
其他	排序方式	部门、个人、项目按编码方式排序

活动步骤

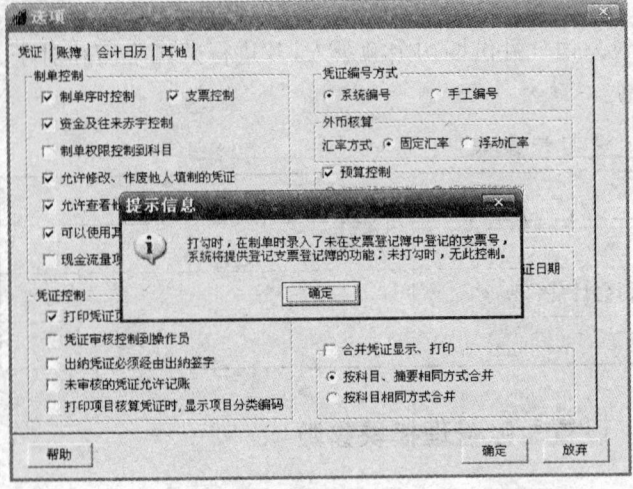

图 2-17 "选项"对话框

（1）以账套主管高山（301）身份登录畅捷通 T3 软件，在"畅捷通 T3-企业管理信息化软件教育专版 10.8 Plus1"窗口中，执行"总账"|"设置"|"选项"命令，打开"选项"对话框。

（2）在"选项"对话框，在"凭证"页签，选中"支票控制"复选框，系统弹出提示信息，如图 2-17 所示。

（3）单击"确定"按钮。

（4）在"其他"页签，选择部门、个人、项目按编码方式排序，如图 2-18 所示。

（5）单击"确定"按钮，保存设置的信息。

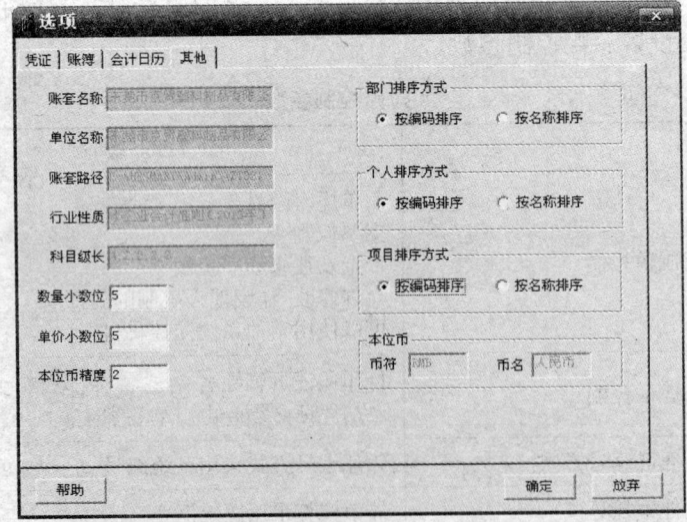

图 2-18 "选项"对话框

知识点拨

（1）系统在建立新的账套后由于具体情况需要，或业务变更，发生一些账套信息与核算内容不符，可以通过此功能进行账簿选项的调整和查看。

（2）制单序时控制：系统规定制单的凭证编号应按时间顺序排列，即制单序时，如有特殊需要可将其改为不按序时制单，若选择了此项，则在制单时凭证号必须按日期顺序排列。

（3）资金及往来赤字控制：若选择了此项，则在制单时，当现金、银行科目的最新余额出现负数时，系统将予以提示。

（4）可以使用其他系统受控科目：若某科目为其他系统的受控科目（如：客户往来科目为应收、应付系统的受控科目），一般来说，为了防止重复制单，只允许其受控系统来使用该科目进行制单，总账系统是不能使用此科目进行制单的，但如果希望在总账系统中也能使用这些科目填制凭证，则应选择此项。

（5）允许修改他人填制的凭证：若选择了此项，在制单时可修改别人填制的凭证，否则不能修改。

（6）支票控制：若选择此项，在制单时录入了未在支票登记簿中登记的支票号，系统将提供登记支票登记簿的功能。

（7）制单权限控制到科目：若选择此项，在制单时，操作员只能用具有相应制单权限的科目制单。

（8）现金流量项目必录：若选择此项，当前是现金流量科目时则必须录入现金流量项目。

（9）允许查看他人填制的凭证：默认为勾选状态。不勾选时非账套主管只可以查看到本人填制的凭证。

（10）外币核算：如果企业有外币业务，则应选择相应的汇率方式——固定汇率、浮动汇率。固定汇率即在制单时，一个月只按一个固定的汇率折算本位币金额。浮动汇率即在制单时，按当日汇率折算本位币金额。

（11）出纳凭证必须经由出纳签字：若选择了此项，则含有现金、银行科目的凭证必须由出纳人员通过【出纳签字】功能对其核对签字后才能记账。

（12）凭证编号方式：系统在"填制凭证"功能中一般按照凭证类别按月自动编制凭证编号，即"系统编号"，但有的企业需要系统允许在制单时手工录入凭证编号，即"手工编号"。

 活动训练

填写学习记录表（见表2-9）。

表2-9　　　　　　　　　　　学习记录表

项　　　目	记　录　内　容
设置"制单序时控制"有什么作用？	
设置"支票控制"有什么作用？	

活动成果

操作至此,将本账套数据备份为"任务2.1总账管理初始化"。

任务 2.2 总账管理模块日常业务处理

总账日常业务处理主要包括凭证的填制、审核和记账,填制凭证是会计电算化核算的起点,数据要求准确。如果凭证数据错误,后面的业务再怎么处理都是错误的。因此,凭证填制在总账日常业务中非常重要。

活动 2.2.1 填制凭证

活动描述

2014年7月31日,东莞市京贸塑料制品有限公司会计李一凡根据以下经济业务填制凭证:

(1)7月2日,行政部朱梅颖报销业务招待费,业务单据见表2-10。

表 2-10

广东省地方税务局通用机打发票

发 票 联

发票代码 23201171633
发票号码 24854513

开票日期:2014年07月02日　　　行业分类:服务业

纳税人识别号:441912724006256	机打号码:24854513
机器编号:	税控防伪码:QZUECVA419TYU7MUF8EQ
付款户名:东莞市京贸塑料制品有限公司	付款方式:现金

商品名称	规格	单位	数量	单价	金额
用餐		桌	1	600.00	600.00

合计金额大写(人民币):陆佰元整　　　　　　　　　　¥600.00

开票人:黄伟　　收款人:黄伟　　　收款单位盖章　　　手写无效

第一联 发票联 付款方记账凭证

(2) 7月8日,采购部王明采购聚丙烯,材料直接入库,货款以银行存款支付。适用税率为17%(支票号10001016),业务单据见表2-11至表2-13。

表2-11

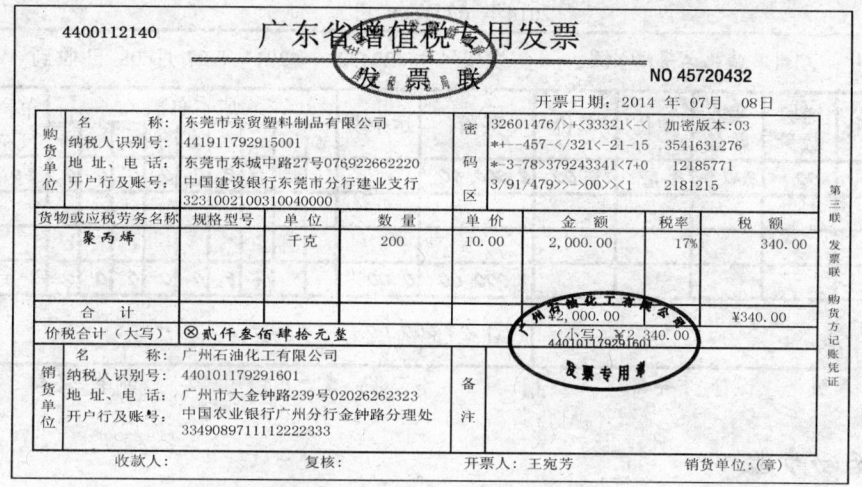

表2-12

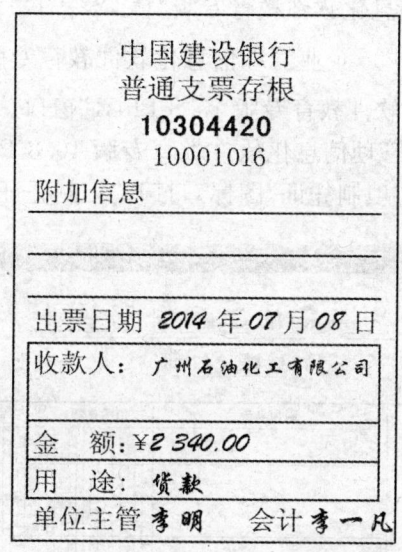

(3) 7月9日,采购部张成从东莞市益能化工有限公司购入"聚乙烯"600千克,单价为20元,货税款暂欠。已验收入库[适用税率为17%,原始凭证2张(略)]。

(4) 经查,7月9日采购部从供应商东莞市益能化工有限公司处购入聚乙烯,其供应商应为广州石油化工有限公司,修改凭证。

(5) 经查,7月2日朱梅颖报销的业务招待费属个人消费行为,不允许报销,现金已追缴,业务上不再反映,删除凭证。

表 2-13

收 料 单

No.20010215

2014年 07月 08 日

来料单位:	广州石油化工有限公司		发票号 45720432		2014 年 07 月 08 日 收到										第二联
材料名称	送验数量	实收数量	单位	单价	买价	运杂费	\multicolumn{8}{c	}{成本总额}	单位成本	
							百	十	万	千	百	十	元	角	分		记账联
聚丙烯	200	200	千克	10.00	2 000.00					2	0	0	0	0	0	10.00	
合计					2 000.00	0.00			¥	2	0	0	0	0	0		
备注:					合计¥2 000.00												

收料: 王明　　保管: 齐铭　　　　　记账: 李一凡　　　　制单: 齐铭

活动步骤

1. 增加凭证

（1）2014 年 7 月 31 日，以会计李一凡(302)的身份登录畅捷通 T3 软件。选择"开始"|"所有程序"|"T3-企业管理信息化软件教育专版"|"T3"|"T3-企业管理信息化软件教育专版"（或者直接双击桌面上的"T3-企业管理信息化软件教育专版"图标 ）命令，注册打开"畅捷通 T3-企业管理信息化软件教育专版 10.8 Plus1"窗口。

（2）在"畅捷通 T3-企业管理信息化软件教育专版 10.8 Plus1"窗口，执行"总账"|"凭证"|"填制凭证"命令（或单击"填制凭证"图标），打开"填制凭证"窗口，如图 2-19 所示。

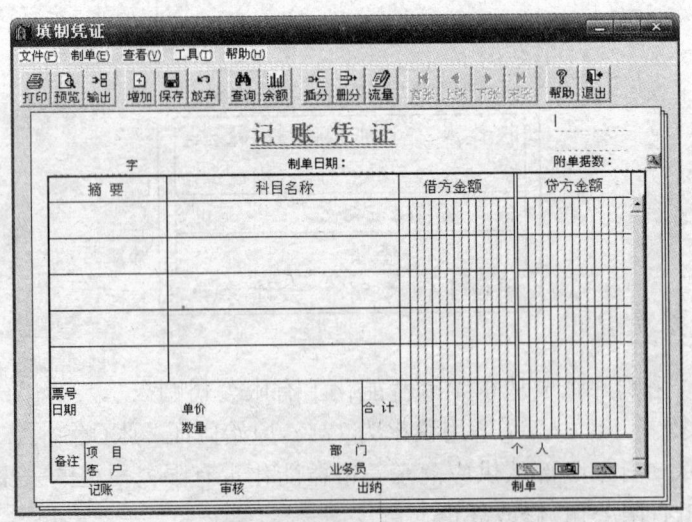

图 2-19 "填制凭证"窗口

（3）在"填制凭证"窗口，单击"增加"按钮，增加一张新凭证。

(4) 选择或默认凭证类别,直接输入"制单日期"(或单击参照按钮 🔍 输入):2014-07-02。

(5) 输入附单据数:1;摘要:报销业务招待费。

(6) 输入科目编码"560202"(或单击参照按钮 🔍 输入"管理费用——业务招待费"科目),按 Enter 键,系统弹出"辅助项"对话框,单击参照按钮 🔍 选择"行政部",如图 2-20 所示。

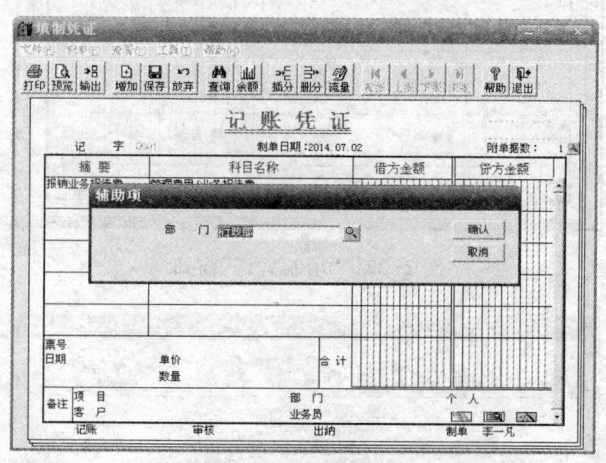

图 2-20 "辅助项"对话框

(7) 单击"确认"按钮,输入借方金额:600,按 Enter 键。

(8) 继续输入下一行内容。

(9) 单击"保存"按钮,系统弹出"凭证已成功保存"提示框,如图 2-21 所示。

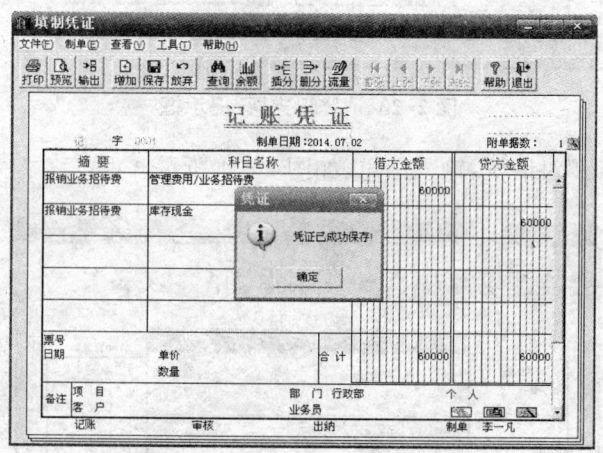

图 2-21 "凭证成功保存"提示框

(10) 单击"确定"按钮。

(11) 单击"增加"按钮,填制第二张凭证,如图 2-22 所示。

(12) 单击"保存"按钮,系统弹出提示框,如图 2-23 所示。

(13) 单击"是"按钮,系统弹出"票号登记"对话框。

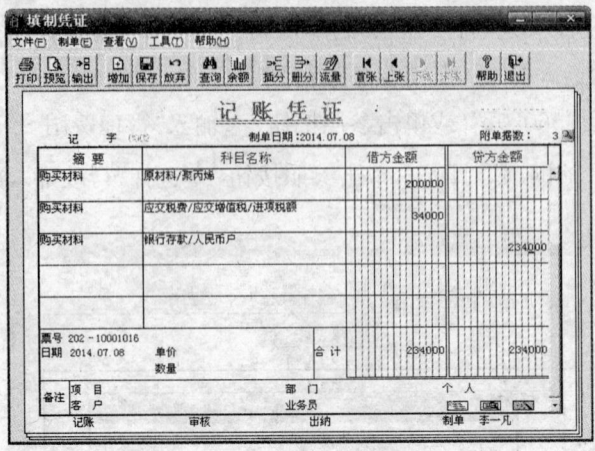

图 2-22 "填制凭证"窗口

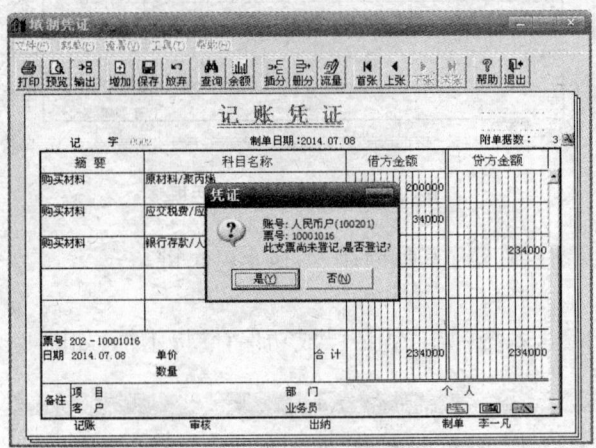

图 2-23 "登记支票"提示框

(14) 在"票号登记"对话框,输入信息,如图 2-24 所示。

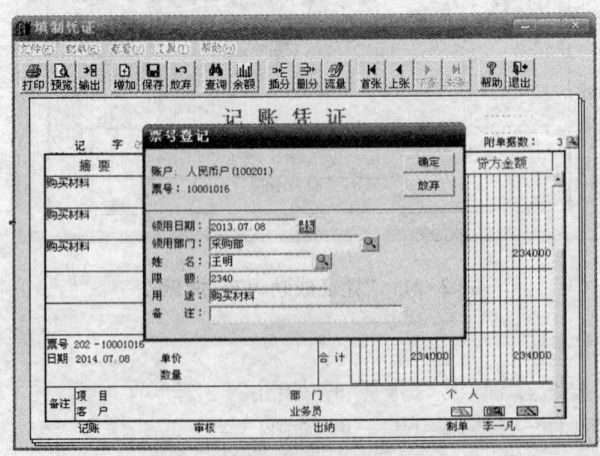

图 2-24 "票号登记"对话框

(15) 单击"确定"按钮,保存凭证。
(16) 单击"增加"按钮,填制第三张凭证,如图2-25所示。

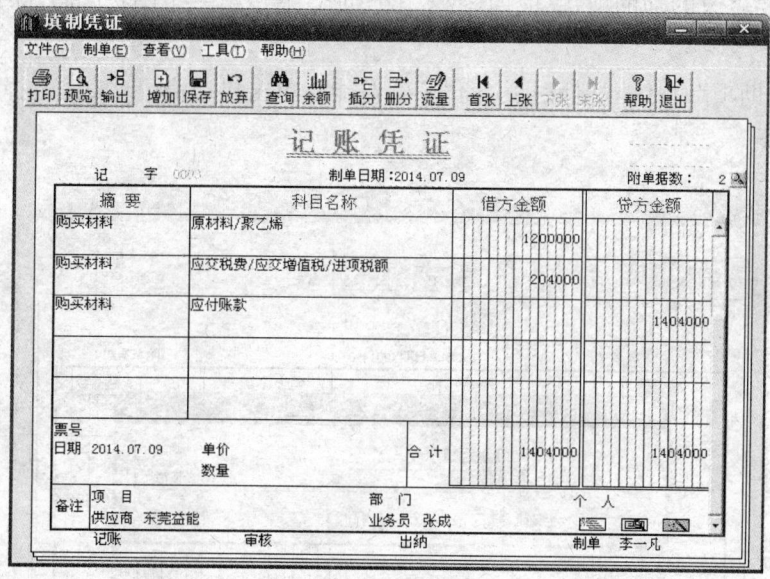

图 2-25 "填制凭证"窗口

(17) 单击"退出"按钮。

1. 科目必须输入末级科目。科目可以输入科目编码、中文科目名称、英文科目名称或助记码。如果输入的科目名称有重名现象,系统会自动提示重名科目供选择。输入科目时可在科目区中用鼠标单击或按[F2]键参照录入。

2. 辅助信息:根据科目属性输入相应的辅助信息。如部门、个人、项目、客户、供应商、数量、自定义项等。在这里录入的辅助信息将在凭证下方的备注中显示。

3. 在金额处按"=",系统将根据借贷方差额自动计算此笔分录的金额。例如:填制某张凭证时,前两笔分为借100,借200,在录入第三笔分录的金额时,将光标移到贷方,按下"="键,系统自动填写300。

4. 凭证金额不能为零,但可以是红字,红字金额以负数形式输入。如果需调整金额借贷方向,可将光标定在当前金额的相反方向,然后按空格键。

5. 凭证一旦保存,其凭证类别、凭证编号将不能再修改。

2. 修改凭证

(1) 在"畅捷通 T3-企业管理信息化软件教育专版 10.8 Plus1"窗口,执行"总账"|"凭证"|"填制凭证"命令(或单击"填制凭证"图标),打开"填制凭证"窗口。

(2) 在"填制凭证"窗口,通过单击"首张"、"上张"、"下张"、"末张"按钮翻页查找或单击"查询"按钮输入查询条件,找到需要修改的凭证:记0003。

(3) 将光标定在"2202 应付账款"科目所在行,凭证下方备注中显示出有关辅助信息。

(4) 双击要修改的辅助项:供应商(或双击凭证右下角第一个图标 ),系统弹出"辅助项"对话框。

(5) 在"辅助项"对话框,删除供应商"东莞益能",单击供应商 按钮选择"广州石化",如图 2-26 所示。

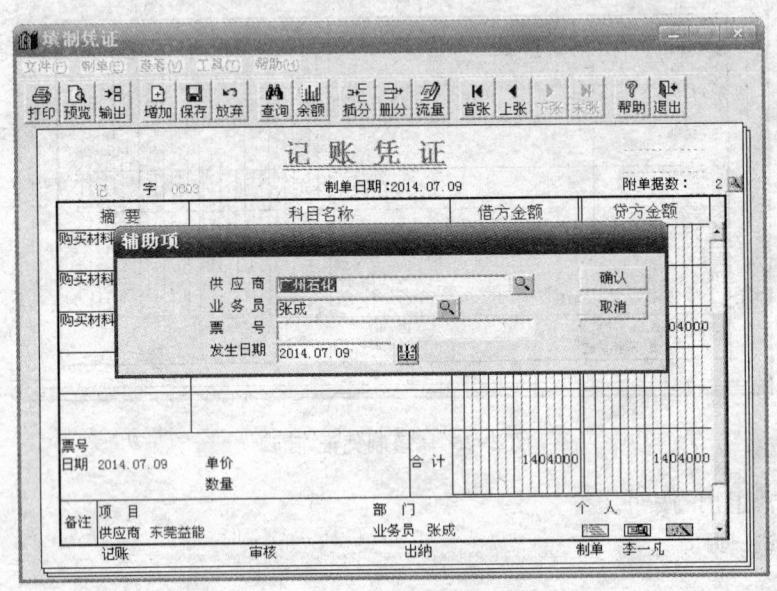

图 2-26 "辅助项"对话框

(6) 单击"确认"按钮。
(7) 单击"保存"按钮,保存修改后信息。

> **说 明**
>
> (1) 将光标移到制单日期处,可修改制单日期。
>
> (2) 若要修改附单据数、摘要、科目、外币、汇率、金额,可直接将光标移到需修改的地方进行修改即可。
>
> (3) 凭证下方显示每条分录的辅助项信息,若要修改某辅助项,则将光标移到要修改的辅助项处,双击鼠标,屏幕显示辅助项录入窗,可直接在上面修改即可。
>
> (4) 若要修改金额方向,可在当前金额的相反方向,按空格键。
>
> (5) 若要希望当前分录的金额为其他所有分录的借贷方差额,则在金额处按"="键即可。
>
> (6) 按"插行"按钮或按 Ctrl+I 键可在当前分录前插入一条分录。按"删行"按钮或按 Ctrl+D 可删除当前光标所在的分录。
>
> (7) 修改完毕后,按"保存"按钮保存当前修改,按"放弃"按钮放弃当前凭证的修改。

3. 删除凭证

(1) 在"填制凭证"窗口，通过单击"首张"、"上张"、"下张"、"末张"按钮翻页查找或单击"查询"按钮输入查询条件，找到需要删除的凭证：记0001。

(2) 执行"制单"|"作废/恢复"命令，作废凭证，如图2-27所示。

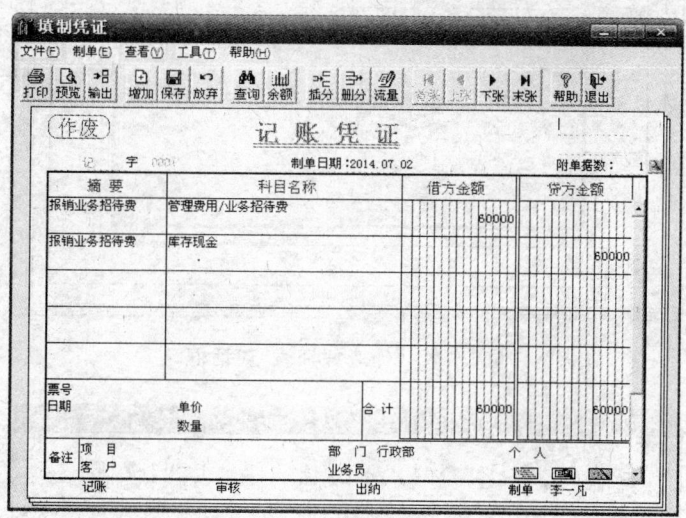

图 2-27 "填制凭证"窗口

(3) 执行"制单"|"整理凭证"命令，系统弹出"选择凭证期间"对话框，选择凭证期间：2014.07，如图2-28所示。

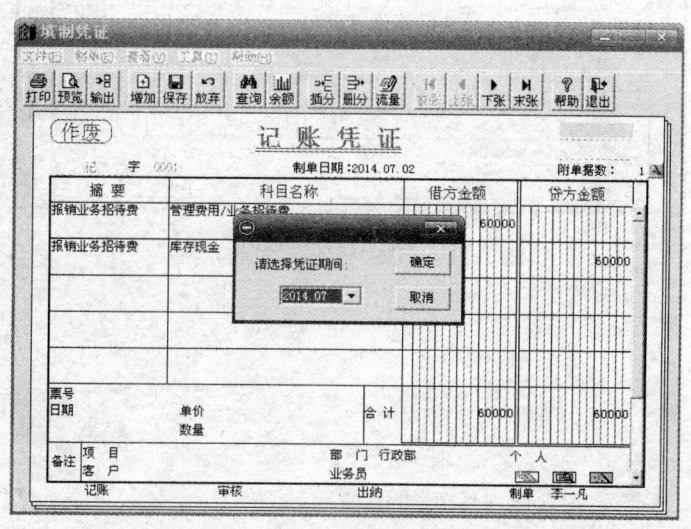

图 2-28 "选择凭证期间"对话框

(4) 单击"确定"按钮，系统弹出"作废凭证表"对话框，双击凭证"记-0001"，在"删除?"列框打上"Y"（或单击"全选"按钮），如图2-29所示。

(5) 单击"确定"按钮，系统弹出"是否还需整理凭证断号"提示框，如图2-30所示。

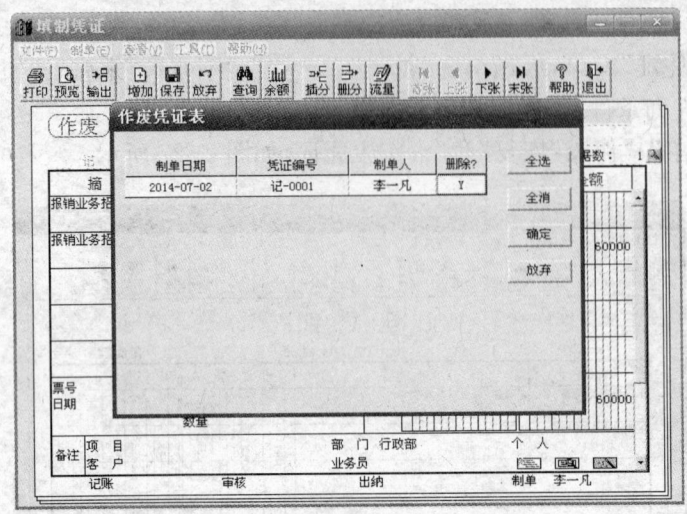

图 2-29 "作废凭证表"对话框

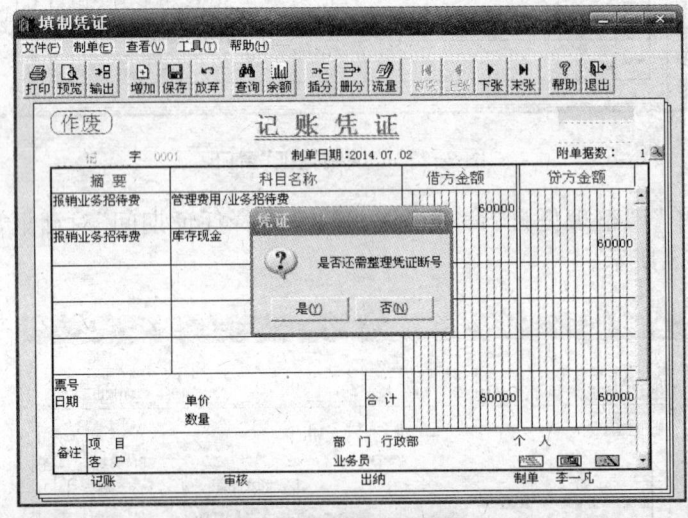

图 2-30 "整理凭证断号"提示框

(6) 单击"是"按钮。

说 明

(1) 删除凭证前,须先作废凭证。
(2) 作废凭证仍保留凭证内容及凭证编号,只在凭证左上角显示"作废"字样。作废凭证不能修改,不能审核。在记账时,不对作废凭证作数据处理,相当于一张空凭证。在账簿查询时,也查不到作废凭证的数据。
(3) 若当前凭证已作废,执行"制单"|"作废/恢复"命令,可取消作废标志,并将当前凭证恢复为有效凭证。

表 2-18

中国建设银行 进账单（收账通知） 3

2014 年 07 月 12 日

出票人	全称	广州市百利超市	收款人	全称	东莞市京贸塑料制品有限公司
	账号	1056020077778888999		账号	1056020040405555678
	开户银行	建行广州天河支行龙口路支行		开户银行	建行东莞市分行建业支行

金额	人民币（大写）	柒万捌仟元整	亿 千 百 十 万 千 百 十 元 角 分
			￥ 7 8 0 0 0 0 0

票据种类	支票	票据张数	壹张
票据号码		10002458	

中国建设银行股份有限公司
东莞市分行建业支行
2014.07.12
办讫章

复核　　　记账　　　　　　　　　　　收款人开户银行签章

此联是收款人开户银行交给收款人的收账通知

（4）16 日，行政部购办公用品 190 元，现金支付（填写记账凭证时误将金额录成 170 元），业务单据见表 2-19。

表 2-19

广东省地方税务局通用机打发票

发 票 联

发票代码　23201171633
发票号码　24854500

开票日期：2014年07月16日　　行业分类：文化体育业

纳税人识别号：441912724005876	机打号码：24854500
机器编号：	税控防伪码：QZUECVA419TYU7MUF8EQ
付款户名：东莞市京贸塑料制品有限公司	付款方式：现金

商品名称	规格	单位	数量	单价	金额
笔		盒	10	19.00	190.00

合计金额大写（人民币）：壹佰玖拾元整　　　　　　￥190.00

开票人：黄可　　收款人：黄可　　收款单位盖章　　手写无效

第一联　发票联　付款方记账凭证

（5）18 日，行政部刘明出差归来，报销差旅费。业务单据见表 2-20 至表 2-27。

表 2-20

差旅费报销单

2014 年 7 月 18 日　　附单据 6 张

部门：行政部　　　　　　　　　　　　　　　　　
出差人：刘明　　员工号：　　电话：　　　　出差事由：商品展销会

出发				到达				交通工具		出差补贴		其他费用	
月	日	时	地点	月	日	时	地点	种类	金额	天数	金额	项目	金额
7	12		东莞	7	16		南京	飞机	400.00	5	300.00	住宿费	600.00
7	16		南京	7	16		东莞	飞机	400.00			市内车费	100.00
												邮寄费	
												办公用品费	
												图书资料费	
												其他	

金额小计 ¥1 800.00

报销总额	大写：壹仟捌佰元整	预借旅费	现金：2 000.00	补领金额	¥
			支票：	退还金额	¥200.00

批准人：李明　审核人：高山　稽核人：李一帆　出纳：张晴　领款人/经手人：刘明

表 2-21

航空运输电子客票行程单
ITINERARY/RECEIPT OF E-TICKET
FOR AIR TRANSPORT

印刷序号：7247547898 3
SERIAL NUMBER：

旅客姓名 NAME OF PASSENGER 周迪生	有效身份证件号码 ID. NO. 440102197605072412				签注 ENDORSEMENTS RESTRICTIONS (CARBON) 不得签转按南航总则执行			
GF7PV	承运人 CARRIER	航班号 FLIGHT	座位等级 CLASS	日期 DATE	时间 TIME	客票级别/客票类别 FARE BASIS	客票生效日期 NOT VALID BEFORE	有效截止日期 NOT VALID AFTER	免费行李 ALLOW
自 FROM 广州 CAN 至 TO 南京 NKG 至 TO 广州 CAN	FM FM	9358 9355	P E	6-Dec 3 Jan	7:50 8:35	YB30			20K 20K
	票价 FARE CNY 600.00		机场建设费 AIRPORT TAX CN¥90.00		燃油附加费 FUEL SURCHARGE YQ 100.00	其他税费 OTHER TAXES	合计 TOTAL CNY 800.00		
电子客票号 7842419004755 E TICKET NO.		验证码 CK. 7898			其他显示信息 INFORMATION	连续客票		保险费 INSURANCE
销售单位代号：CAN009 AGENT CODE		填开单位 ISSUED BY 广州白云国际机场股份有限公司					填开日期 2014 7 12 DATE OF ISSUE	

表 2-22

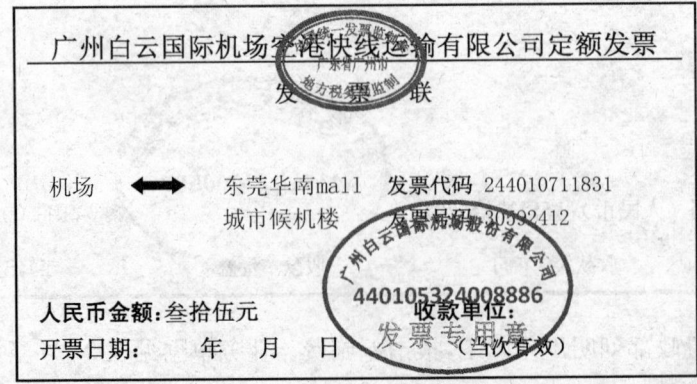

表2-23

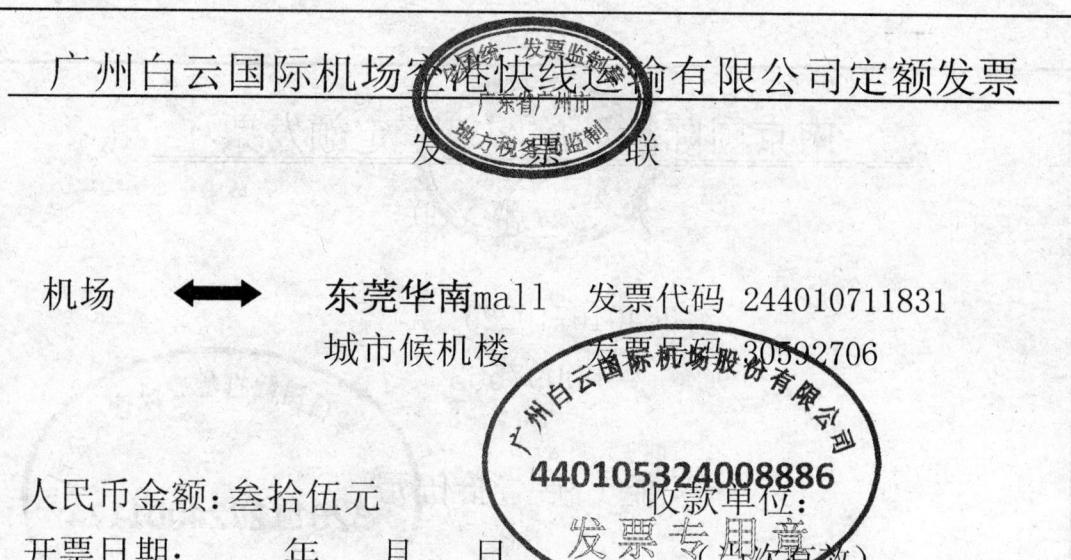

表2-24

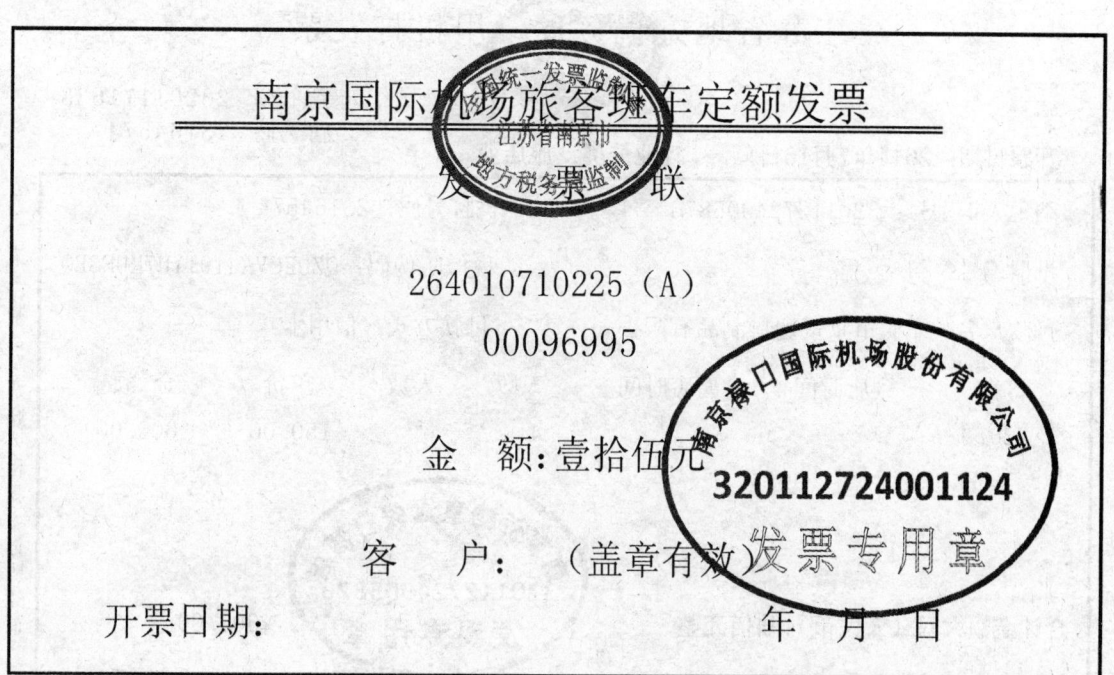

表 2-25

南京国际机场旅客班车定额发票

发票联

264010710225（A）

00097563

金　　额：壹拾伍元

客　　户：（盖章有效）

开票日期：　　　　　　　　　　　　年　月　日

表 2-26

江苏省地方税务局通用机打发票

发票联

发票代码 23201171633
发票号码 23164574

开票日期：2014年7月16日　　　行业分类：旅店业

纳税人识别号：32011272400 5876	机打号码：23164574
机器编号：	税控防伪码：QZUECVA419TYU7MUF8EQ
付款户名：东莞市京贸塑料制品有限公司	付款方式：信用卡

房号	到店时间	离店时间	天数	人数	单价	金额
2207			4		150.00	600.00

合计金额大写（人民币）：陆佰元整　　　　　　　¥600.00

开票人：徐玲玲　　收款人：徐玲玲　　收款单位盖章　　手写无效

第一联　发票联　付款方记账凭证

表 2-27

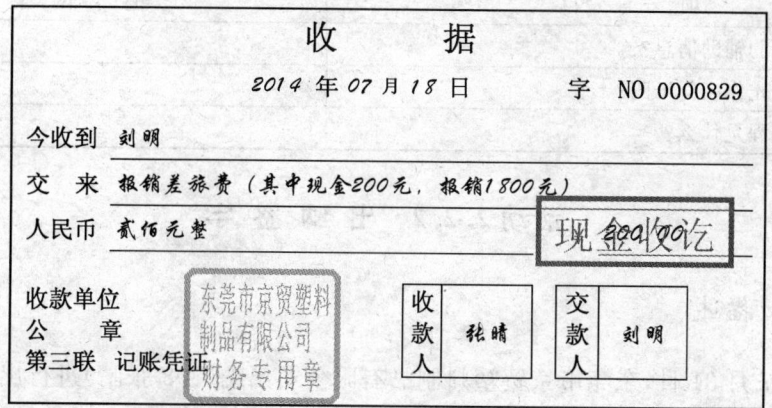

(6) 20日，生产部领用聚丙烯300千克，单价10元，用于生产饭盒。[原始凭证1张（略）]

(7) 25日，向东莞市百家百货有限公司销售饭盒。

表 2-28

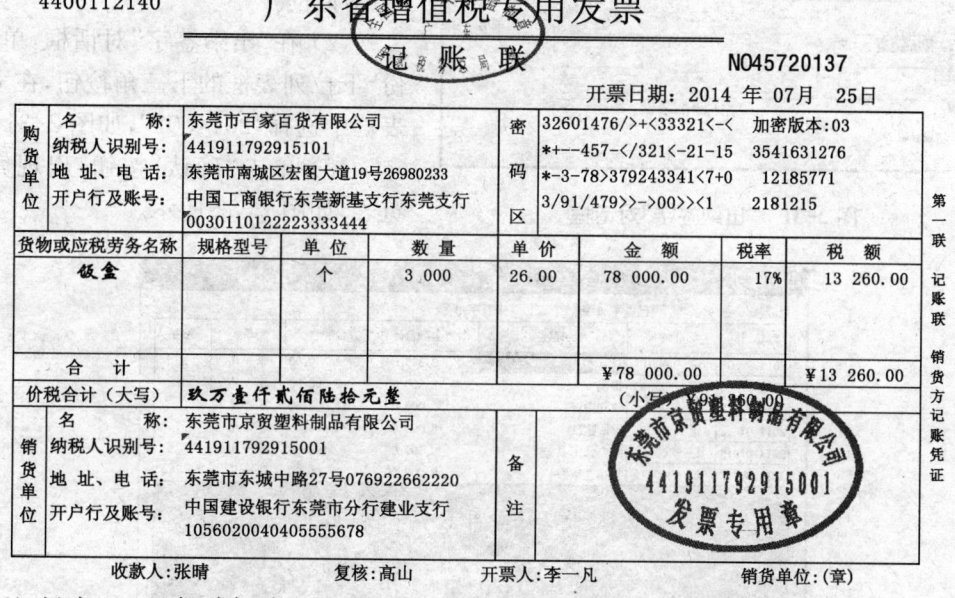

(8) 经查，16日行政部购办公用品190元，误录为170元，修改凭证。

2. 填写学习记录表（见表2-29）

表 2-29　　　　　　　　　　　学习记录表

项　目	记录内容
增加凭证的流程是什么？	
是否在"填制凭证"窗口修改凭证？	

（续表）

项 目	记 录 内 容
如何修改凭证的辅助信息？	
删除凭证前要先作废凭证吗？	
删除凭证的流程是什么？	

活动 2.2.2　出纳签字

活动描述

2014 年 7 月 31 日，东莞市京贸塑料制品有限公司出纳（303 张晴）进行出纳签字。

活动步骤

（1）以出纳张晴（303）身份登录畅捷通 T3 软件，在"畅捷通 T3-企业管理信息化软件教育专版 10.8 Plus1"窗口中，执行"总账"|"凭证"|"出纳签字"命令，打开"出纳签字"对话框。

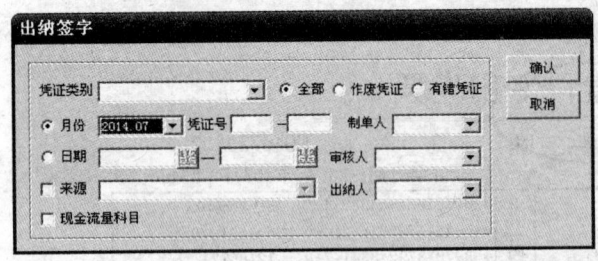

图 2-31　"出纳签字"对话框

（2）在"出纳签字"对话框，单击"月份"下拉列表框的下三角按钮，在下拉列表框中选择"2014.07"，如图 2-31 所示。

（3）单击"确认"按钮，出现凭证一览表，如图 2-32 所示。

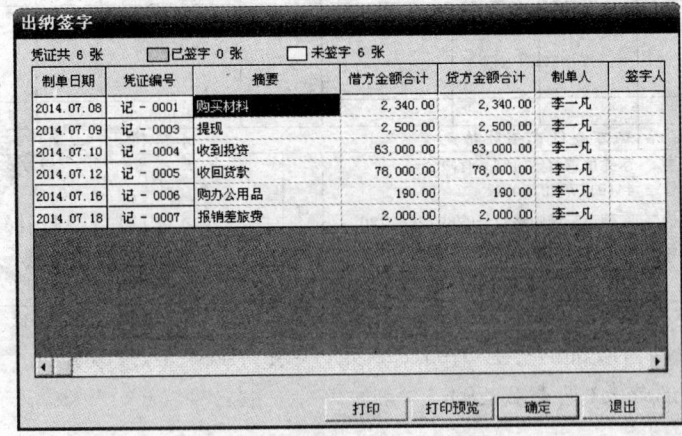

图 2-32　"出纳签字"对话框

（4）单击"确定"按钮，出现首张记账凭证。

（5）在确认该张凭证正确后，单击"签字"按钮，凭证底部的"出纳"会自动出现出纳签字人的姓名，如图 2-33 所示。

单元2 操作总账管理模块

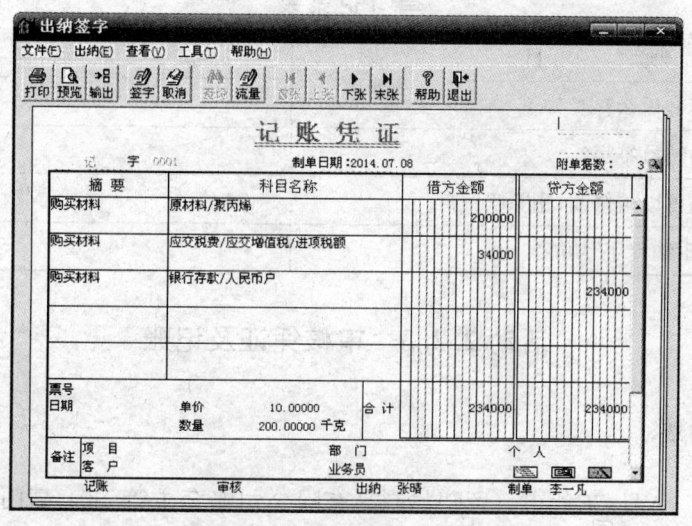

图 2-33 "出纳签字"对话框

（6）单击"下一张"按钮，单击"签字"按钮，对第二张凭证签字。
（7）重复（6），完成剩余凭证的签字。
（8）单击"退出"按钮。

 知识点拨

（1）出纳凭证由于涉及企业现金的收入与支出，应加强对出纳凭证的管理。出纳员可通过出纳签字功能对制单员填制的带有现金银行科目的凭证进行检查核对，主要核对出纳凭证的出纳科目的金额是否正确，审查认为错误或有异议的凭证，应交与填制人员修改后再核对。

（2）在凭证一览表中用鼠标双击某张凭证，则屏幕显示此张凭证，如果此凭证不是要进行签字的凭证，可用鼠标单击"首页"、"上页"、"下页"、"末页"按钮翻页查找或单击"查询"按钮输入条件查找。

（3）若想对已签字的凭证取消签字，可用鼠标单击"取消"按钮取消签字。考试时为了节省时间，执行"出纳"|"成批出纳签字"命令，系统自动对当前范围内的所有未签字凭证执行签字；执行"出纳"|"成批取消签字"命令，系统自动对当前范围内的所有已签字凭证执行取消签字。

（4）企业可根据实际需要决定是否要对出纳凭证进行出纳签字管理，若不需要此功能，可在"选项"中取消"出纳凭证必须经由出纳签字"的设置。

（5）凭证一经签字，就不能被修改、删除，只有被取消签字后才可以进行修改或删除。
（6）取消签字只能由出纳人自己进行。

 活动训练

填写学习记录表（见表 2-30）。

表 2-30　　　　　　　　　　学习记录表

项　　目	记　录　内　容
出纳员签字的流程是什么？	
哪些凭证才需要出纳员签字？	
出纳签字后的凭证可以被修改、删除吗？	
如何设置或取消"出纳签字"功能？	

活动 2.2.3　审核凭证及记账

活动描述

2014年7月31日，东莞市京贸塑料制品有限公司账套主管（301高山）进行审核凭证、记账。

活动步骤

1．审核凭证

（1）以账套主管高山（301）身份登录畅捷通T3软件，在"畅捷通T3-企业管理信息化软件教育专版10.8 Plus1"窗口中，执行"总账"｜"凭证"｜"审核凭证"命令，打开"凭证审核"对话框。

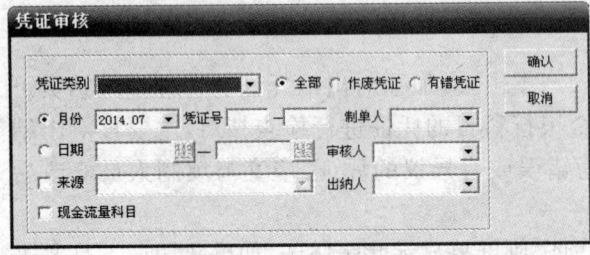

图 2-34　"凭证审核"对话框

（2）在"凭证审核"对话框，单击"月份"下拉列表框的下三角按钮，在下拉列表框中选择"2014.07"，如图2-34所示。

（3）单击"确认"按钮，出现凭证一览表，如图2-35所示。

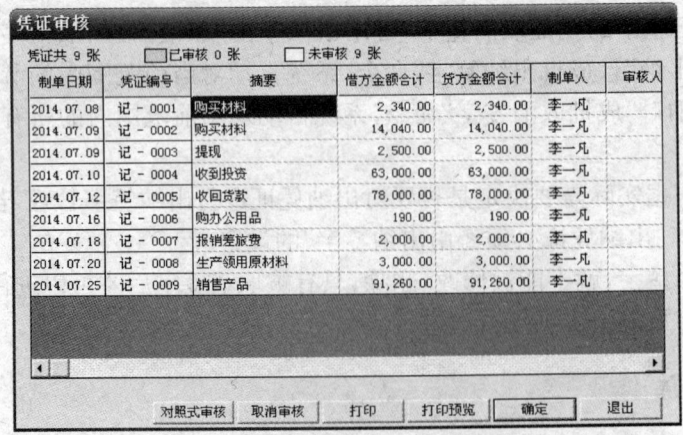

图 2-35　"凭证审核"对话框

(4) 单击"确定"按钮,出现首张记账凭证。

(5) 在确认该张凭证正确后,单击"审核"按钮,凭证底部的"审核"会自动出现审核人的姓名,并自动进入下一张凭证,如图 2-36 所示。

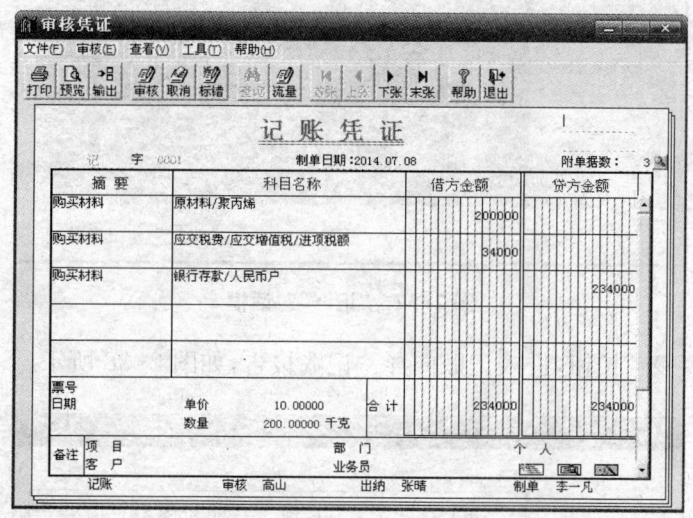

图 2-36 "审核凭证"对话框

(6) 重复(5),完成剩余凭证的审核。

(7) 单击"退出"按钮。

说 明

(1) 审核人和制单人不能是同一个人。在"畅捷通 T3-企业管理信息化软件教育专版 10.8 Plus1"窗口,执行"文件"|"重新注册"命令,可以更换操作员。

(2) 若审核人员发现该凭证有错误,可单击"标错"按钮,对凭证进行标错,以便制单人可以对其进行修改。已标错的凭证不能被审核,若想审核,需先单击"取消"按钮,取消标错后才能审核。

(3) 若想对已审核的凭证取消审核,可用鼠标单击"取消"按钮,取消审核。取消审核签字只能由审核人自己进行。考试时为了节省时间,执行"审核"|"成批审核凭证"命令,系统自动对当前范围内的所有未审核凭证执行审核;执行"审核"|"成批取消审核"命令,系统自动对当前范围内的所有已审核凭证执行取消审核。

2. 记账

(1) 以账套主管高山(301)身份登录畅捷通 T3 软件,在"畅捷通 T3-企业管理信息化软件教育专版 10.8 Plus1"窗口中,执行"总账"|"凭证"|"记账"命令,打开"记账"对话框,进入记账向导—选择本次记账范围。

(2) 输入要进行记账的凭证范围。例如:记账凭证 1-9,如图 2-37 所示。不输入则系统默认为全部凭证。

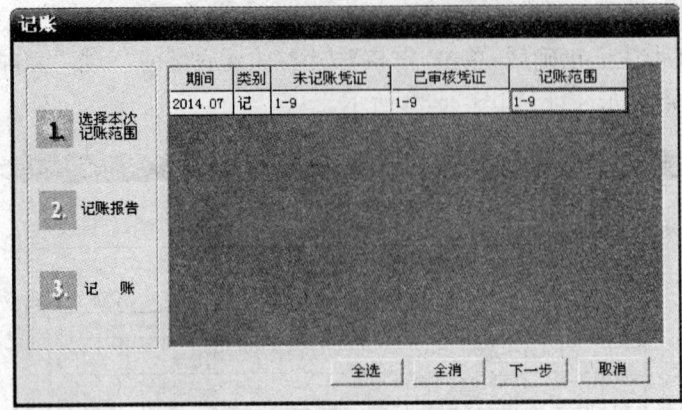

图 2-37 "记账"对话框

(3) 单击"下一步"按钮,进入记账向导—记账报告,如图 2-38 所示。

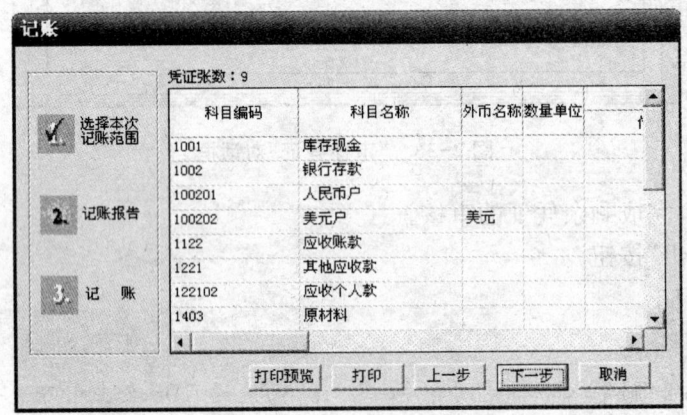

图 2-38 "记账"对话框

(4) 单击"下一步"按钮,进入记账向导—记账。
(5) 单击"记账"按钮,系统弹出"期初试算平衡表"对话框,如图 2-39 所示。

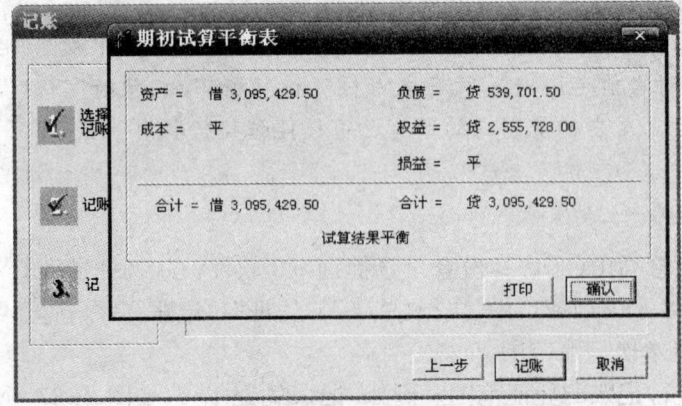

图 2-39 "记账"对话框

(6) 单击"确认"按钮。记账完毕后，系统提示记账完毕，如图 2-40 所示。

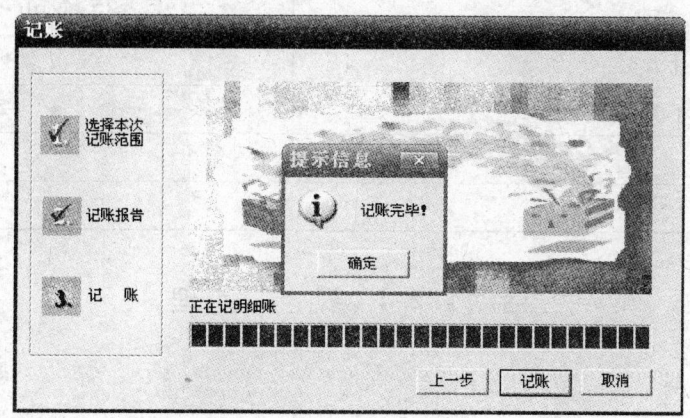

图 2-40 "记账"对话框

(7) 单击"确定"按钮。

 说明

(1) 在第一次记账时，若期初余额试算不平衡，系统将不允许记账。
(2) 所选范围内的凭证如有未审核凭证时，系统提示是否只记已审核凭证或重选记账范围。凭证先审核，再记账。

 知识点拨

(1) 审核凭证是审核员按照财会制度，对制单员填制的记账凭证进行检查核对，主要审核记账凭证是否与原始凭证相符、会计分录是否正确等，审查认为错误或有异议的凭证，应交与填制人员修改后，再审核，只能有审核权的人才能使用本功能。
(2) 在凭证一览表中用鼠标双击某张凭证，则屏幕显示此张凭证，如果此凭证不是要进行审核的凭证，可用鼠标单击"首页"、"上页"、"下页"、"末页"按钮翻页查找或单击"查询"按钮输入条件查找。
(3) 凭证一经审核，就不能被修改、删除，只有被取消审核后才可以进行修改或删除。
(4) 作废凭证不能被审核，也不能被标错。
(5) 记账过程一旦断电或其他原因造成中断后，系统将自动调用"恢复记账前状态"恢复数据，操作员可以重新记账。
(6) 记账过程中，如果发现某一步设置错误，可单击"上一步"按钮，返回后进行修改。如果在设置过程中不想再继续记账，可通过单击"取消"按钮，取消本次记账工作。

 活动训练

填写学习记录表(见表 2-31)。

表 2-31　　　　　　　　　　　学习记录表

项　　目	记 录 内 容
审核凭证的流程是什么？	
审核人和制单人能不能是同一个人？	
如何更换操作员？	
记账的流程是什么？	

活动 2.2.4　现 金 管 理

活动描述

2014年7月31日,东莞市京贸塑料制品有限公司出纳(303 张晴)进行现金管理。

1. 查询现金日记账、银行存款日记账、资金日报表
2. 支票登记簿管理
3. 银行对账

(1) 银行对账期初。东莞市京贸塑料制品有限公司银行账的启用日期为 2014.07.01,建行人民币户企业日记账调整前余额为 183 110.00 元,银行对账单调整前余额为 160 338.00元,未达账项一笔,日期系 2014.6.30,企业已收银行未收款 22 772 元。

(2) 银行对账单,见表 2-32。

表 2-32　　　　　　　　　　　7月份银行对账单

日　　期	结算方式	票号	借方余额	贷方余额
2014.7.06			22 772	
2014.7.08	202	10001016		2 340
2014.7.09	201	10001017		2 500

活动步骤

1. 查询日记账

(1) 以出纳张晴(303)身份登录畅捷通 T3 软件,在"畅捷通 T3-企业管理信息化软件教育专版 10.8 Plus1"窗口中,执行"现金"|"现金管理"|"日记账"|"现金日记账"命令,打开"现金日记账查询条件"对话框。

(2) 在"现金日记账查询条件"对话框,单击"科目"下拉列表框的下三角按钮,在下拉列表框中选择"1001 库存现金";默认查询方式:按月查询;月份:2014.07—2014.07。如图 2-41 所示。

(3) 单击"确认"按钮,出现"现金日记账"窗口,如图 2-42 所示。

(4) 双击某行或将光标定在某行再单击"凭证"按钮,可以查看相应的凭证。

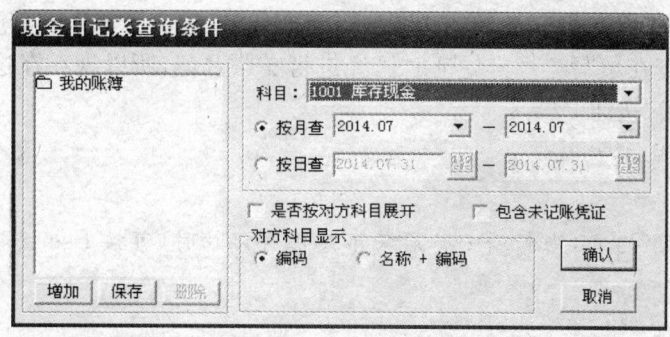

图 2-41 "现金日记账查询条件"对话框

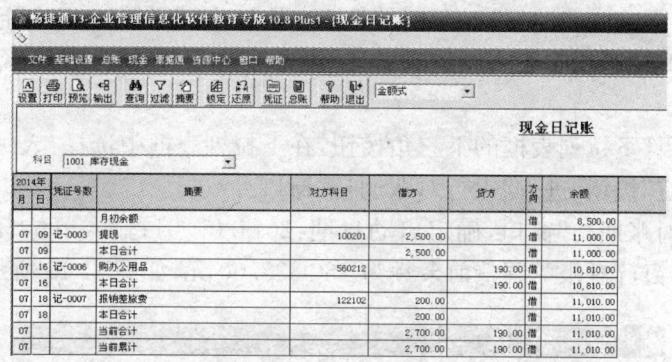

图 2-42 "现金日记账"窗口

(5) 单击"总账"按钮,可以查看"1001 库存现金"科目的三栏式总账。
(6) 单击"退出"按钮。

2. 支票登记簿

(1) 以出纳员张晴(303)身份登录畅捷通 T3 软件,在"畅捷通 T3－企业管理信息化软件教育专版 10.8 Plus1"窗口中,执行"现金"|"票据管理"|"支票登记簿"命令,系统弹出"银行科目选择"对话框。

图 2-43 "银行科目选择"对话框

(2) 单击"科目"下拉列表框的下三角按钮,在下拉列表框中选择"人民币户(100201)",如图 2-43 所示。

(3) 单击"确定"按钮,进入"支票登记"窗口,如图 2-44 所示。

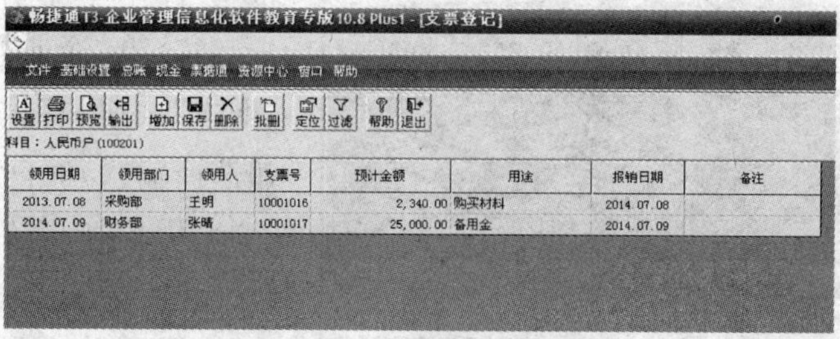

图 2-44 "支票登记"窗口

(4)如果需要登记支票信息,单击"增加"按钮,可以进行支票登记,登记后单击"保存"按钮(由于321账套在填写7月份凭证时已经进行支票登记,所以现在在这里不需再登记)。

(5)单击"退出"按钮。

> **说明**
>
> 在"支票登记"窗口,当新增一行后又不想保存记录时,可按Esc键取消登记。

3. 银行对账

1) 录入银行对账期初数据。

(1)以出纳员张晴(303)身份登录畅捷通T3软件,在"畅捷通T3-企业管理信息化软件教育专版10.8 Plus1"窗口中,执行"现金"|"设置"|"银行期初录入"命令,系统弹出"银行科目选择"对话框。

(2)单击"科目"下拉列表框的下三角按钮,在下拉列表框中选择"人民币户100201"。

(3)单击"确定"按钮,进入"银行对账期初"窗口。

(4)在"银行对账期初"窗口,确定启动日期:2014.07.01;输入单位日记账调整前余额为183 110.00元,银行对账单调整前余额为160 338.00元,如图2-45所示。

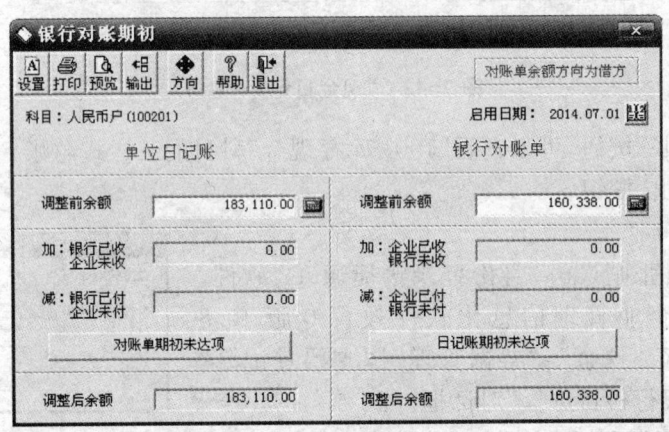

图2-45 "银行对账期初"窗口

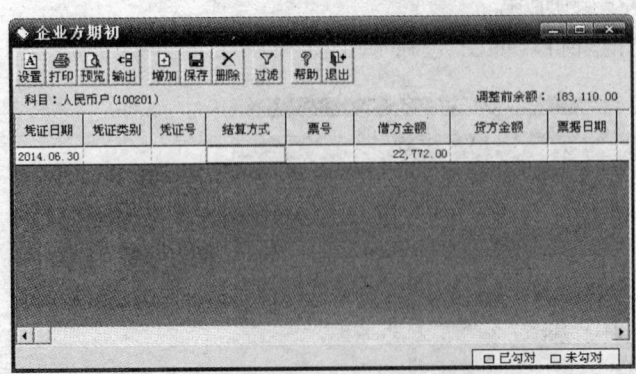

图2-46 "企业方期初"窗口

(5)单击"日记账期初未达项"按钮,打开"企业方期初"窗口。

(6)在"企业方期初"窗口,单击"增加"按钮,直接输入(或按 按钮选择输入)时间:2014-06-30,输入借方金额:22 772,如图2-46所示。

(7)单击"保存"按钮,单击"退出"按钮,返回"银行对账期初"窗口,如图 2-47 所示。

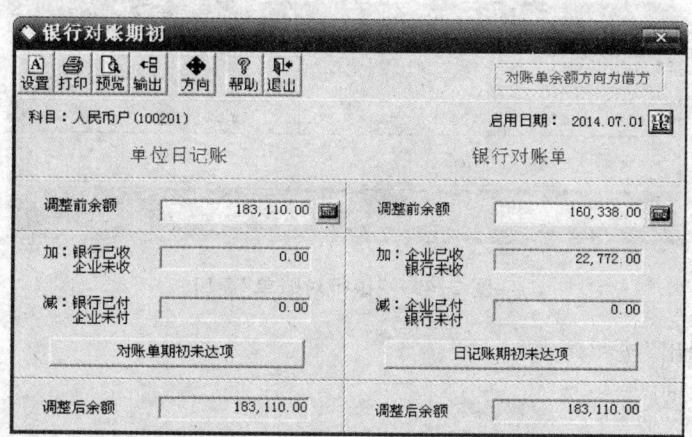

图 2-47 "银行对账期初"窗口

(8) 单击"退出"按钮。

说 明

(1) 银行对账单余额方向为借方时,借方发生表示银行存款增加,贷方发生表示银行存款减少;反之,借方发生表示银行存款减少,贷方发生表示银行存款增加。系统默认银行对账单余额方向为借方,单击"方向"按钮可调整银行对账单余额方向。已进行过银行对账勾对的银行科目不能调整银行对账单余额方向。

(2) "银行对账期初"功能是用于第一次使用银行对账模块前录入日记账及对账单未达项,在开始使用银行对账之后一般不再使用。

(3) 录入的银行对账单、单位日记账的期初未达项的发生日期不能大于等于此银行科目的启用日期。

2) 录入银行对账单。

(1) 执行"现金"|"现金管理"|"银行账"|"银行对账单"命令,系统弹出"银行科目选择"对话框。

(2) 在"银行科目选择"对话框,选择科目:人民币户(100201),月份:2014.07,如图 2-48 所示。

(3) 单击"确定"按钮,打开"银行对账单"窗口。

(4) 在"银行对账单"窗口,单击"增加"按钮。

(5) 输入银行对账单的资料,如图 2-49 所示。

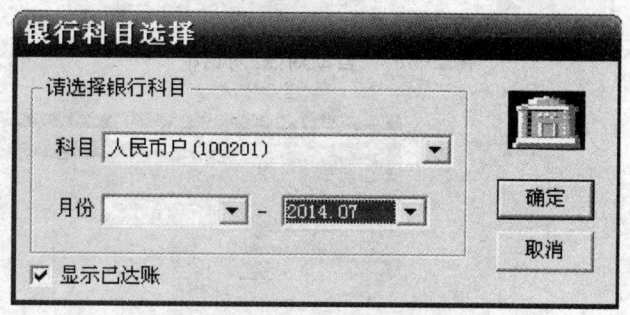

图 2-48 "银行科目选择"对话框

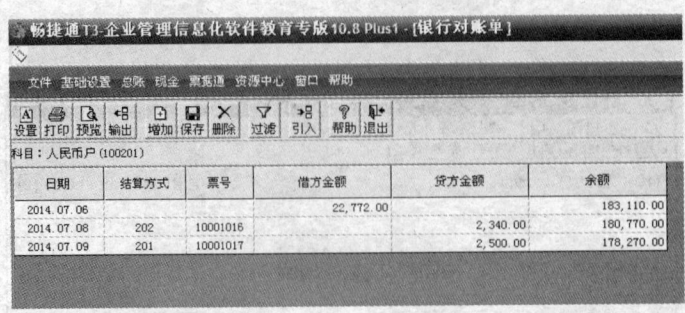

图 2-49 "银行对账单"窗口

(6) 单击"退出"按钮。

说 明

(1) "录入银行对账单"功能用于平时录入银行对账单,显示的银行对账单为启用日期之后的银行对账单。

(2) 在此输入的结算方式同制单时所使用的结算方式可相同也可不同,但在此输入的票号应同制单时输入的票号位长相同。

3) 银行对账。

(1) 执行"现金"|"现金管理"|"银行账"|"银行对账"命令,系统弹出"银行科目选择"对话框。

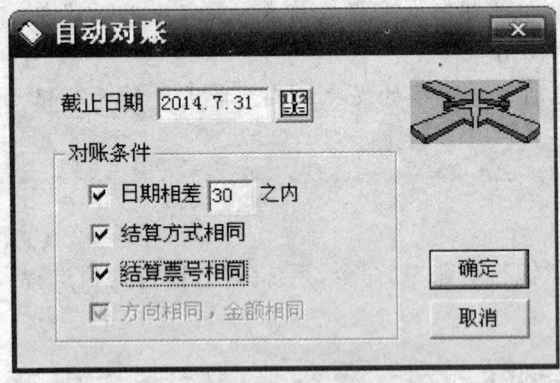

图 2-50 "自动对账"对话框

(2) 在"银行科目选择"对话框,选择科目:人民币户(100201),月份:2014.07。

(3) 单击"确定"按钮,打开"银行对账"窗口。

(4) 在"银行对账单"窗口,单击"对账"按钮,打开"自动对账"对话框。

(5) 在"自动对账"对话框,输入截止日期:2014.07.31,默认系统提供的对账条件,并确定日期相差 30 天之内,如图 2-50 所示。

(6) 单击"确定"按钮,系统显示对账结果,如图 2-51 所示。

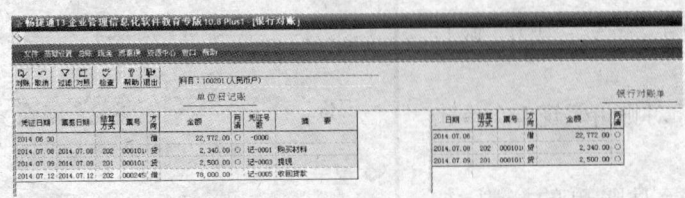

图 2-51 "银行对账"窗口

（7）对于一些应勾对而勾对上的账项，可分别双击"单位日记账"、"银行对账单"的"两清"栏，进行手工调整。

（8）对账完毕，单击"检查"按钮。

（9）检查结果平衡，单击"确认"按钮，如图 2-52 所示。

（10）单击"退出"按钮。

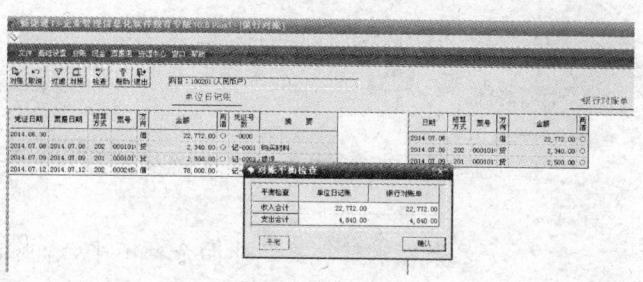

图 2-52 "银行对账"窗口

 说 明

> 银行对账采用自动对账与手工对账相结合的方式。
>
> 自动对账已核对上的银行业务，系统将自动在银行存款日记账和银行对账单双方写上两清标志，并视为已达账项，对于在两清栏未写上两清符号的记录，系统则视其为未达账项。由于自动对账是以银行存款日记账和银行对账单双方对账依据完全相同为条件，所以为了保证自动对账的正确和彻底，使用者必须保证对账数据的规范合理。比如：银行存款日记账和银行对账单的票号要统一位长，如果对账双方不能统一规范，各自为政，系统则无法识别。
>
> 手工对账是对自动对账的补充，使用完自动对账后，可能还有一些特殊的已达账没有对出来，而被视为未达账项，为了保证对账更彻底正确，可用手工对账来进行调整。

4）输出银行存款余额调节表。

（1）执行"现金"|"现金管理"|"银行账"|"余额调节表查询"命令，打开"银行存款余额调节表"窗口。

（2）在"银行存款余额调节表"窗口，将光标定在"人民币户 100201"科目所在行上双击（或单击"查看"按钮），系统显示"人民币户 100201"的余额调节表，如图 2-53 所示。

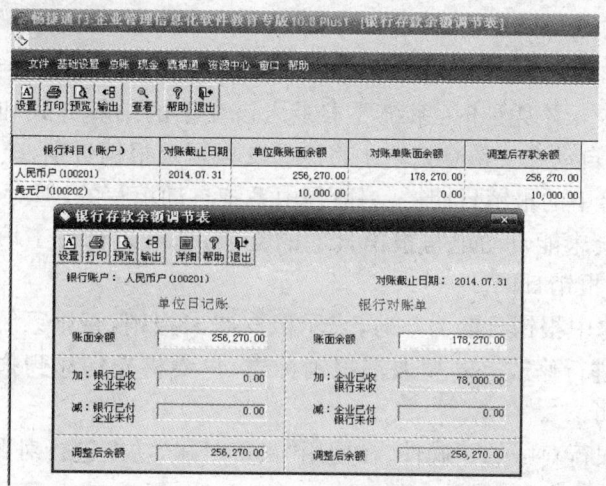

图 2-53 银行存款余额调节表

(3) 单击"退出"按钮。

说 明

1. 此为截止到对账截止日期的余额调节表,若无对账截止日期,则为最新余额调节表。
2. 如果余额调节表显示账面余额不平,请查看以下几处:
(1) "银行期初录入"中的"调整后余额"是否平衡？如不平衡请查看"调整前余额"、"日记账期初未达项"及"银行对账单期初未达项"是否录入正确。如不正确请进行调整。
(2) 银行对账单录入是否正确？如不正确请进行调整。
(3) "银行对账"中勾对是否正确、对账是否平衡？如不正确请进行调整。

知识点拨

(1) 查询现金日记账,库存现金科目必须在"会计科目"功能下的"指定科目"中预先指定。

(2) 查询银行日记账,银行存款科目必须在"会计科目"功能下的"指定科目"中预先指定。

(3) 在手工记账时,银行出纳员通常建立有支票领用登记簿,它用来登记支票领用情况,为此本系统特为银行出纳员提供了"支票登记簿"功能,以供其详细登记支票领用人、领用日期、支票用途、是否报销等情况。

(4) 使用支票登记簿的两个条件:①在"会计科目"窗口中设置银行账(即指定为"银行总账科目")的科目才能使用支票登记簿。②在"结算方式"对话框中对需使用支票登记簿的结算方式打上标志。

(5) 当有人领用支票时,出纳员须进入"支票登记"功能登记支票领用日期、领用部门、领用人、支票号、备注等。

(6) 当支票支出后,经办人持原始单据(发票)到财务部门报销,会计人员据此填制记账凭证。当在系统中录入该凭证时,系统要求录入该支票的结算方式和支票号,在系统填制完成该凭证后,系统自动在支票登记簿中将该号支票写上报销日期,该号支票即为已报销。

(7) 支票登记簿中的报销日期栏,一般是由系统自动填写的,但对于有些已报销而由于人为原因而造成系统未能自动填写报销日期的支票,您可进行手工填写,即将光标移到报销日期栏,然后写上报销日期。

(8) 支票登记簿中报销日期为空时,表示该支票未报销,否则系统认为该支票已报销。已报销的支票不能进行修改。若想取消报销标志,只要将光标移到报销日期处,按空格键后删掉报销日期即可。

(9) 为了保证银行对账的正确性,在使用"银行对账"功能进行对账之前,必须先将日记账、银行对账单未达项录入系统中。

活动训练

1. 业务处理

(1) 查询银行存款日记账。

(2) 查询资金日报表。

2. 填写学习记录表(见表 2-33)

表 2-33　　　　　　　　　　　　　学习记录表

项　　目	记　录　内　容
查询库存现金日记账的流程是什么?	
实现查询日记账的前提条件是什么?	
使用支票登记簿功能的前提条件是什么?	
银行对账的流程是什么?	
录入的银行对账单、单位日记账的期初未达项的发生日期能大于等于此银行科目的启用日期吗?	

活动 2.2.5　账 簿 管 理

 活动描述

2014 年 7 月 31 日,东莞市京贸塑料制品有限公司账套主管(301 高山)进行以下账簿管理。

1. 查询 2014.07 发生额及余额表

2. 明细账查询

(1) 查询"原材料——聚丙烯"数量金额明细账。

(2) 定义并查询"生产成本"多栏账。

3. 辅助账管理

(1) 查询 2014.07 部门收支分析表。

(2) 查询供应商"广州石油化工有限公司"明细账。

(3) 进行应收账款科目客户往来账龄分析。

 活动步骤

1. 查询余额表

(1) 以账套主管高山(301)身份登录畅捷通 T3 软件,在"畅捷通 T3-企业管理信息化软件教育专版 10.8 Plus1"窗口中,执行"总账"|"账簿查询"|"余额表"命令,打开"发生额及余额查询条件"对话框。

(2) 在"发生额及余额查询条件"对话框,单击"月份"下拉列表框的下三角按钮,选择月

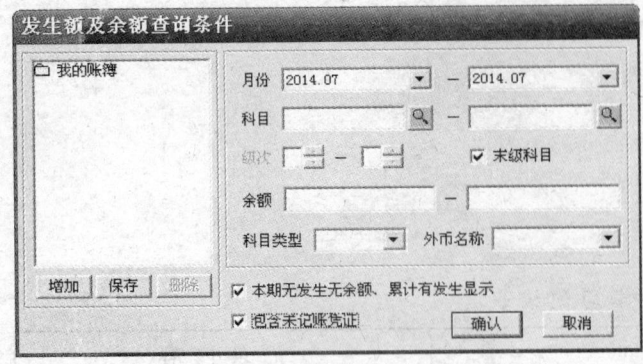

图 2-54 "发生额及余额查询条件"对话框

份：2014.07—2014.07；选中"末级科目"复选框、"包括未记账凭证"复选框，如图 2-54 所示。

（3）单击"确认"按钮，打开"发生额及余额表"窗口，如图 2-55 所示。

（4）在"账页格式"框中，可转换账页格式。

（5）单击"累计"按钮，系统自动显示借贷方累计发生额。

（6）将光标定在具有辅助核算的科目（如"应收账款"科目）所在行，单击"专项"按钮，可查到相应科目的辅助总账或余额表。

图 2-55 "发生额及余额表"窗口

（7）单击"退出"按钮。

说 明

（1）余额表用于查询统计各级科目的本期发生额、累计发生额和余额等。传统的总账，是以总账科目分页设账，而余额表则可输出某月或某几个月的所有总账科目或明细科目的期初余额、本期发生额、累计发生额、期末余额。在实行计算机记账后，建议用余额表代替总账。

（2）月份范围：选择起止月份，当只查某个月时，应将起止月都选择为同一月份，例如查 2014 年 07 月，则月份范围应选择为 2014.07—2014.07。

（3）科目范围：可输入起止科目范围，为空时，系统认为是所有科目。

（4）科目级次：在确定科目范围后，可以按该范围内的某级科目，如将科目级次输入为 1-1，则只查一级科目，如将科目级次输为 1-3，则只查一至三级科目。如果需要查所有末级科目，则用鼠标选择"末级科目"即可。

2. 查询明细账

1) 查询"原材料——聚丙烯"数量金额明细账。

(1) 执行"总账"|"账簿查询"|"明细账"命令,打开"明细账查询条件"对话框。

(2) 在"明细账查询条件"对话框,默认按科目范围查询;输入[或单击参照按钮( )]选择]科目范围:140301;单击"月份"下拉列表框的下三角按钮,选择月份:2014.07—2014.07,如图 2-56 所示。

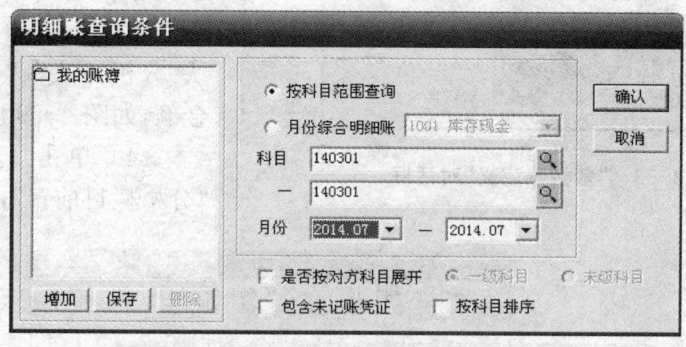

图 2-56 "明细账查询条件"对话框

(3) 单击"确认"按钮,打开"原材料明细账"窗口,在"账页格式"框中,选择:数量金额式,如图 2-57 所示。

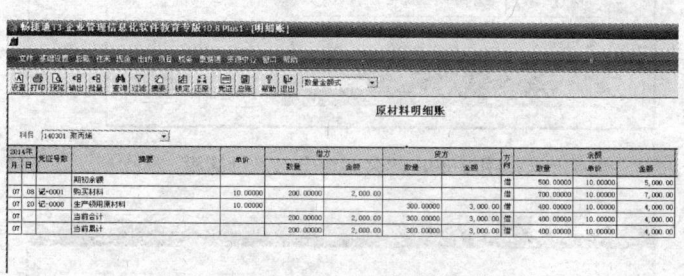

图 2-57 "原材料明细账"窗口

(4) 单击"退出"按钮。

说 明

(1) 若要查询包含未记账凭证的明细账,可选择"包含未记账凭证"。查询结果中的未记账业务将用颜色加以区别。

(2) 在查询明细账时,可以用鼠标点取科目下拉框选择需要查看的科目。

(3) 用鼠标双击某行或单击"凭证"按钮,可查看相应的凭证。单击"总账"按钮可查看此科目的总账。

2) 定义并查询"生产成本"多栏账。

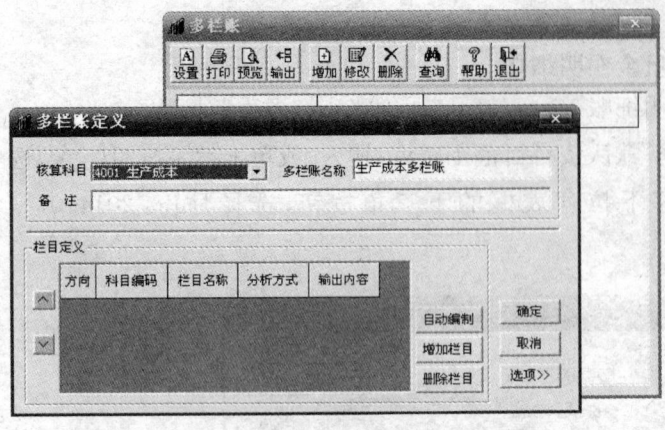

(1) 执行"总账"|"账簿查询"|"多栏账"命令,打开"多栏账"窗口。

(2) 在"多栏账"窗口,单击"增加"按钮,打开"多栏账定义"对话框,选择核算科目:4001 生产成本,如图 2-58 所示。

(3) 单击"自动编制"按钮,默认"分析方式"、"输出内容"均为:金额,如图 2-59 所示。

(4) 单击"选项"按钮,选择"分析栏目前置",如图 2-60 所示。

图 2-58 "多栏账定义"对话框

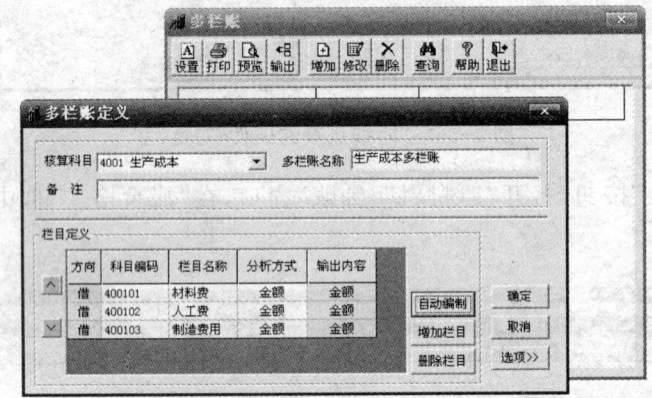

图 2-59 "多栏账定义"对话框

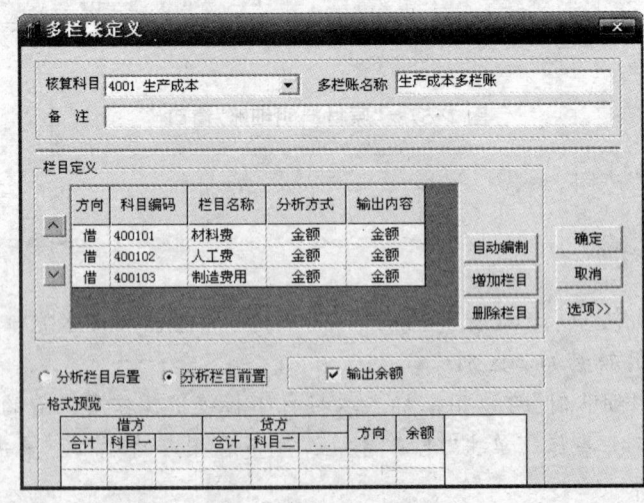

图 2-60 "多栏账定义"对话框

(5) 单击"确定"按钮,返回"多栏账"窗口。

(6) 单击"查询"按钮,系统弹出"多栏账查询"对话框,单击"月份"下拉列表框的下三角按钮,选择月份:2014.07—2014.07,如图 2-61 所示。

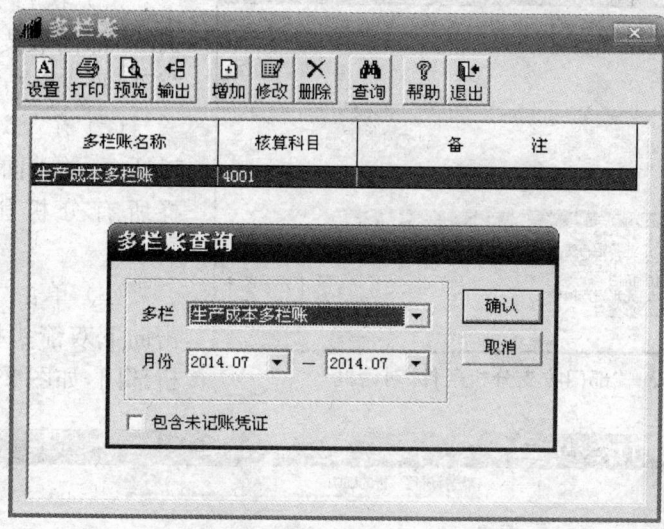

图 2-61 "多栏账查询"对话框

(7) 单击"确认"按钮,打开"生产成本多栏账"窗口,如图 2-62 所示。

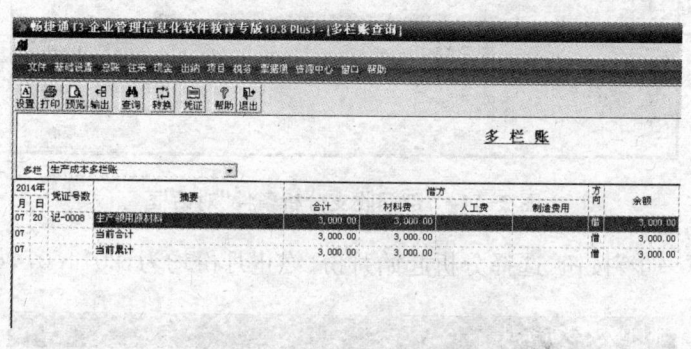

图 2-62 生产成本多栏账

(8) 单击"退出"按钮。

说 明

(1) 系统采用自定义多栏账查询方式,要查询某个多栏账之前,必须先定义其查询格式,然后才能进行查询。

(2) 分析方式:若选按金额分析,则系统只输出其分析方向上的发生额;若选按余额分析,则系统对其分析方向上的发生额按正数输出,其相反发生额按负数输出。例如:4001 科目为借方分析,若选择金额方式,系统只输出其借方发生额;若选择余额方式,系统将其借方发生额按正数输出,其贷方发生额按负数输出。

3. 辅助账管理

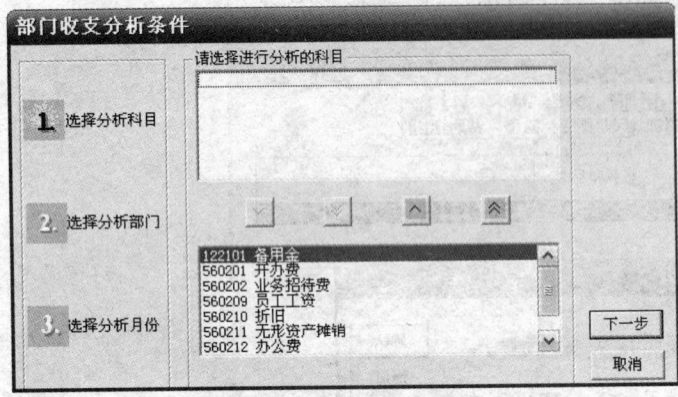

1）查询部门收支分析表。

（1）执行"总账"|"辅助查询"|"部门收支分析"命令，打开"部门收支分析条件"对话框。

（2）在"部门收支分析条件"对话框，单击向下双箭头按钮，选择所有分析科目，如图 2-63 所示。

（3）单击"下一步"按钮，单击向下双箭头按钮，选择所有分析部门，如图 2-64 所示。

图 2-63 "部门收支分析条件"对话框

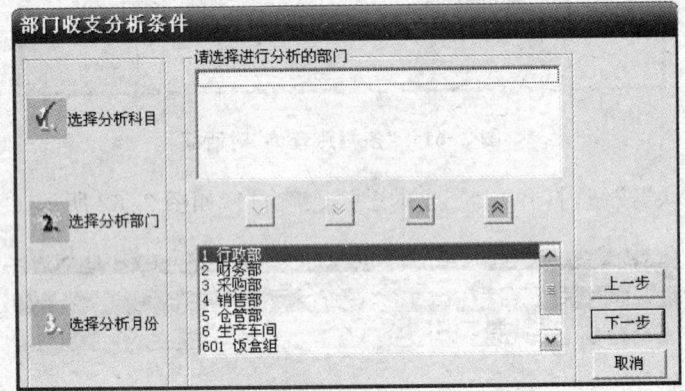

图 2-64 "部门收支分析条件"对话框

（4）单击"下一步"按钮，选择分析起始月份、终止月份均为：2014.07，如图 2-65 所示。

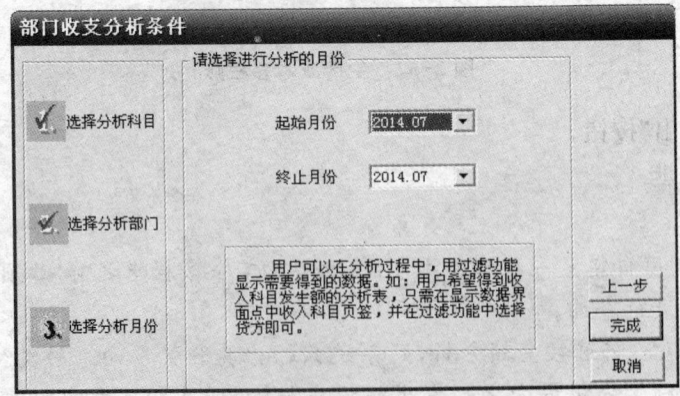

图 2-65 "部门收支分析条件"对话框

（5）单击"完成"按钮，打开"部门收支分析表"窗口，如图 2-66 所示。

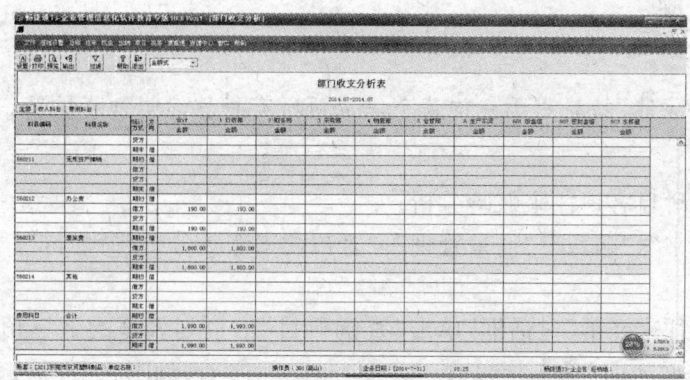

图 2-66 "部门收支分析表"窗口

(6) 单击"退出"按钮。

2) 查询供应商"广州石油化工有限公司"明细账。

(1) 执行"往来"|"账簿"|"供应商往来明细账"|"供应商明细账"命令,打开"供应商明细账"对话框。

(2) 在"供应商明细账"对话框,单击参照按钮( )选择供应商:广州石化,默认月份:2014.07—2014.07,如图 2-67 所示。

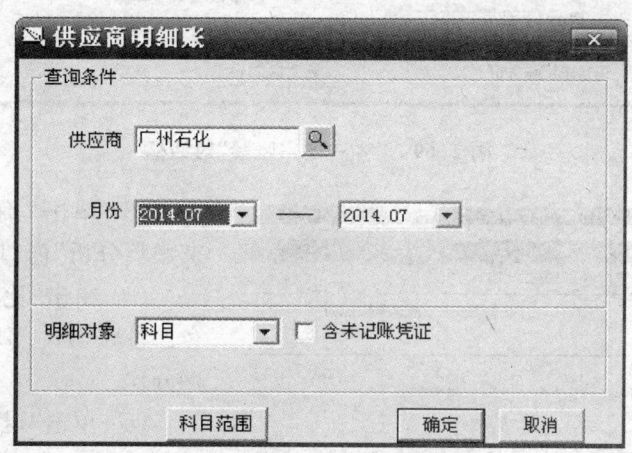

图 2-67 "供应商明细账"对话框

(3) 单击"确定"按钮,打开"供应商明细账"窗口,如图 2-68 所示。

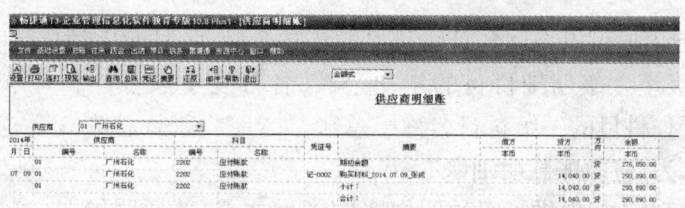

图 2-68 "供应商明细账"窗口

(4) 单击"退出"按钮。

> 说 明
>
> "供应商明细账"功能用于查询某个供应商所有科目的明细账情况。

3）应收账款科目客户往来账龄分析。

(1) 执行"往来"|"账簿"|"往来管理"|"客户往来账龄分析"命令,打开"客户往来账龄"对话框。

(2) 在"客户往来账龄"对话框,单击"查询科目"下拉列表框的下三角按钮,选择:1122 应收账款;单击参照按钮()选择截止日期:2014-07-31,如图 2-69 所示。

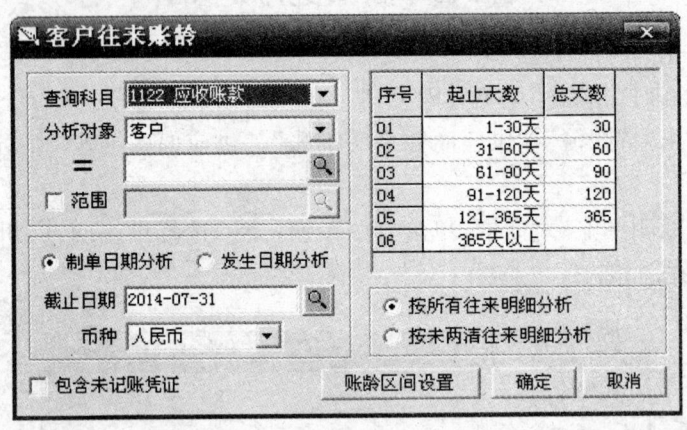

图 2-69 "客户往来账龄"对话框

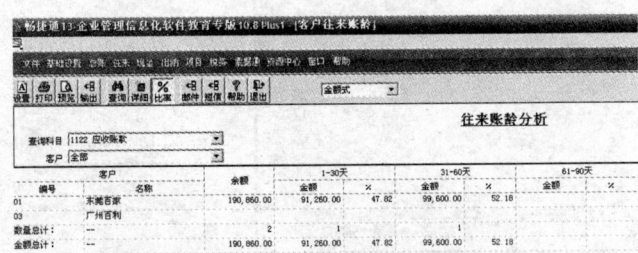

图 2-70 "往来账龄分析"窗口

(3) 单击"确定"按钮,打开"往来账龄分析"窗口,如图 2-70 所示。

(4) 单击"比率"按钮,可以查询客户各账龄区间段的金额占总额的百分比。

(5) 单击"退出"按钮。

 知识点拨

(1) 总账查询不但可以查询各总账科目的年初余额、各月发生额合计和月末余额,而且还可查询所有二级至六级明细科目的年初余额、各月发生额合计和月末余额。查询总账时,标题显示为所查科目的一级科目名称+总账,如"应收账款总账";联查总账对应的明细账时,明细账显示为"应收账款明细账"。

(2) 明细账查询功能提供了三种明细账的查询格式:普通明细账、按科目排序明细账、月份综合明细账。普通明细账是按科目查询,按发生日期排序的明细账;按科目排序明细账是按非末级科目查询,按其发生的末级科目排序的明细账;月份综合明细账是按非末级科目查询,包含非末级科目总账数据及末级科目明细数据的综合明细账,使你对各级科目的数据关系一目了然。

(3) 系统可以实现总账、明细账、凭证的联查。例如,在总账窗口,用鼠标单击工具栏中的"明细"按钮,即可联查到当前科目当前月份的明细账;在明细账窗口,用鼠标双击某行或单击"凭证"按钮,可查看相应的凭证,单击"总账"按钮可查看此科目的总账。

活动训练

1. 业务处理

(1) 查询"应收账款"总账。

(2) 明细账查询:①查询"库存商品——饭盒"数量金额明细账。②定义并查询"原材料"多栏账、"管理费用"多栏账。

(3) 辅助账管理:①查询 2014.07 行政部门差旅费、办公费收支分析表。②查询客户"东莞市百家百货有限公司"明细账。③进行供应商往来账龄分析。

2. 填写学习记录表(见表 2-34)

表 2-34　　　　　　　　　　　学习记录表

项　　　目	记　录　内　容
查询余额表的流程是什么?	
查询明细账的流程是什么?	
查询多栏账的流程是什么?	
查询部门收支分析表有何意义?	
往来账龄分析有几种?	
查询客户往来账龄分析有何意义?	

活动成果

操作至此,将本账套数据备份为"任务 2.2 总账日常业务处理"。

任务 2.3　总账管理模块期末处理

会计人员在每个会计期末都需要完成一些特定的会计工作,主要包括银行对账、期末转账业务、试算平衡、对账、结账以及期末会计报表的编制等。期末会计业务与日常业务相比较,数量不多,但业务种类繁杂且时间紧迫,许多期末业务具有较强的规律性。在手工会计工作中,每到会计期末,会计人员的工作非常繁忙。而在计算机处理下,由计算机来处理这些有规律的业务,不但减少会计人员的工作量,还可以加强财务核算的规范性。

银行对账在单元 2 任务 2 中介绍,期末会计报表的编制在单元 3 介绍,在这里,要完成的任务包括期末转账业务、试算平衡、对账、结账。

活动 2.3.1 定义并生成转账凭证

活动描述

2014年7月31日,东莞市京贸塑料制品有限公司会计(302 李一凡)进行自动转账定义并生成转账凭证,账套主管(301 高山)进行审核凭证、记账操作。

1. 自动转账定义

(1) 自定义结转。

计提短期借款利息(年利率8%)

借:财务费用/利息费用(560301)　　JG()取对方科目计算结果
　　贷:应付利息(2231)　　　　　　短期借款(2001)科目的贷方期末余额×8%÷12

(2) 期间损益结转。

2. 自动转账生成

(1) 生成上述定义的自定义凭证,并审核、记账。

(2) 生成期间损益结转凭证,并审核、记账。

活动步骤

1. 自动转账定义

1) 自定义结转。

(1) 以会计李一凡(302)身份登录畅捷通T3软件,在"畅捷通T3-企业管理信息化软件教育专版10.8 Plus1"窗口中,执行"总账"|"期末"|"转账定义"|"自定义转账"命令,打开"自动转账设置"对话框。

(2) 在"自动转账设置"对话框,单击"增加"按钮,打开"转账目录"对话框。

(3) 在"转账目录"对话框输入转账序号:0001;转账说明:计提短期借款利息;单击"凭证类别"下拉列表框的下三角按钮,选择凭证类别:记账凭证,如图2-71所示。

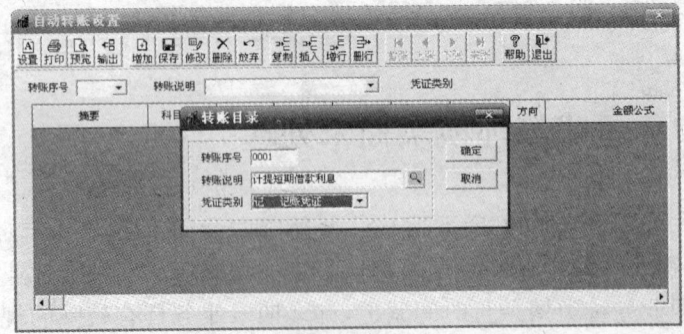

图2-71 "转账目录"对话框

(4) 单击"确定"按钮。

(5) 在"自动转账设置"对话框,双击"科目编码"列框,直接输入(或单击参照按钮选择)

科目:560301;双击"方向"列框,单击下拉列表框的下三角按钮,选择方向:借;双击"金额公式"列框,输入:JG( ),如图2-72所示。

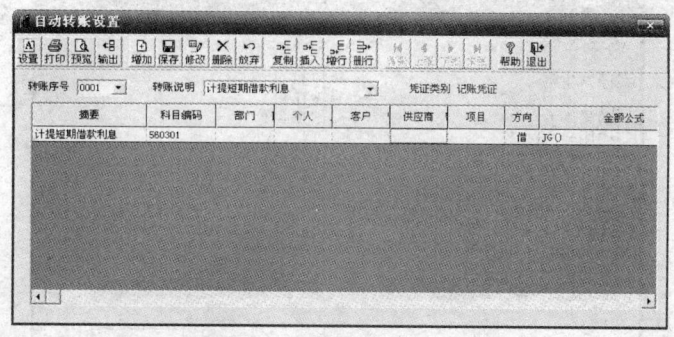

图2-72 "自动转账设置"对话框

(6)单击"增行"按钮,在第二行直接输入(或单击参照按钮选择)科目:2231;双击"方向"列框,单击下拉列表框的下三角按钮,选择方向:贷;双击"金额公式"列框,单击参照按钮,系统弹出"公式向导"对话框,在"公式名称"框中选择:期末余额,如图2-73所示。

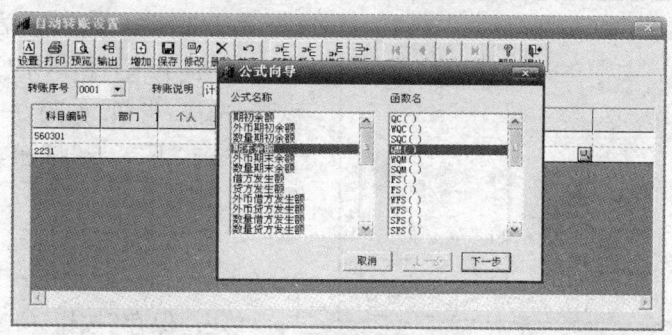

图2-73 "公式向导"对话框

(7)单击"下一步"按钮,在"公式向导"对话框,直接输入(或单击参照按钮选择)科目:2001;单击"方向"下拉列表框的下三角按钮,选择方向:贷;单击"按默认值取数"单选按钮;选中"继续输入公式"复选框;单击"＊(乘)"单选按钮,如图2-74所示。

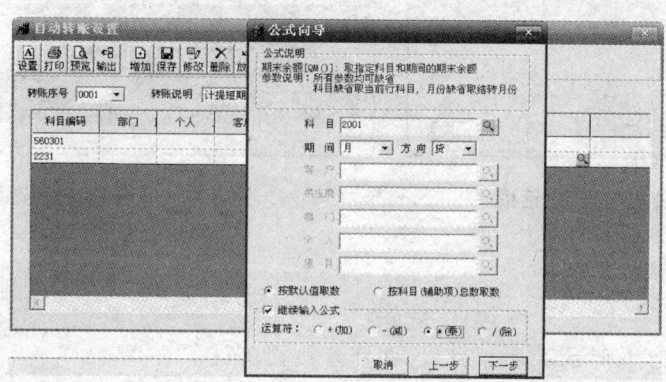

图2-74 "公式向导"对话框

(8) 单击"下一步"按钮,在"公式名称"框中移动滚动条,选择:常数,如图2-75所示。

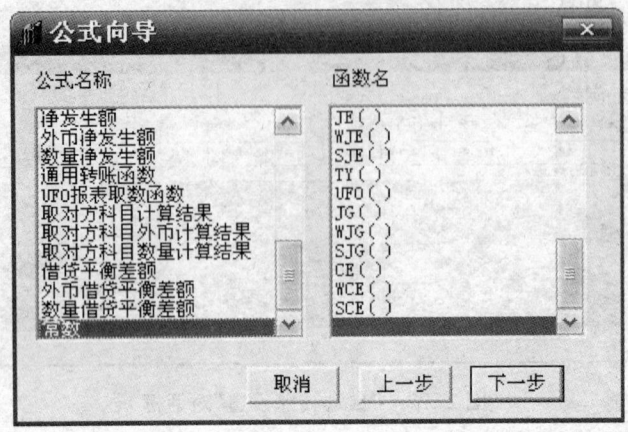

图2-75 "公式向导"对话框

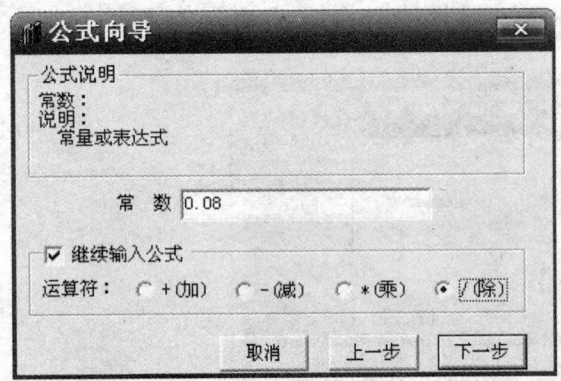

图2-76 "公式向导"对话框

(9) 单击"下一步"按钮,输入常数:0.08;选中"继续输入公式"复选框;单击"/(除)"单选按钮,如图2-76所示。

(10) 单击"下一步"按钮,在"公式名称"框选择:常数,如图2-75所示。

单击"下一步"按钮,输入常数:12,如图2-77所示。

单击"完成"按钮,完成公式设置,如图2-78所示。

单击"保存"按钮。

单击"退出"按钮。

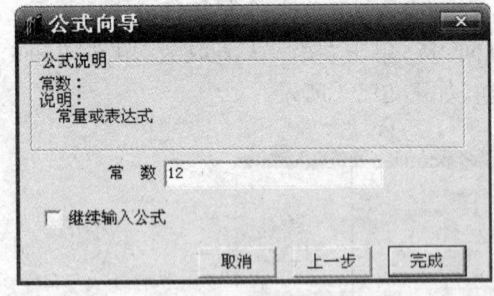

图2-77 "公式向导"对话框

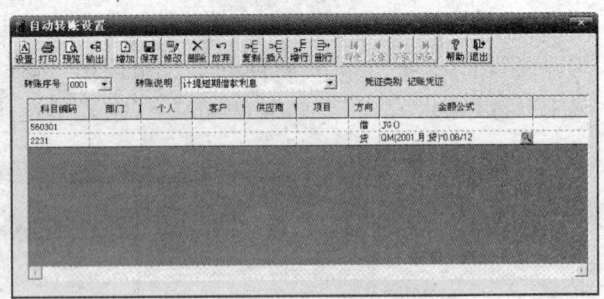

图2-78 "自动转账设置"对话框

说 明

金额公式:可参照录入计算公式,也可直接输入计算公式。

2）期间损益结转设置。

（1）以会计李一凡（302）身份登录畅捷通T3软件，在"畅捷通T3-企业管理信息化软件教育专版10.8 Plus1"窗口中，执行"总账"｜"期末"｜"转账定义"｜"期间损益"命令，打开"期间损益结转设置"对话框。

（2）在"期间损益结转设置"对话框，直接输入（或单击参照按钮选择）科目：3103；默认凭证类别：记账凭证，如图2-79所示。

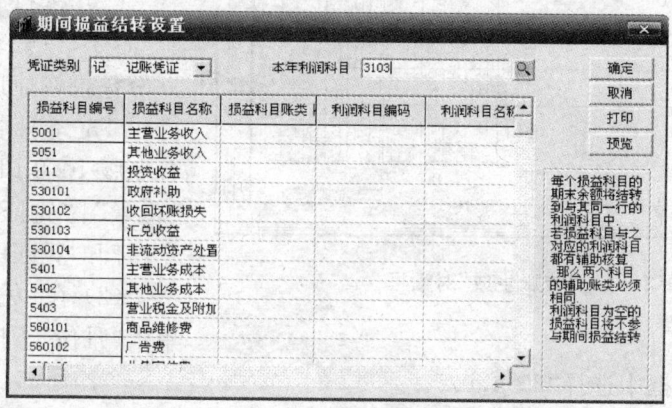

图2-79 "期间损益结转设置"对话框

（3）单击"确定"按钮。

2. 自动转账生成并审核记账

1）生成自定义转账凭证。

（1）以会计李一凡（302）身份登录畅捷通T3软件，在"畅捷通T3-企业管理信息化软件教育专版10.8 Plus1"窗口中，执行"总账"｜"期末"｜"转账生成"命令，打开"转账生成"对话框。

（2）在"转账生成"对话框，单击"结转月份"下拉列表框的下三角按钮，选择月份：2014.07；单击"自定义转账"单选按钮；双击"是否结转"列框打上"Y"（或单击"全选"按钮），如图2-80所示。

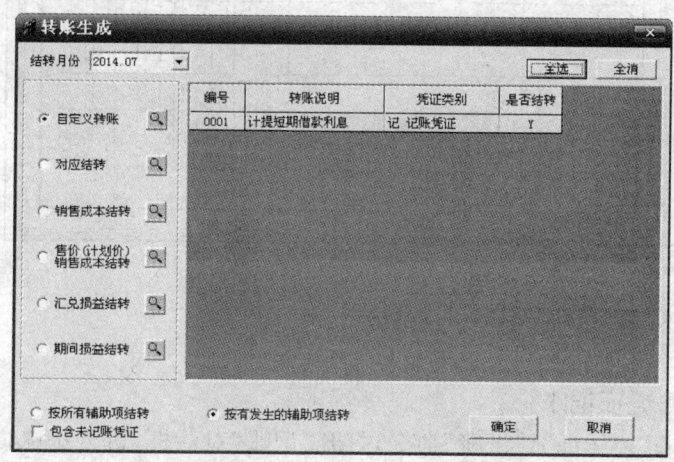

图2-80 "转账生成"对话框

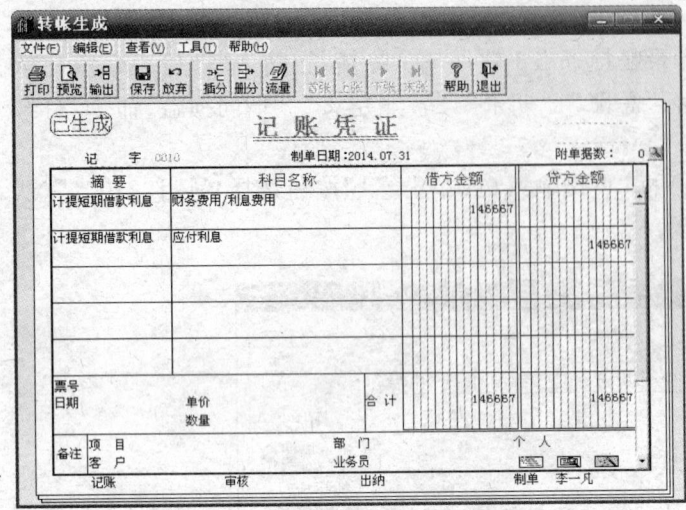

图 2-81 "转账生成"对话框

(3) 单击"确定"按钮,系统自动生成记账凭证。

(4) 单击"保存"按钮,保存生成的凭证,如图 2-81 所示。

(5) 单击"退出"按钮。

2) 审核自定义转账凭证。

(1) 执行"总账"|"重新注册"命令,以账套主管高山(301)身份登录畅捷通 T3 软件,在"畅捷通 T3-企业管理信息化软件教育专版 10.8 Plus1"窗口中,执行"总账"|"凭证"|"审核凭证"命令,打开"凭证审核"对话框。

(2) 在"凭证审核"对话框,单击"月份"下拉列表框的下三角按钮,在下拉列表框中选择"2014.07"。

(3) 单击"确认"按钮,出现凭证一览表。

(4) 单击"确定"按钮,出现自动生成的记账凭证。

(5) 单击"审核"按钮,对自动生成的记账凭证进行审核,如图 2-82 所示。

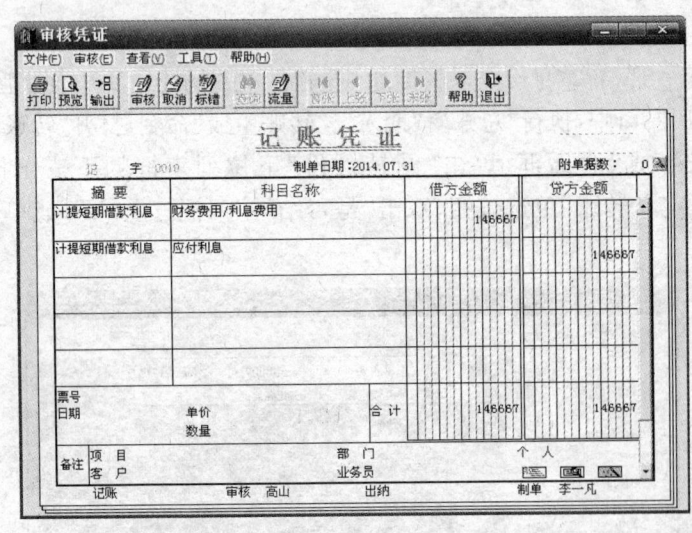

图 2-82 "审核凭证"对话框

(6) 单击"退出"按钮。

3) 自定义转账凭证记账。

(1) 执行"总账"|"凭证"|"记账"命令,打开"记账"对话框,进入记账向导——选择本次记账范围,如图 2-83 所示。

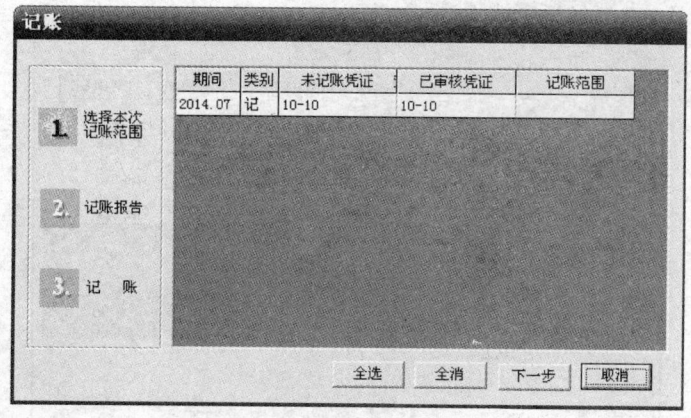

图 2-83 "记账"对话框

(2) 单击"下一步"按钮,进入记账向导—记账报告。
(3) 单击"下一步"按钮,进入记账向导—记账。
(4) 单击"记账"按钮,系统弹出"期初试算平衡表"对话框。
(5) 单击"确认"按钮。记账完毕后,系统提示记账完毕。
(6) 单击"确定"按钮。

说 明

(1) 在定义完转账凭证后,每月月末只需执行"转账生成"功能即可快速生成转账凭证,在此生成的转账凭证将自动追加到未记账凭证中去。
(2) 转账生成之前,注意转账月份为当前会计月份。
(3) 进行转账生成之前,先将相关经济业务的记账凭证登记入账,否则会造成生成的凭证的数据出错。
(4) 自动转账凭证,每月只生成一次。
(5) 自动生成的凭证若凭证类别、制单日期和附单据数与实际情况略有出入,保存前可直接在当前凭证上进行修改,保存后,未审核前可到"填制凭证"窗口修改、删除。
(6) 自动生成的凭证还需要审核、记账。

4) 生成期间损益结转凭证。
(1) 以会计李一凡(302)身份登录畅捷通 T3 软件,在"畅捷通 T3-企业管理信息化软件教育专版 10.8 Plus1"窗口中,执行"总账"|"期末"|"转账生成"命令,打开"转账生成"对话框。
(2) 在"转账生成"对话框,单击"结转月份"下拉列表框的下三角按钮,选择月份:2014.07;单击"期间损益结转"单选按钮;单击"类型"下拉列表框的下三角按钮,选择类型:收入;单击"全选"按钮,如图 2-84 所示。
(3) 单击"确定"按钮,系统自动生成记账凭证。
(4) 单击"保存"按钮,保存生成的凭证,如图 2-85 所示。

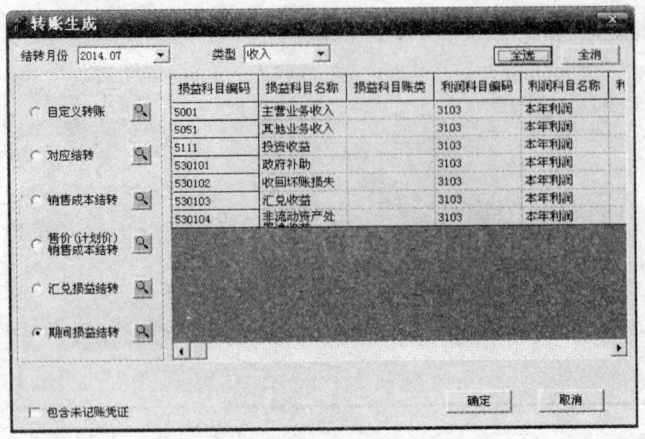

图 2-84 "转账生成"对话框

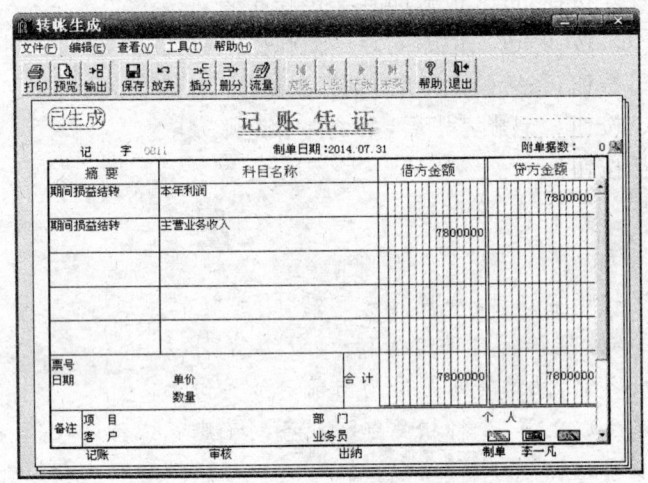

图 2-85 "转账生成"对话框

(5) 单击"退出"按钮。

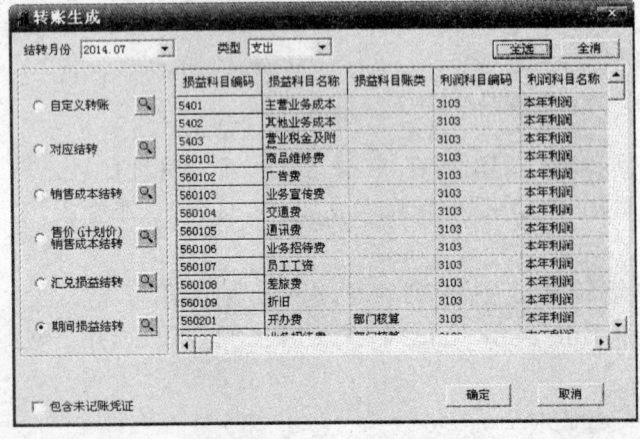

图 2-86 "转账生成"对话框

(6) 在"转账生成"对话框,单击"类型"下拉列表框的下三角按钮,选择类型:支出,单击"全选"按钮,如图 2-86 所示。

(7) 单击"确定"按钮,系统提示:有未记账凭证,如图 2-87 所示。

(8) 单击"是"按钮,系统自动生成记账凭证。

(9) 单击"保存"按钮,保存生成的凭证,如图 2-88 所示。

(10) 单击"退出"按钮。

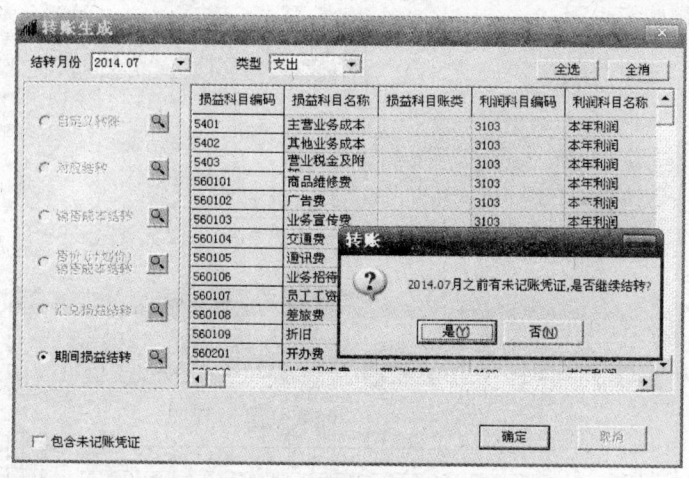

图 2-87 "转账"提示框

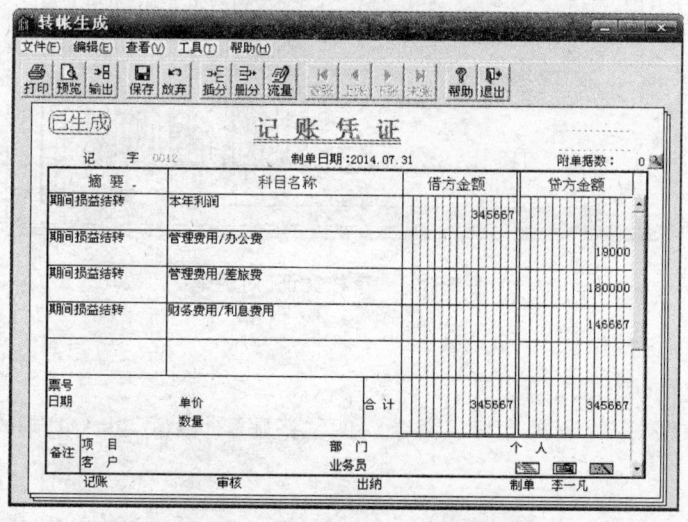

图 2-88 "转账生成"对话框

说 明

进行自动转账生成之前,先将相关经济业务的记账凭证登记入账,否则会造成生成的凭证的数据出错。在本例题中,进行支出类科目结转时,由于2014年7月之前未记账的凭证只有收入类科目结转时生成的凭证(其他凭证都已经记账),此凭证的数据是否记账不会影响支出类科目结转生成的凭证的数据,所以在有凭证未记账的情况下也可以进行支出类科目结转。

5) 审核期间损益结转凭证。

(1) 执行"总账"|"重新注册"命令,以账套主管高山(301)身份登录畅捷通 T3 软件,在"畅捷通 T3-企业管理信息化软件教育专版 10.8 Plus1"窗口中,执行"总账"|"凭证"|"审核

凭证"命令,打开"凭证审核"对话框。

(2)在"凭证审核"对话框,单击"月份"下拉列表框的下三角按钮,在下拉列表框中选择"2014.07"。

(3)单击"确认"按钮,出现凭证一览表。

(4)单击"确定"按钮,出现自动生成的记账凭证。

(5)单击"审核"按钮,对自动生成的记账凭证进行审核,如图2-89所示。

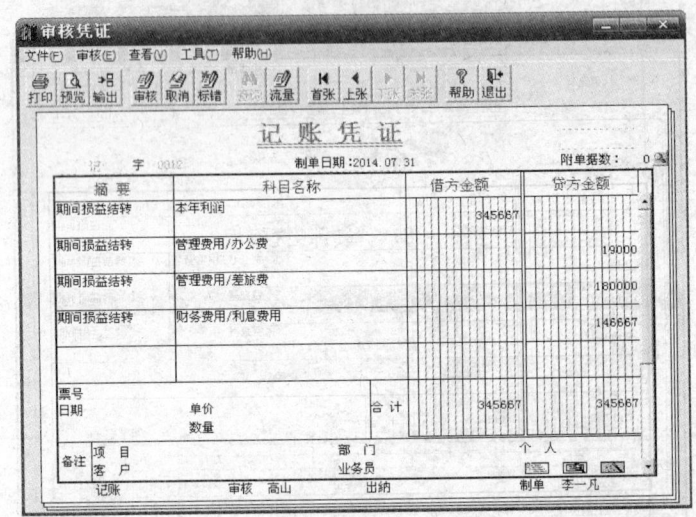

图2-89 "审核凭证"对话框

(6)单击"退出"按钮。

6)期间损益结转凭证记账。

(1)执行"总账"|"凭证"|"记账"命令,打开"记账"对话框,进入记账向导—选择本次记账范围,如图2-90所示。

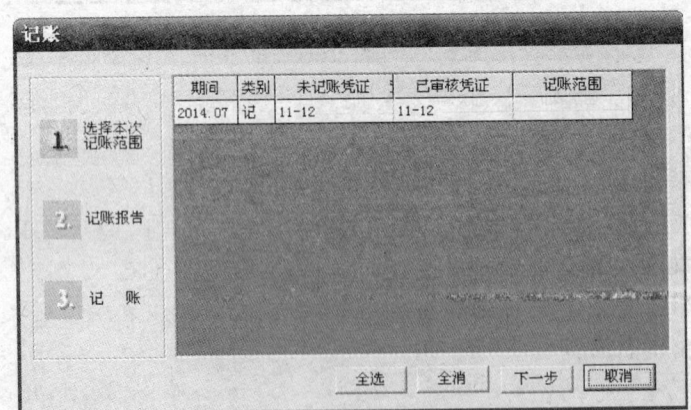

图2-90 "记账"对话框

(2)单击"下一步"按钮,进入记账向导—记账报告。

(3) 单击"下一步"按钮,进入记账向导—记账。
(4) 单击"记账"按钮,系统弹出"期初试算平衡表"对话框。
(5) 单击"确认"按钮。记账完毕后,系统提示记账完毕。
(6) 单击"确定"按钮。

 知识点拨

1. 公式中的函数说明(见表2-35)

表2-35　　　　　　　　　　　公式中的函数说明

函　数　名	公　式　名　称	说　　明
QM( )/WQM( )/SQM( )	期末余额	取某科目的期末余额
QC( )/WQC( )/SQM( )	期初余额	取某科目的期初余额
FS( )/WFS( )/SFS( )	借方发生额	取某科目结转月份的借方发生额
FS( )/WFS( )/SFS( )	贷方发生额	取某科目结转月份的贷方发生额
LFS( )/WLFS( )/SLFS( )	累计借方发生额	取某科目截止到结转月份的累计借方发生额
LFS( )/WLFS( )/SLFS( )	累计贷方发生额	取某科目截止到结转月份的累计贷方发生额
JG( )/WJG( )/SJG( )	取对方科目计算结果	取对某个科目或所有对方科目的数据之和
	常　数	取某个指定的数字
UFO( )	UFO报表取数	取UFO报表中某单元的数据

2. 账务取数函数基本格式

取数函数格式:函数名(科目编码,会计期间,方向,辅助项1,辅助项2)。

(1) 函数中的各项可根据情况决定是否输入,如科目是部门核算的科目,则应输入部门信息,如某科目无辅助核算,则不能输入辅助项。

(2) 科目编码可以为非末级科目。

(3) 各辅助项必须为末级。

(4) 由于科目最多只能有两个辅助核算账类,因此,辅助项最多可定义两个。

(5) 期间、方向由函数确定,若按年取数,则期间为"年",若按月取数,则期间为"月";若取借方发生或累计发生,则方向为"借",若取贷方发生或累计发生,则方向为"贷"。

例如:QM(10101,月)的执行结果为取10101科目结转月份的期末余额,QM(52101,月,销售部)的执行结果为取52101科目销售部的期末余额,结转月份可在生成转账凭证时选择。

 活动训练

填写学习记录表(见表2-36)。

表 2-36　学习记录表

项　　目	记录内容
自定义结转设置及生成凭证的流程是什么？	
期间损益结转设置及生成凭证的流程是什么？	
自定义结转及期间损益结转自动生成的凭证如何修改、删除？	
自定义结转及期间损益结转自动生成的凭证还需要审核、记账吗？	

活动 2.3.2　对账及结账

活动描述

2014 年 7 月 31 日，东莞市京贸塑料制品有限公司账套主管（301 高山）进行 2014 年 7 月的对账、结账操作。

活动步骤

1. 对账

图 2-91　"对账"对话框

（1）以账套主管高山（301）身份登录畅捷通 T3 软件，在"畅捷通 T3-企业管理信息化软件教育专版 10.8 Plus1"窗口中，执行"总账"|"期末"|"对账"命令，打开"对账"对话框。

（2）光标定在 2014.07 所在行，单击"选择"按钮。

（3）单击"对账"按钮，系统开始进行对账，并显示对账结果，如图 2-91 所示。

说　明

若对账结果为账账相符，则对账月份的对账结果处显示"正确"，若对账结果为账账不符，则对账月份的对账结果处显示"错误"，单击"错误"按钮可查看引起账账不符的原因。

（4）单击"试算"按钮，可以对各科目类别进行试算平衡，如图 2-92 所示。

（5）单击"确认"按钮。

（6）单击"退出"按钮。

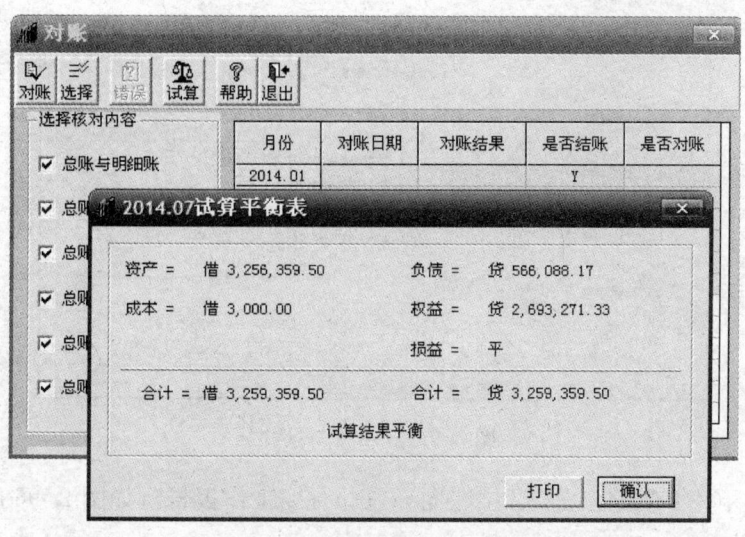

图 2-92 "试算平衡表"对话框

2. 结账

(1) 执行"总账"|"期末"|"结账"命令，打开"结账"对话框，进入结账向导——选择结账月份。

(2) 光标定在 2014.07 所在行，选择结账月份，如图 2-93 所示。

(3) 单击"下一步"按钮，进入"结账向导二——核对账簿"，如图 2-94 所示。

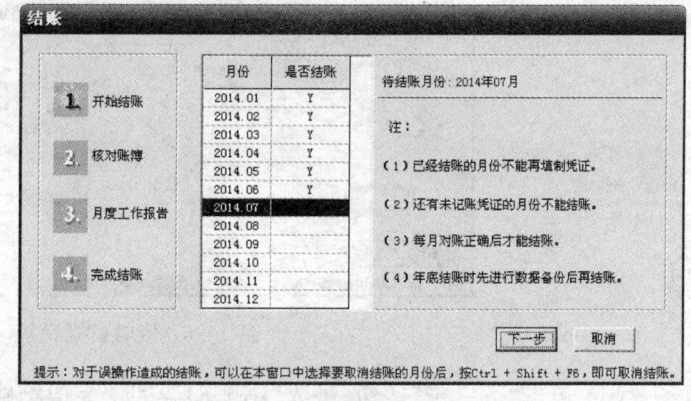

图 2-93 "结账"对话框

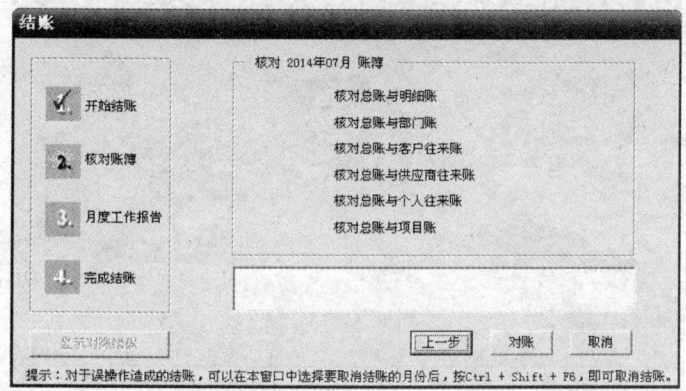

图 2-94 "结账"对话框

(4) 单击"对账"按钮，系统对要对账的月份进行账账核对，如图 2-95 所示。

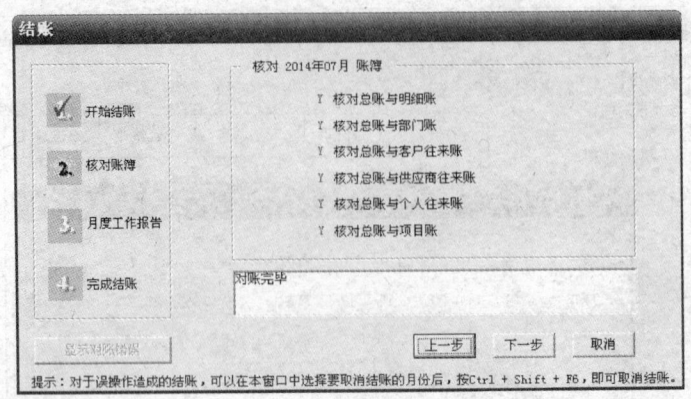

图 2-95 "结账"对话框

（5）单击"下一步"按钮，进入"结账向导三——月度工作报告"，如图 2-96 所示。

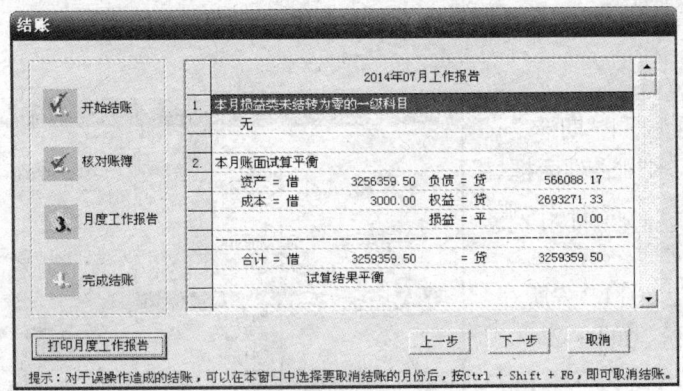

图 2-96 "结账"对话框

（6）单击"下一步"按钮，进入"结账向导四——完成结账"，如图 2-97 所示。

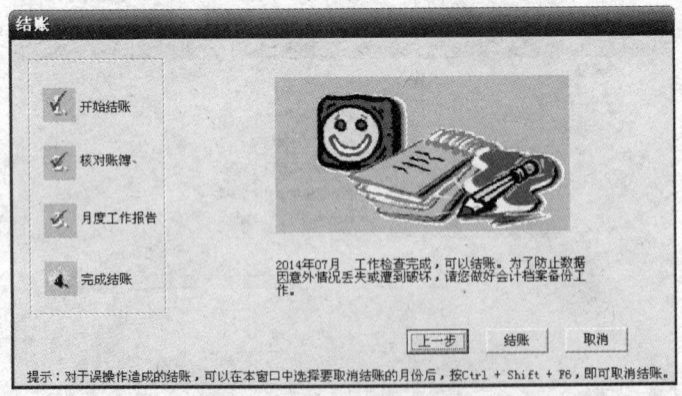

图 2-97 "结账"对话框

（7）单击"结账"按钮，若符合结账要求，系统将进行结账，否则不予结账，可单击"上一步"按钮，通过查看月度工作报告查找不予结账的原因。

知识点拨

(1) 对账是对账簿数据进行核对,以检查记账是否正确,以及账簿是否平衡。它主要是通过核对总账与明细账、总账与辅助账数据来完成账账核对。一般来说,实行计算机记账后,只要记账凭证录入正确,计算机自动记账后各种账簿都应是正确、平衡的,但由于非法操作或计算机病毒或其他原因有时可能会造成某些数据被破坏,因而引起账账不符。为了保证账证相符、账账相符,用户应经常使用对账功能进行对账,至少一个月一次,一般可在月末结账前进行。

(2) 结账每月只能进行一次。

(3) 上月未结账,则本月不能结账,也不能记账,但可以填制、审核凭证。已结账月份不能再填制当月凭证。

(4) 本月还有未记账凭证时,则本月不能结账。

(5) 账簿核对,有账账不符时,则本月不能结账。

(6) 由于已结账月份不能再填制当月凭证,年底结账时先进行数据备份后再结账。

 活动训练

填写学习记录表(见表 2-37)。

表 2-37 　　　　　　　　　　学习记录表

项　　　目	记 录 内 容
对账的流程是什么?	
结账的流程是什么?	
上月未结账,则本月能结账、记账、填制凭证、审核凭证吗?	
已结账月份能再填制当月凭证吗?	

 活动成果

操作至此,将本账套数据备份为"任务 2.3 总账期末处理"。

单元 3　操作报表模块

单元导读

财务报表管理模块是用友畅捷通 T3 软件中的一个子系统,能轻松实现与总账以及其他业务模块的对接。但是这并不是说报表模块能自动提供所需要的报表,报表模块只提供了制作报表的工具及常见的一些模板,需要利用这些工具,设计并制作出符合需求的会计报表。

学习目标

- 会利用报表模板生成资产负债表、利润表,熟悉报表编制的基本流程和思路
- 会简单分析报表数据,知道报表之间的数据勾稽关系
- 养成认真对数、细心检查的习惯

任务 3.1　自定义报表

编制报表时,如果是第一次利用报表管理模块编制报表,需要从格式设置开始;如果报表此前已经定义,直接打开报表文件进入数据处理状态生成报表即可。对于企业来讲,使用最多的是企业内部管理报表。由于不同企业所属行业不同,管理需求不同,使用的内部管理报表差异很大,这就需要利用报表管理模块自定义会计报表。

活动 3.1.1　认识报表模块

活动描述

财务报表是会计工作呈现出来的重要载体,反映了企业的经营状况,利用会计电算化系统可以快速、简单、准确地编制会计报表。在编制财务报表之前,会计主管需要先来了解一下财务报表系统的相关概念。

活动步骤

(1) 以账套主管高山(301)身份登录"T3-企业管理信息化软件教育专版",在"畅捷通

T3-企业管理信息化软件教育专版 10.8 Plus1"窗口中,单击"财务报表"按钮,弹出"当前运行的是试用版"提示框,单击"确定"按钮,打开"财务报表(试用版)"窗口,如图 3-1 所示。

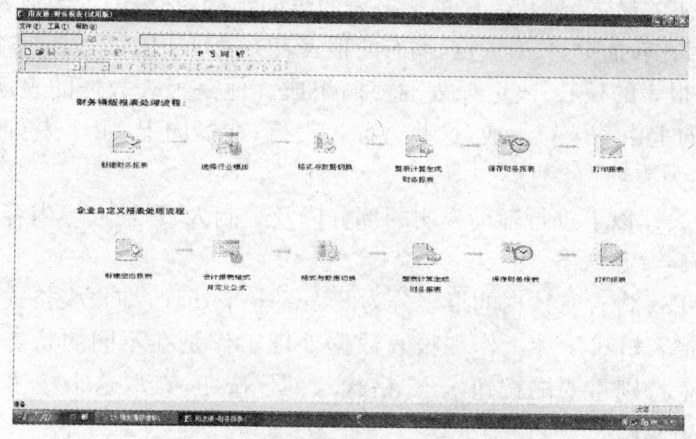

图 3-1 "财务报表(试用版)"窗口

(2) 在"财务报表(试用版)"窗口中,执行"文件"|"新建"命令,或者单击"新建"图标,系统自动生成一张空白表,如图 3-2 所示。

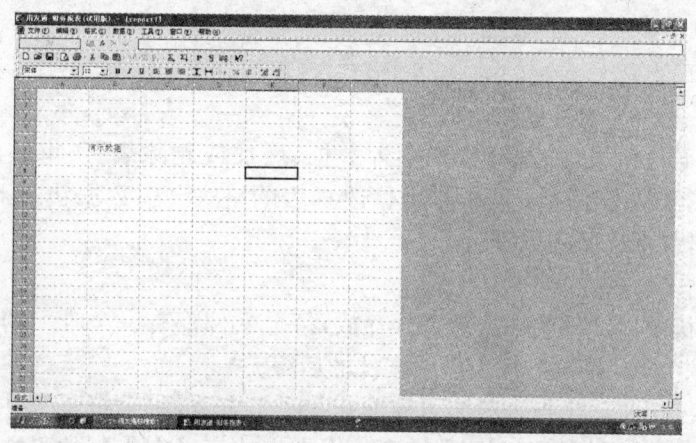

图 3-2 新建财务报表

(3) 浏览报表窗口。

 知识点拨

1. 报表结构

按照报表结构的复杂性,可将报表分为简单表和复合表两类。简单表是规则的二维表,由若干行和列组成。复合表是简单表的某种组合。大多数的会计报表如资产负债表、利润表、现金流量表等都是简单表。

简单表的格式一般由 4 个基本要素组成:标题、表头、表体和表尾。

(1) 标题:用来描述报表的名称。报表的标题可能不止一行,有时会有副标题、修饰线等内容。

（2）表头：用来描述报表的编制单位名称、日期等辅助信息和报表栏目。特别是报表的表头栏目名称，是表头的最主要内容，它决定报表的纵向结构、报表的列数以及每一列的宽度。有的报表表头栏目比较简单，只有一层，而有的报表表头栏目却比较复杂，需分若干层次。

（3）表体：是报表的核心，决定报表的横向组成。他是报表数据的表现区域，是报表的主体。表体在纵向上由若干行组成，这些行称为表行；在横向上，每个表行又由若干个栏目构成，这些栏目称为表列。

（4）表尾：指表体以下进行辅助说明的部分以及编制人、审核人等内容。

2. 格式状态和数据状态

用友畅捷通 T3 将含有数据的报表分为两大部分来处理，即报表格式设计工作与报表数据处理工作。报表格式设计工作和报表数据处理工作是在不同的状态下进行的。实现状态切换的是一个特别重要的按钮——"格式/数据"按钮，点取这个按钮可以在格式状态和数据状态之间切换。

1）格式状态。

在格式状态下设计报表的格式，如表尺寸、行高列宽、单元属性、组合单元等。报表的单元公式（计算公式）、审核公式、舍位平衡公式也在格式状态下定义。

在格式状态下所做的操作对本报表所有的表页都发生作用。在格式状态下不能进行数据的录入、计算等操作。

在格式状态下时，您所看到的是报表的格式，报表的数据全部都隐藏了，并且不能得到。

2）数据状态。

在数据状态下管理报表的数据，如输入数据、增加或删除表页、审核、舍位平衡、做图形、汇总等。在数据状态下不能从根本上修改报表的格式。在数据状态下时，您看到的是报表的全部内容，包括格式和数据。

3. 报表文件及表页

报表在计算机中以文件的形式保存并存放，每个文件都有一个唯一的文件名，如"资产负债表.rep"，其中"rep"是财务报表模块文件的后缀。

财务报表系统中每一个报表最多可容纳 99999 张表页，一个报表文件中的所有表页具有相同的格式，但是其中的数据不同。表页在报表中的序号在表页的下方以标签的形式出现，称为"页标"。

4. 单元及单元属性

1）单元。

单元是组成报表的最小单位，单元名称由所在行、列标识。行号用数字 1~9999 表示，列标用字母 A-IU 表示。例如：D22 表示第 4 列第 22 行的那个单元。

2）单元属性。

单元属性包括单元类型、对齐方式、字体颜色等。

单元类型：有数值型、字符型和表样型。

（1）数值单元是报表的数据，在数据状态下输入。数值单元的内容可以是 15 位以内的任何数字，数字可以直接输入或由单元中存放的单元公式运算生成。建立一个新表时，所有单元的类型缺省为数值。

(2) 字符单元是报表的数据,在数据状态下输入。字符单元的内容可以是汉字、字母、数字及各种键盘可输入的符号组成的一串字符,一个单元中最多可输入 63 个字符或 31 个汉字。字符单元的内容也可由单元公式生成。

(3) 表样单元是报表的格式,是定义一个没有数据的空表所需的所有文字、符号或数字。一旦单元被定义为表样,那么在其中输入的内容对所有表页都有效。表样在格式状态下输入和修改,在数据状态下不允许修改。一个单元中最多可输入 63 个字符或 31 个汉字。

5. 区域与组合单元

(1) 区域由一张表页上的一组单元组成,自起点单元至终点单元是一个完整的长方形矩阵。区域是二维的,最大的区域是一个二维表的所有单元(整个表页),最小的区域是一个单元。

(2) 组合单元由相邻的两个或更多的单元组成,这些单元必须是同一种单元类型(表样、数值、字符),在处理报表时将组合单元视为一个单元。可以组合同一行相邻的几个单元,也可以组合同一列相邻的几个单元,还可以把一个多行多列的平面区域设为一个组合单元。

组合单元的名称可以用组成组合单元的区域中任何一个单元的名称来表示。例如把 B2~B3 定义为一个组合单元,这个组合单元可以用"B2"、"B3"或"B2:B3"来表示。

6. 关键字

关键字是游离于单元之外的特殊数据单元,可以唯一标识一个表页,可在大量表页中快速地选择某张表页。例如,一个资产负债表文件可以放 1 年中 12 个月的资产负债表,要对一张表页的数据进行定位,要设置一些标志,这在财务报表系统中称为关键字。

关键字的显示位置在格式状态下设置,关键字的值则在数据状态下输入,每个报表可以定义多个关键字。

用友畅捷通 T3 共提供了以下六种关键字。

单位名称:字符型(最大 30 个字符),该报表表页编制单位的名称。

单位编号:字符型(最大 10 个字符),为该报表表页编制单位的编号。

年:数字型(1904~2100),该报表表页反映的年度。

季:数字型(1~4),该报表表页反映的季度。

月:数字型(1~12),该报表表页反映的月份。

日:数字型(1~31),该报表表页反映的日期。

 活动训练

填写学习记录表(见表 3-1)。

表 3-1　　　　　　　　　　　　学习记录表

项　　目	记录内容
简单表一般包括哪几部分?	
格式状态与数据状态有什么区别?	
报表中的单元类型有哪几种?	
关键字有什么作用?	

活动 3.1.2 设置报表格式

 活动描述

根据表 3-2,创建新表,自定义一张货币资金表,并保存为"货币资金表.rep"。

表 3-2　　　　　　　　　　　　　货 币 资 金

编制单位：　　　　　　　　　　　年　　月　　日　　　　　　　　　　单位:元

项　目	行　次	期初数	期末数
库存现金	1		
银行存款	2		
合计	3		

　　　　　　　　　　　　　　　　　　　　　　　　　　　　制表人：

备注:编制单位和年、月、日应设为关键字。

 活动步骤

1. 设置表格格式

(1) 以账套主管高山(301)身份登录"T3-企业管理信息化软件教育专版",在"畅捷通T3-企业管理信息化软件教育专版 10.8 Plus1"窗口中,单击"财务报表"按钮,弹出"当前运行的是试用版"提示框,单击"确定"按钮,打开"财务报表(试用版)"窗口。

(2) 在"财务报表(试用版)"窗口中,执行"文件"|"新建"命令,系统自动生成一张空白表。

(3) 执行"格式"|"表尺寸"命令,打开"表尺寸"对话框。输入行数"7",列数"4",单击"确认"按钮,如图 3-3 所示。

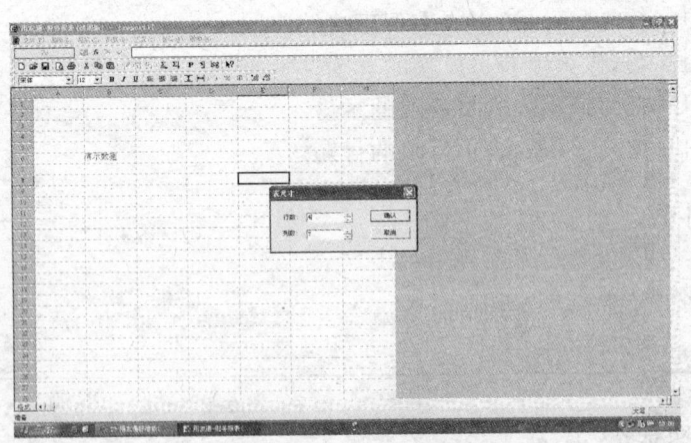

图 3-3　输入标尺寸

(4) 选中需要调整的单元所在行"A1",执行"格式"|"行高"命令,打开"行高"对话框,输入行高:"7",单击"确定"按钮。选中需要调整的列宽的 A~D 列,执行"格式"|"列宽"命令,打开

"列宽"对话框,输入列宽:"35",单击"确定"按钮。如图 3-4 所示。

(5) 选中需要划线的区域"A3:D6",执行"格式"|"区域画线"命令,打开"区域画线"对话框,选择"网线",单击"确认"按钮,将所选区域画上表格线。

(6) 选择需要合并的区域"A1:D1",执行"格式"|"组合单元"命令,打开"组合单元"对话框,选择组合方式"整体组合"或"按行组合",该单元即合并成一个单元格。同理,定义"A2:D2"单元为组合单元。

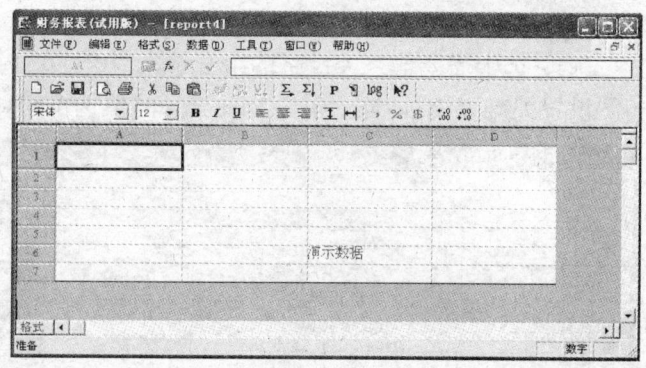

图 3-4 "财务报表(试用版)"窗口

(7) 选中需要输入内容的单元或组合单元,根据表 3-2 在该单元或组合单元中输入相关文字内容。

注意

报表项目指报表的文字内容,主要包括表头内容、表体项目、表尾项目等,不包括关键字。编制单位、日期一般不作为文字内容输入,而是需要设置为关键字。

(8) 选中需要定义单元属性的单元"D7",执行"格式"|"单元属性"命令,打开"单元属性"对话框,在"单元类型"栏中选择"字符"选项,单击"确定"按钮。如图 3-5 所示。

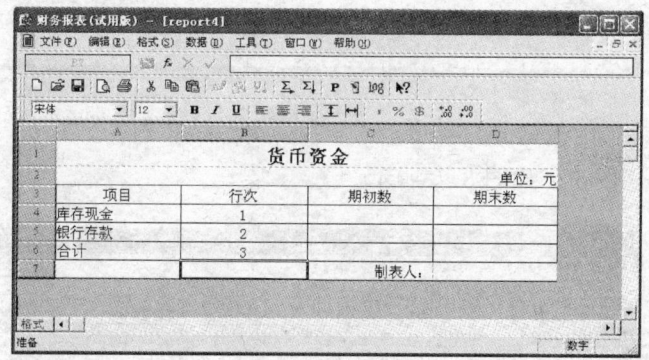

图 3-5 "财务报表(试用版)"窗口

注意

单元属性对话框可以定义单元类型、字体和颜色、图案、对齐、边框等,请根据需要自行设置,这里不再一一讲解。

2. 定义和输入关键字

（1）选中需要输入关键字的组合单元"A2:D2"，执行"数据"|"关键字"|"设置"命令，打开"设置关键字"对话框。单击"单位名称"单选按钮，单击"确定"按钮。

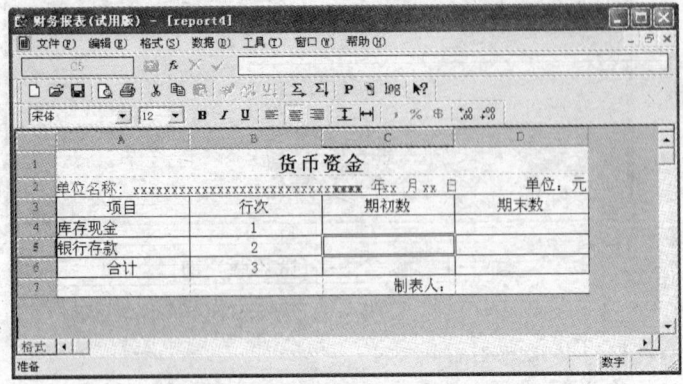

图 3-6 "财务报表(试用版)"窗口

（2）重复步骤（1），设置"年"、"月"、"日"关键字。

（3）执行"数据"|"关键字"|"偏移"命令，打开"定义关键字偏移"对话框，在需要调整位置的关键字后面输入偏移量，例如年"－150"，月"－125"，日"－95"。单击"确定"按钮。如图 3-6 所示。

（4）点击"财务报表(试用版)"窗口左下角的红色字"格式"，切换到数据状态，执行"数据"|"关键字"|"录入"命令，打开"录入关键字"对话框。输入单位名称"东莞市京贸塑料制品有限公司"，年"2014"，月"07"，日"31"。如图 3-7 所示。

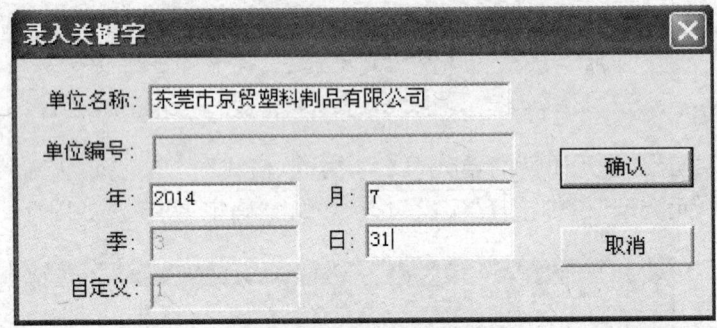

图 3-7 "录入关键字"对话框

（5）单击"确认"按钮。如图 3-8 所示。

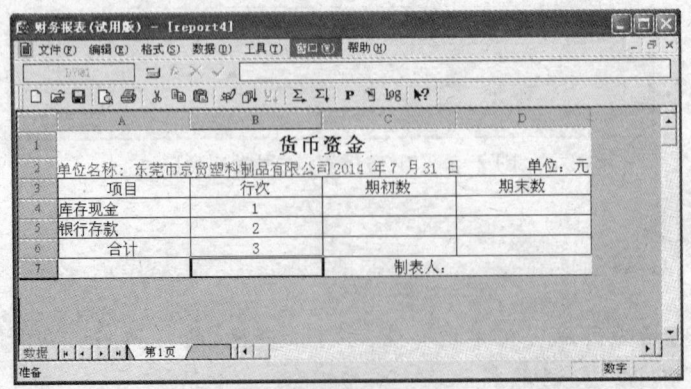

图 3-8 "财务报表(试用版)"窗口

（6）执行"文件"|"保存"|命令，打开"另存为"对话框，修改"文件名"为"货币资金表.rep"，修改保存位置，单击"保存"按钮。

 知识点拨

（1）字符单元和数值单元输入后只对本表页有效，表样单元输入后则对所有的表页有效。

新建的报表，所有单元的单元属性均默认为数值型。格式状态下输入的内容均默认为表样单元，未输入数据的单元均默认为数值单元，在数据状态下可以输入数值。如果希望在数据状态下输入字符，应将其定义为字符单元。

（2）定义关键字主要包括设置关键字和调整关键字在表页上的位置。关键字主要有六种，即单位名称、单位编号、年、季、月、日，另外还包括一个自定义关键字。

每个报表可以同时定义多个关键字。如果要取消关键字，须执行"数据"|"关键字"|"取消"命令。

关键字的位置可以用偏移量来表示，负数值表示向左移，正数值表示向右移。在调整时，可以通过输入正或负的数值来调整。关键字偏移量单位为象素。

 活动训练

填写学习记录表（见表3-3）。

表3-3　　　　　　　　　　　　　学习记录表

项　目	记录内容
在数据状态下，数据单元可以输入数据吗？	
关键字有什么作用？	
关键字的偏移量如果是正值，则表示是向左偏移还是向右偏移？	

活动3.1.3　定义报表公式

 活动描述

完成活动3.1.2的操作之后，完成以下工作。

1）定义货币资金表的计算公式（见表3-4）。

表3-4　　　　　　　　　　　　　货币资金
编制单位：　　　　　　　　　　年　月　日　　　　　　　　　　单位：元

项　目	行　次	期初数	期末数
库存现金	1	QC("1001",月,,,,,,,)	QM("1001",月,,,,,,,)
银行存款	2	QC("1002",月,,,,,,,)	QM("1002",月,,,,,,,)
合计	3	PTOTAL(C4:C5)	PTOTAL(D4:D5)

　　　　　　　　　　　　　　　　　　　　　　　　　　　　制表人：

2）定义审核公式。

（1）C6＝C4＋C5　MESS"期初货币资金合计数＜＞期初库存现金和银行存款合计数"。

（2）D6＝D4＋D5　MESS"期末货币资金合计数＜＞期末库存现金和银行存款合计数"。

活动步骤

1. 定义计算公式

1）直接输入公式。

（1）执行"文件"|"打开"命令，打开"打开"对话框，找到并单击选中活动3.1.2保存的货币资金表，点击"打开"按钮，打开"财务报表（试用版）"窗口。

（2）选定需要定义公式的单元"C4"，即"库存现金"的期初数。

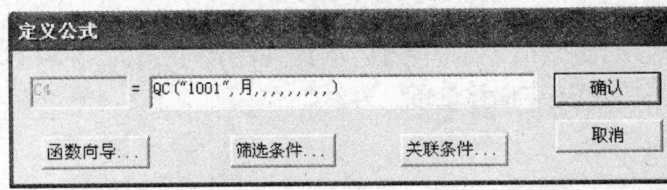

图3-9　"定义公式"对话框

（3）执行"数据"|"编辑公式"|"单元公式"命令，打开"定义公式"对话框。

（4）在"定义公式"对话框内直接输入函数公式：QC("1001"，月，，，，，，，，），如图3-9所示。

（5）单击"确认"按钮。

（6）重复步骤（1）～（4），输入银行存款期初数公式。

2）引导输入公式。

（1）选定被定义单元"D4"，即"库存现金"期末数。

（2）单击工具栏的"fx"按钮，打开"定义公式"对话框。

（3）在"定义公式"对话框中，单击"函数向导"按钮，打开"函数向导"对话框，在"函数分类"列表框中选择"用友账务函数"，在"函数名"列表中选中"期末（QM）"，如图3-10所示。

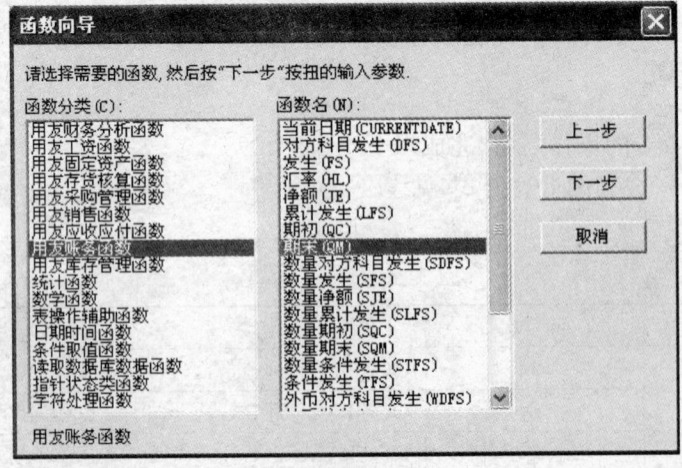

图3-10　"函数向导"对话框

(4) 单击"下一步"按钮,打开"用友账务函数"对话框,如图3-11所示。

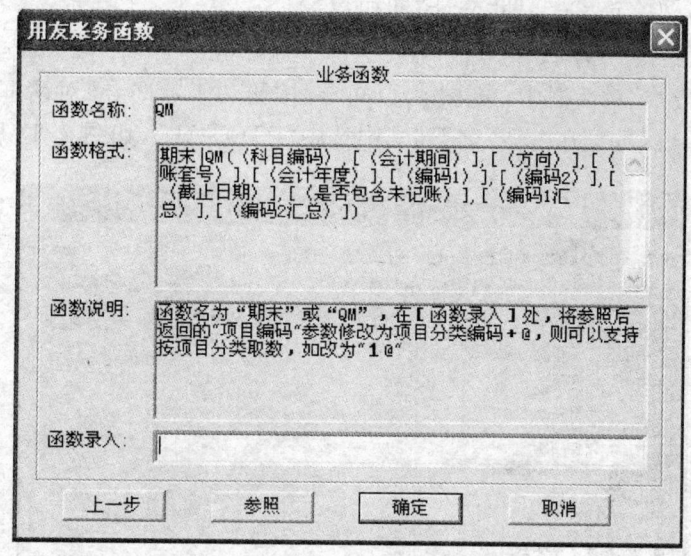

图3-11 "用友账务函数"对话框

(5) 单击"参照"按钮,打开"账务函数"对话框。如图3-12所示。

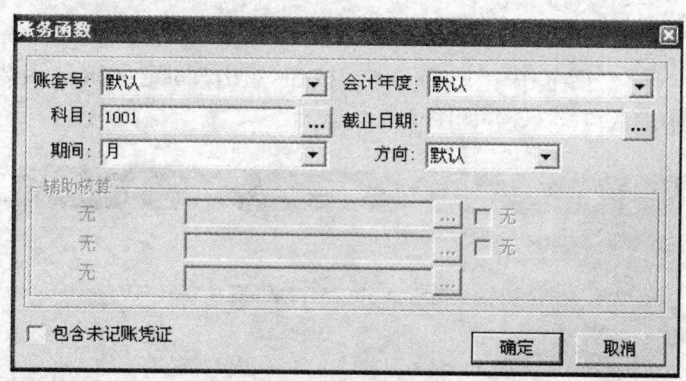

图3-12 "账务函数"对话框

(6) 各项均采用系统默认值,单击"确定"按钮,返回"用友账务函数"对话框。单击"确定"按钮,返回"定义公式"对话框,单击"确认"按钮。

注意

在"账务函数"对话框中,可以根据设置公式的需要修改账套号、会计年度、科目、截止日期、期间和方向等内容,有辅助核算的还可以设置辅助核算。

(7) 输入其他单元公式。
(8) 重复步骤(1)~(7),输入银行存款期末数公式。

2. 定义求和公式

（1）选定被定义单元"C6"，即"合计"期初数。

（2）单击工具栏的"ƒx"按钮，打开"定义公式"对话框。

（3）在"定义公式"对话框中，单击"函数向导"按钮，"函数向导"对话框，在"函数分类"列表框中选择"统计函数"，在"函数名"列表中选中"PTOTAL"，如图3-13所示。

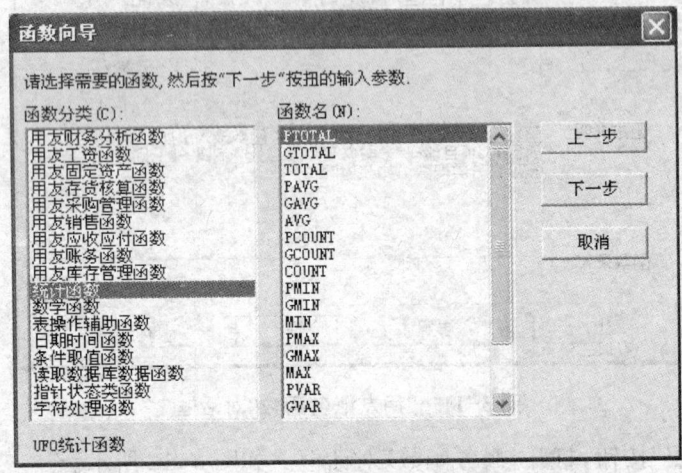

图3-13 "函数向导"对话框

（4）在"函数向导"对话框中单击"下一步"按钮，打开"固定区统计函数"对话框，在"固定区区域"文本框中输入"C4:C5"，如图3-14所示。

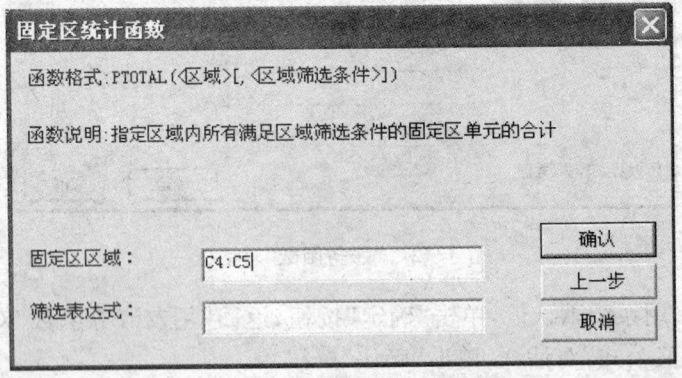

图3-14 "固定区统计函数"对话框

（5）单击"确定"按钮，返回"定义公式"对话框，单击"确认"按钮。

3. 定义审核公式

（1）执行"数据"|"编辑公式"|"审核公式"命令，打开"审核公式"对话框。

（2）在"审核公式"对话框中，输入审核公式：C6＝C4＋C5　MESS"期初货币资金合计数<>期初库存现金和银行存款合计数"；D6＝D4＋D5　MESS"期末货币资金合计数<>期末库存现金和银行存款合计数"。如图3-15所示。

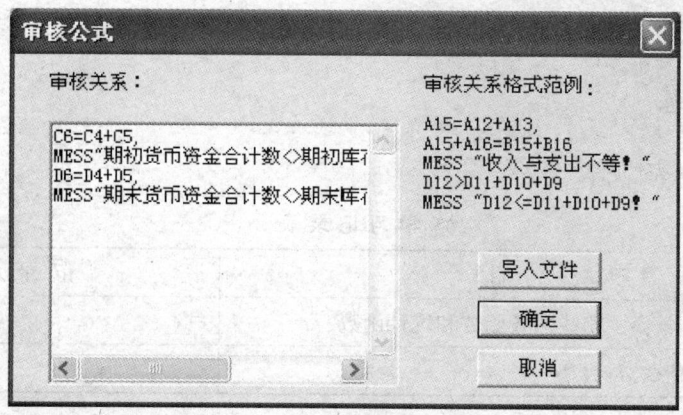

图 3-15 "审核公式"对话框

（3）单击"确定"按钮。

4. 审核并保存报表

（1）在"财务报表(试用版)"窗口,点击窗口左下角的"格式"按钮,系统弹出"是否确定全表重算?"提示框,单击"是"按钮,切换到数据状态。现在可以查看到定义完成的货币资金表。如图 3-16 所示。

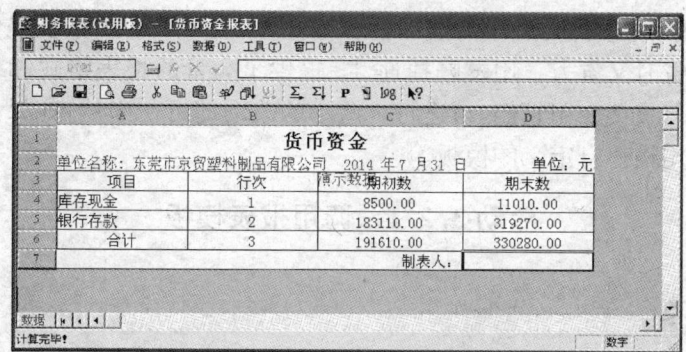

图 3-16 "财务报表(试用版)"窗口

（2）执行"数据"|"审核"命令,系统会自动根据前面定义的审核公式进行审核,系统没有错误提示,通过审核。

（3）执行"文件"|"保存"|命令,保存货币资金表。

 知识点拨

（1）单元公式在输入时,凡是涉及数学符号的均须在英文半角状态下输入。

（2）报表中的各个数据之间一般都存在某种勾稽关系。利用这种勾稽关系可以定义审核公式,可以进一步检验报表编制的结果是否正确。审核公式可以检验表页中数据的勾稽关系,也可以验证同表不同表页的勾稽关系,还可以验证不同报表之间的数据勾稽关系。

（3）审核公式由验证关系公式和提示信息组成。定义报表审核公式,首先要分析报表中各单元之间的关系,来确定审核关系,其次根据确定的审核关系定义审核公式。

 活动训练

填写学习记录表(见表 3-5)。

表 3-5　　　　　　　　　　　　　学习记录表

项　　目	记　录　内　容
在公式定义中,你都学会了哪些财务函数和统计函数?	
审核公式的作用是什么?	

 **活动成果**

操作至此,将本账套数据备份为"任务 3.1 自定义报表"。

任务 3.2　应用报表模板

设计一个报表,既可以从头开始按部就班地操作,也可以利用系统提供模板直接生成报表格式,这样既省时又省力。用友畅捷通 T3 提供了大量的报表格式和很多行业的标准财务报表模板,可以直接套用它们,再进行一些小的改动即可。当然,如果找不到合适的模板,也可以直接套用用户自定义的模板。

活动 3.2.1　调用报表模板

 活动描述

利用报表模板生成东莞市京贸塑料制品有限公司 2014 年 7 月的资产负债表和利润表,并保存。

 活动步骤

(1) 在"财务报表(试用版)"窗口中,单击工具栏的"新建"图标,系统自动生成一张空白表。

(2) 执行"格式"|"报表模板"命令,打开"报表模板"对话框,在"您所在的行业"下拉列表框中选择"小企业会计准则(2013)",在"财务报表"下拉列表框中选择"资产负债表"。如图 3-17 所示。

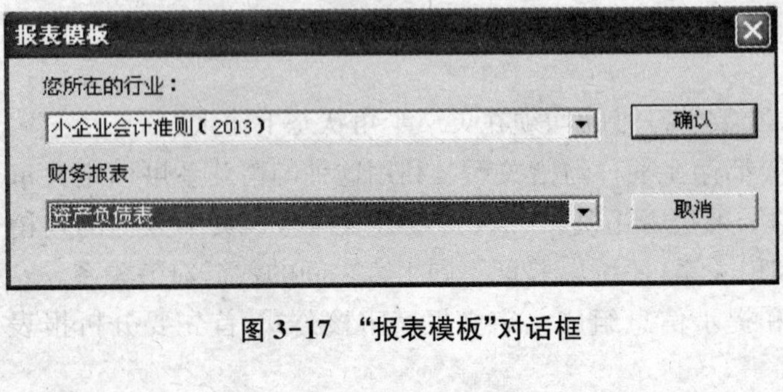

(3) 单击"确定"按钮,弹出

图 3-17　"报表模板"对话框

"模板格式将覆盖本表格式！是否继续？"提示框,单击"确定"按钮,打开"资产负债表"模板。如图3-18所示。

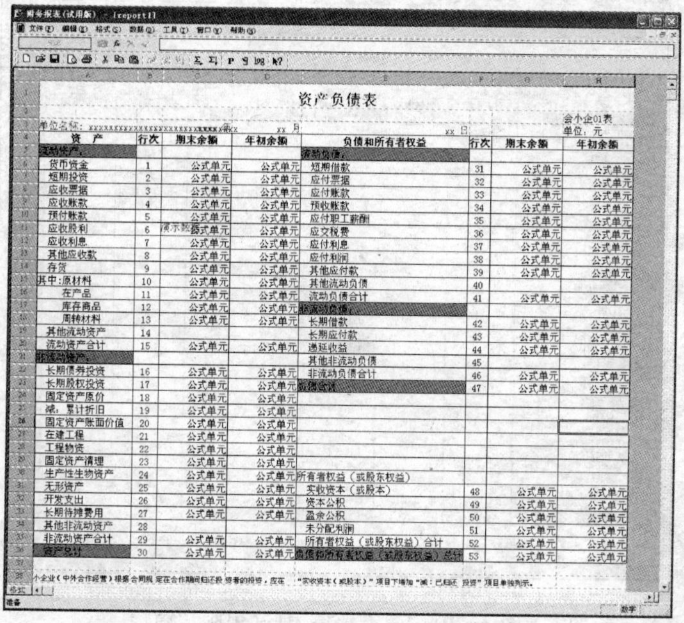

图3-18 "资产负债表(试用版)"窗口

（4）执行"数据"|"关键字"|"偏移"命令,打开"定义关键字偏移"对话框,在需要调整位置的关键字后面输入偏移量,年"100"、月"50"、日"-110"。单击"确定"按钮。

注意

调用系统已有的报表模板后,如果该报表模板的格式与企业实际需要的报表格式与公式不完全一致,可以在此基础上进行修改,即可快速得到所需要的报表格式与公式。例如:关键字"年"、"月"、"日"的位置不太美观,我们进行"偏移",使报表整体更美观。

（5）点击窗口左下角的"格式"按钮,切换到数据状态。执行"数据"|"关键字"|"录入"命令,打开"录入关键字"对话框。输入单位名称"东莞市京贸塑料制品有限公司",年"2014",月"07",日"31"。如图3-19所示。

（6）单击"确认"按钮,弹出"是否重算第1页?"提示框,单击

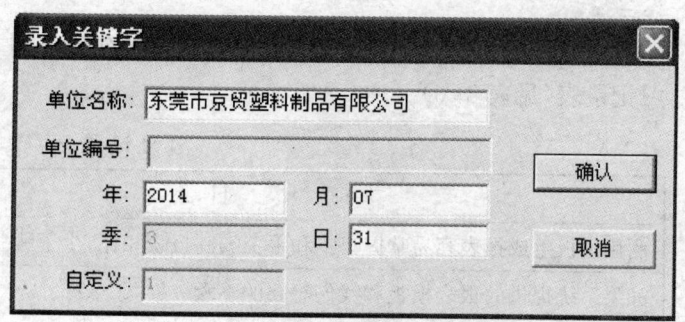

图3-19 "录入关键字"对话框

"是"按钮，系统自动计算并显示数据，生成 7 月份的资产负债表。如图 3-20 所示。

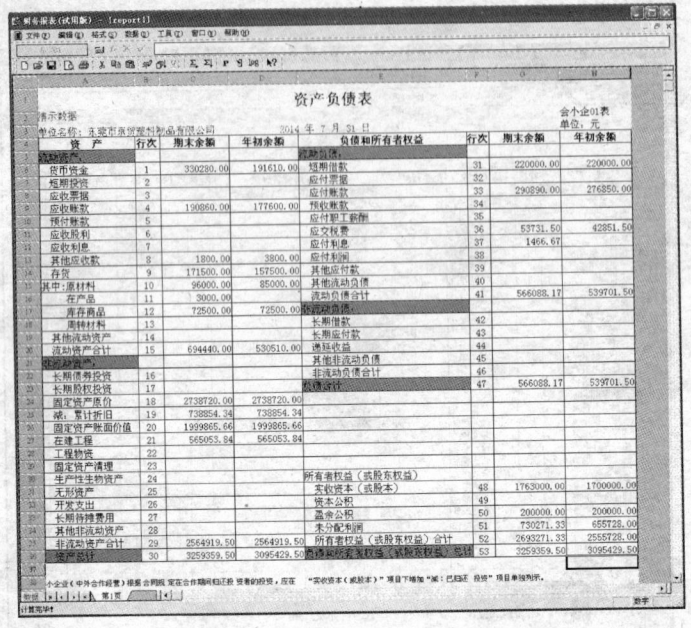

图 3-20 "资产负债表(试用版)"窗口

（7）单击工具栏的"保存"按钮，在"另存为"对话框中修改保存位置，文件名，保存类型后，单击"保存"按钮，保存报表。

 知识点拨

（1）当前报表套用报表模板后，原有内容将丢失。如果该报表模板与实际需要的报表格式或公式不完全一致，可以在此基础上稍做修改即可快速得到所需要的报表格式和公式。套用报表模板和修改格式需要在格式状态下进行。

（2）调用报表模板生成报表时，报表计算采用进入系统时选择的账套，即默认启动注册时所选择的账套。

 活动训练

用同样的方法，生成东莞市京贸塑料制品有限公司 2014 年 7 月份的利润表，并填写学习记录表（见表 3-6）。

表 3-6　　　　　　　　　　学习记录表

项　目	记录内容
利用模板生成报表容易掌握吗？和手工编制报表相比，少了哪些工作？	
如果系统提供的报表模板和我们想要的不太一样，怎么办？	
如果系统根本没有我们想要的报表模板，那又怎么办呢？	

活动 3.2.2　自定义报表模板

活动描述

将活动 3.1.3 完成的货币资金表生成公司的常用报表模板,并生成 8 月份的货币资金表。

活动步骤

1. 自定义报表模板

(1) 在"财务报表(试用版)"窗口中,单击工具栏的"新建"图标,系统自动生成一张空白表。

(2) 执行"格式"|"自定义模板"命令,打开"自定义模板"对话框,单击"增加"按钮,弹出"定义模板"对话框,在"行业名称"文本框中输入"东莞市京贸塑料制品有限公司",单击"确认"按钮,向下拉动滚动条,单击选择行业名"东莞市京贸塑料制品有限公司"。如图 3-21 所示。

(3) 单击"下一步"按钮,打开"自定义模板"对话框,点击"增加",弹出"添加模板"对话框,选定原来保存的货币资金表文件,单击"添加"按钮,返回"自定义模板"对话框。如图 3-22 所示。

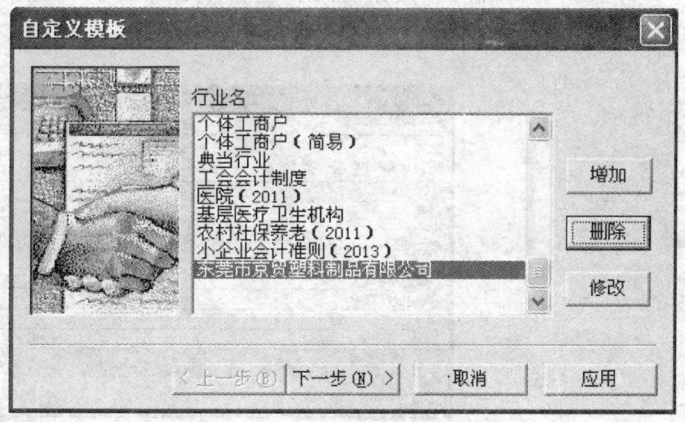

图 3-21　"自定义模板"对话框

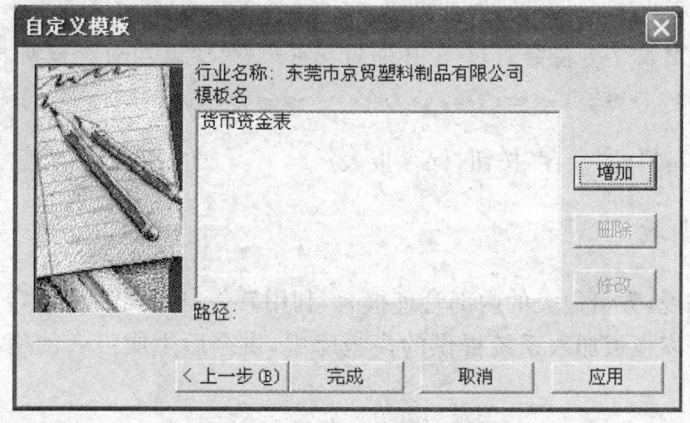

图 3-22　"自定义模板"对话框

(4) 单击"完成",完成自定义货币资金表模板操作。

2. 利用自定义报表模板生成8月份货币资金表

(1) 在"财务报表(试用版)"窗口中,单击工具栏的"新建"图标,系统自动生成一张空白表。

(2) 执行"格式"|"报表模板"命令,打开"报表模板"对话框,在"您所在的行业"下拉列表框中选择"东莞市京贸塑料制品有限公司",在"财务报表"下拉列表框中选择"货币资金表"。

(3) 单击"确定"按钮,弹出"模板格式将覆盖本表格式!是否继续?"提示框,单击"确定"按钮,打开"货币资金表"模板。

(4) 点击窗口左下角的"格式"按钮,切换到数据状态。执行"数据"|"关键字"|"录入"命令,打开"录入关键字"对话框。输入单位名称"东莞市京贸塑料制品有限公司",年"2014",月"08",日"30"。

(5) 单击"确认"按钮,弹出"是否重算第1页?"提示框,单击"是"按钮,系统自动计算并显示数据,生成8月份的货币资金表。如图3-23所示。

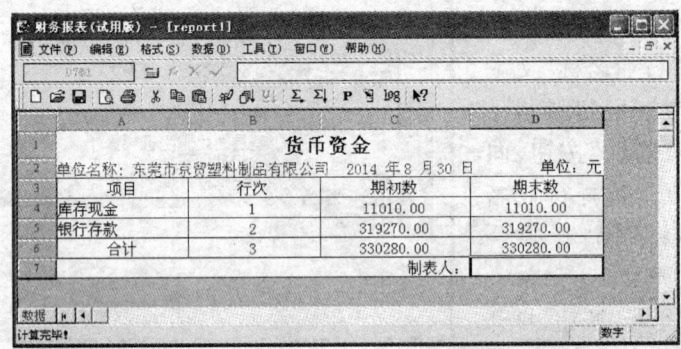

图3-23 "财务报表(试用版)"窗口

 注意

因为系统只有7月份的数据,8月份的数据为空,所以期初数和期末数是相同的。

(6) 单击工具栏的"保存"按钮,保存报表。

 知识点拨

对于企业来说,数量很大的内部管理报表,利用软件自定义后可以定制成报表模板,并可将自定义的报表模板加入系统提供的模板库中,供今后生成报表使用,也可以对其进行修改、删除操作。

 活动训练

填写学习记录表(见表3-7)。

表 3-7　　　　　　　　　　　　学 习 记 录 表

项　　　目	记 录 内 容
自定义报表模板前,需要先做什么准备工作?	
根据自定义的报表模板生成报表,和根据系统自带的模板生成报表有什么区别吗?	

活动成果

操作至此,将本账套数据备份为"任务 3.2 应用报表模板"。

单元 4　操作工资核算模块

单元导读

实施会计电算化后,公司的职工薪酬可以由工资管理系统进行全面的管理,并自动生成财务凭证传递到总账系统中,节约了财务部门的工作量,提高了效率。本单元主要介绍工资管理模块的基本知识和操作方法。内容包括:工资管理系统初始化设置,工资类别管理,工资业务处理,工资核算月末处理。

学习目标

- 能说出工资核算模块的业务流程
- 理解工资核算模块参数的含义
- 能理解工资项目中公式的含义
- 能完成工资核算模块初始化设置
- 会进行工资核算模块日常操作,能处理职工薪酬的计算、结转、分配
- 会进行工资核算模块期末操作
- 会进行查询和打印工资报表的操作
- 养成认真、严谨的工作态度

任务 4.1　工资核算模块初始化

在首次启用工资系统时,需要建立工资应用环境,即设置工资系统参数。工资系统参数将决定工资核算的准确性和及时性,设定后一般不能随意更改。

在启动工资系统之后、处理工资业务之前,必须进行工资系统核算规则的设置。其内容包括设置人员类别、设置工资项目、设置银行名称、建立人员档案、设置工资计算公式等。

活动 4.1.1　设置工资系统参数

活动描述

公司购买的财务软件除了总账模块以外,还购买了工资管理模块,可以用工资管理模

块进行工资的日常管理。在完成任务3的操作后,根据以下给出的资料对工资系统参数进行设置。

工资类别:多个;核算币种:人民币RMB;从工资中扣除个人所得税;不进行扣零处理;人员编码长度:3位;启用月份:2014年7月1日;不预置工资项目。

活动步骤

1. 引入账套

(1)以系统管理员(Admin)身份登录系统管理,在"畅捷通T3-企业管理信息化软件教育专版10.8 Plus1〖系统管理〗"窗口中,执行"账套"|"恢复"命令,弹出"提示信息"提示框,如图4-1所示。

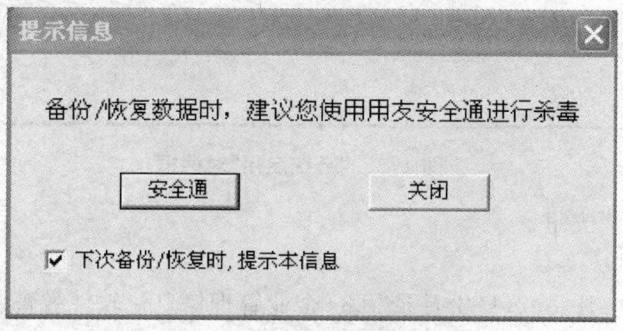

图4-1 "提示信息"提示框

(2)单击"关闭"按钮,打开"恢复账套数据"对话框,打开光盘中任务三"任务3.2应用报表模板"账套备份所在文件夹,选择数据文件"UF2KAct.Lst",单击"打开"按钮,系统弹出"此项操作将覆盖[321]账套当前的所有信息,继续吗?"提示框,如图4-2所示。

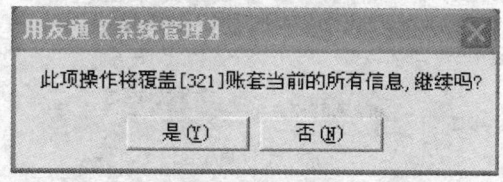

图4-2 "用友通〖系统管理〗"提示框

(3)单击"是"按钮,系统弹出"账套[321]恢复成功!"提示框,单击"确定"按钮。

2. 启用工资管理

(1)以账套主管高山(301)身份登录系统管理,在"畅捷通T3-企业管理信息化软件教育专版10.8 Plus1〖系统管理〗"窗口中,执行"账套"|"启用"命令,打开"系统启用"对话框。

(2)在"系统启用"对话框中,单击选择"工资管理"复选框,打开"日历"选择对话框,选择日期为"2017年07月01日",单击"确定"按钮,系统弹出提示框,单击"是"按钮,完成工资管理系统的启用设置。如图4-3所示。

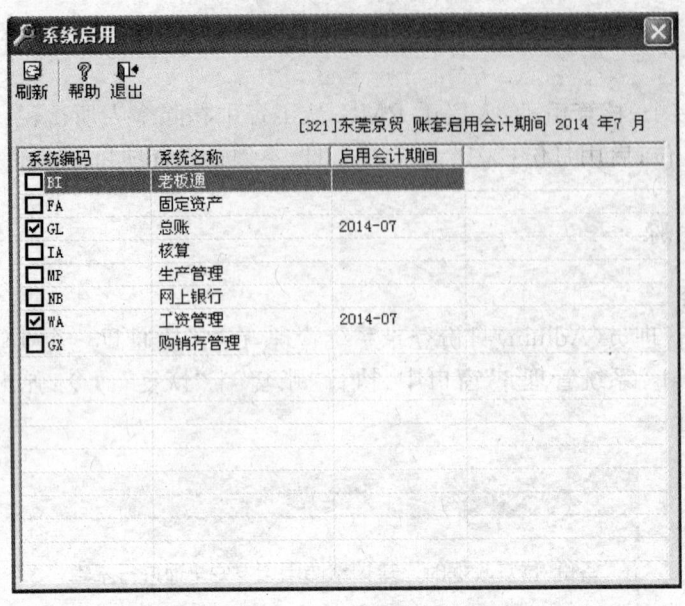

图 4-3 "系统启用"对话框

(3) 单击"退出"按钮。

3. 设置工资系统参数

(1) 以会计李一凡(302)身份登录"T3-企业管理信息化软件教育专版",在"畅捷通 T3-企业管理信息化软件教育专版 10.8 Plus1"窗口中,单击"工资",打开"建立工资套"|"1.参数设置"对话框。如图 4-4 所示。

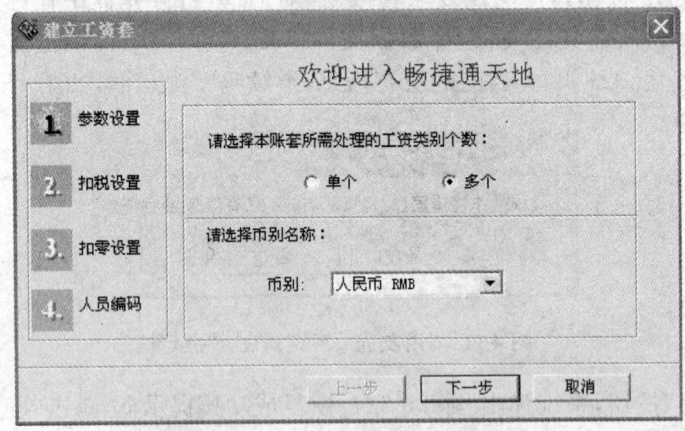

图 4-4 "建立工资套"|"1.参数设置"对话框

(2) 在"建立工资套"|"1.参数设置"对话框中,选择工资类别个数"多个";默认币别名称为"人民币 RMB"。单击"下一步"按钮,打开"建立工资套"|"2.扣税设置"对话框,如图 4-5 所示。

(3) 在"建立工资套"|"2.扣税设置"对话框中,单击选择"是否从工资中代扣个人所得税"复选框。单击"下一步"按钮,打开"建立工资套"|"3.扣零设置"对话框。如图 4-6 所示。

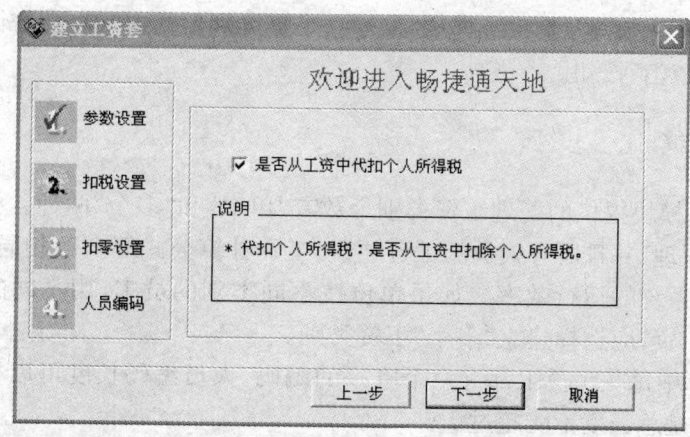

图 4-5 "建立工资套"|"2.扣税设置"对话框

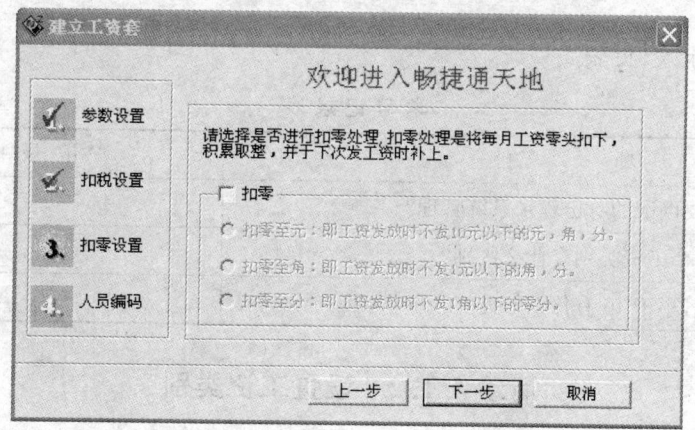

图 4-6 "建立工资套"|"3.扣零设置"对话框

（4）单击"下一步"按钮，打开"建立工资套"|"4.人员编码"对话框，修改"人员编码长度"为"3"；"本账套的启用日期为"框对应选择"2017-07""01"，如图 4-7 示。

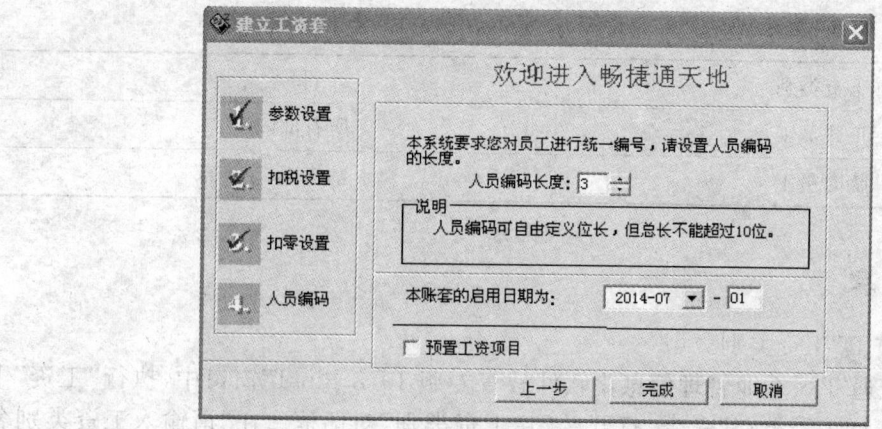

图 4-7 "建立工资套"|"4.人员编码"对话框

(5) 单击"完成"按钮,弹出系统提示"未建立工资类别!"单击"确定"按钮,打开"工资管理"对话框,单击"取消"按钮。

知识点拨

(1) 工资核算模块提供的处理工资类别个数有"单个"和"多个"两种。如果单位对所有人员的工资统一管理,并且所有人员的工资项目、工资计算公式等全部相同,可选择"单个"工资类别,以提高系统的运行效率。如果单位按不同类别的员工,用不同的工资项目和计算公式分别计算工资,应选择建立"多个"工资类别。

(2) 工资核算中每一个员工都有一个唯一的编码,人员编码长度可以根据企业的具体情况自由定义,但是总长度不能超过10。

活动训练

填写学习记录表(见表4-1)。

表4-1 学习记录表

项 目	记 录 内 容
启用工资管理,需要以谁的身份登录系统管理?	
单个工资类别与多个工资类别有什么区别?	
设置人员编码长度,小于10有什么好处?	

活动4.1.2 设置工资类别

活动描述

公司行政部把公司员工分为正式员工和临时员工,按照不同的方法计算工资。根据表4-2给出的资料设置工资类别。

表4-2 工资类别

工资类别	部 门
正式员工	所有部门
临时员工	销售部、生产部

活动步骤

建立"正式员工"工资类别。

(1) 在"畅捷通T3-企业管理信息化软件教育专版10.8 Plus1"窗口中,执行"工资"|"工资类别"|"新增工资类别"命令,打开"新建工资类别"对话框。在"请输入工资类别名称"文本框中输入"正式员工",如图4-8所示。

图 4-8 "新建工资类别"对话框

(2) 单击"下一步"按钮,选取行政部、财务部、采购部、销售部、仓管部和生产车间。如图 4-9 所示。

(3) 单击"完成"按钮,弹出系统提示"是否以 2014-07-01 为当前工资类别的启用日期?"单击"是"按钮返回。

(4) 在"畅捷通 T3-企业管理信息化软件教育专版 10.8 Plus1"窗口中,执行"工资"|"工资类别"|"关闭工资类别"命令,关闭"正式人员"工资类别。

图 4-9 "新建工资类别"对话框

 知识点拨

(1) 工资系统是按照工资类别来进行管理的。每个工资类别下有不同的员工档案、工资项目、工资计算公式、工资变动、工资数据等。

(2) 对于工资类别的操作包括建立工资类别、打开工资类别、删除工资类别和关闭工资类别。

 活动训练

根据活动描述中表 4-2 的资料,继续建立"临时员工"工资类别,并填写学习记录表(见

表 4-3）。

表 4-3　　　　　　　　　　学习记录表

项　　目	记录内容
企业为什么要建立多个工资类别？	
不同工资类别下有哪些不同的核算内容？	

活动 4.1.3　设置工资项目及银行名称

活动描述

公司对员工工资的计算，需要用到不同的工资项目。公司发放工资采用银行代发的形式。请根据以下资料设置工资项目和代发工资的银行名称。

（1）根据表 4-4 给出的资料设置工资项目。

表 4-4　　　　　　　　　　　工 资 项 目

项目名称	类型	长度	小数位数	增减项
上年平均工资	数字	8	2	其他
基本工资	数字	8	2	增项
奖金	数字	8	2	增项
岗位津贴	数字	8	2	增项
应发合计	数字	10	2	增项
请假天数	数字	3	0	其他
请假扣款	数字	8	2	减项
社会保险	数字	10	2	减项
住房公积金	数字	10	2	减项
计税工资	数字	8	2	增项
代扣税	数字	10	2	减项
扣款合计	数字	10	2	减项
实发合计	数字	10	2	增项

（2）设置银行名称为中国建设银行，账号定长为 19 位，录入时需要自动带出账号长度为 17 位。

活动步骤

1. 设置工资核算项目

（1）在"畅捷通 T3-企业管理信息化软件教育专版 10.8 Plus1"窗口中，执行"工资"

"设置"|"工资项目设置"命令,打开"工资项目设置"对话框。如图4-10所示。

(2)在"工资项目设置"对话框中,单击"增加"按钮,在工资项目列表末尾增加一行。

(3)单击"名称参照"下拉列表框的下三角按钮,从下拉列表中选择"基本工资"选项;双击"类型"栏所在单元格,单击"类型"栏下拉三角按钮,在下拉列表中选择"数字"选项;双击"长度"栏所在单元格,单击"长度"栏上微调三角按钮,调整"长度"为"8";双击"小数"栏所在单元格,单击"小数"栏上微调三角按钮,调整"小数"为"2";双击"增减项"栏所在单元格,单击"增减项"栏下拉三角按钮,在下拉列表中选择"增项"选项。

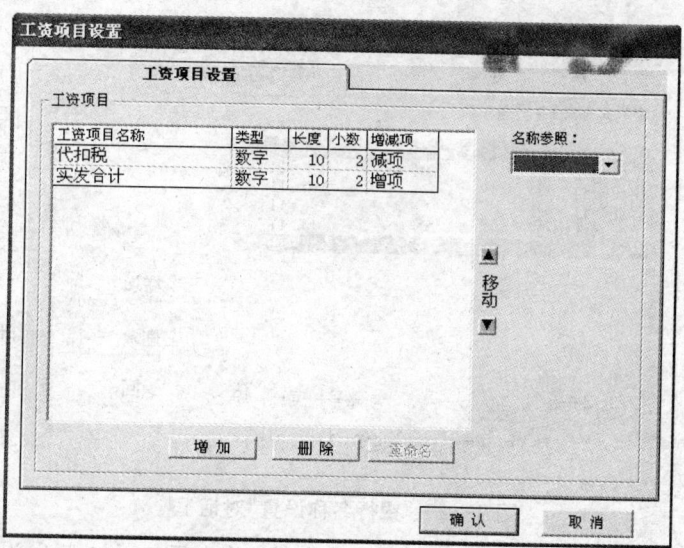

图4-10 "工资项目设置"对话框

(4)重复步骤(3),继续建立其他工资项目。完成工资项目增加后,如图4-11所示。

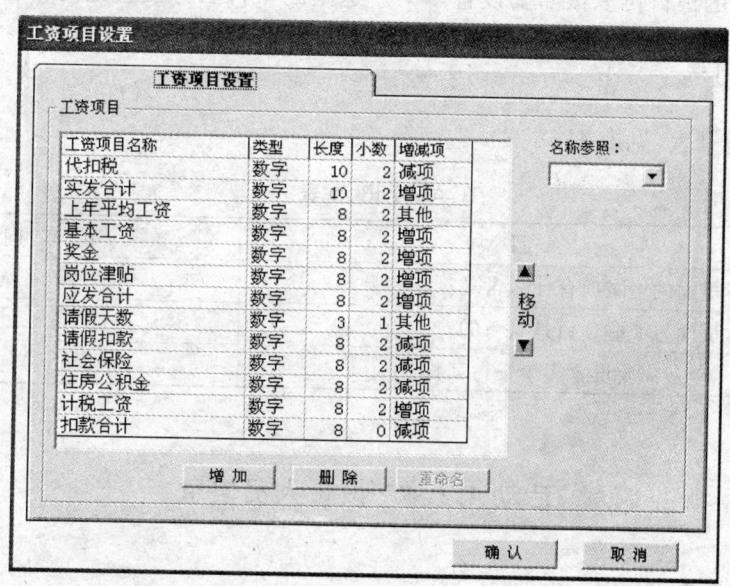

图4-11 "工资项目设置"对话框

(5)单击"确认"按钮,弹出"工资管理"提示框,单击"确认"按钮。

2.设置银行名称

(1)在"畅捷通T3-企业管理信息化软件教育专版10.8 Plus1"窗口中,执行"工资"|"设置"|"银行名称设置"命令,打开"银行名称设置"对话框。如图4-12所示。

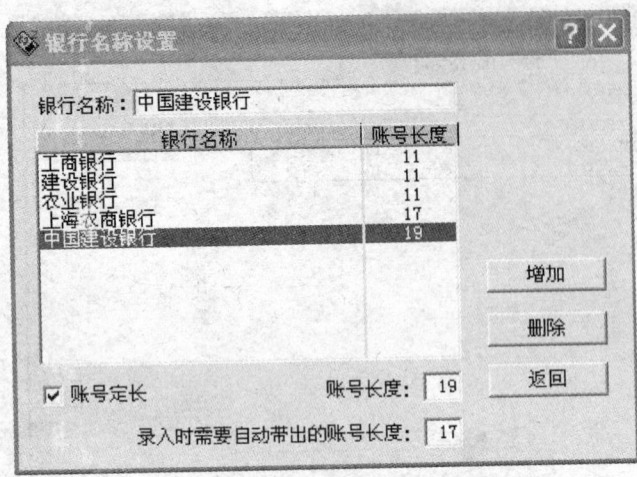

图4-12 "银行名称设置"对话框

(2) 在"银行名称设置"对话框中单击"增加"按钮;在"银行名称"对话框中输入"中国建设银行";选中"账号定长"复选框;在"账号长度"文本框中,输入"19";在"录入时需要自动带出的账号长度"文本框中,输入"17";单击上面已有的银行名称保存。

(3) 单击"返回"按钮,退出。

 知识点拨

(1) 工资项目设置的内容包括工资项目的名称、类型、长度、小数、增减项。系统预先设置了一些必备的工资项目,如应发工资、扣款合计、实发工资等。其他项目可以根据企业的实际情况增加。在此设置的工资项目是针对所有工资类别的全部工资项目。

(2) 工资项目设置里面的增减项,增项默认为"应发合计"的构成项,减项默认为"扣款合计"的构成项。

(3) 发工资的银行可以按需要设置多个。这里的银行名称设置是对所有的工资类别。

 活动训练

填写学习记录表(见表4-5)。

表4-5　　　　　　　　学习记录表

项　　目	记 录 内 容
工资项目设置里面的增减项有什么含义?	
工资项目设置里面有哪些项目是必备的?	
在什么情况下,企业需要设置多个银行名称?	

活动4.1.4　设置人员信息

 活动描述

公司为了便于工资的汇总计算,把公司员工分成管理人员,普通员工和生产工人三个人员类别。所有员工又分为正式员工和临时员工两个工资类别。请根据以下资料设置人员类别、人员附加信息和人员档案。

1. 人员类别设置

设置管理人员、普通员工、生产工人三种人员类别。

2. 人员附加信息设置

增加"性别"作为人员附加信息。

3. 正式人员和临时工档案（见表4-6和表4-7）

表4-6　　　　　　　　　　　　　　　　正式员工档案

人员编号	人员姓名	性别	部门名称	人员类别	账号	中方人员	是否计税
101	李　明	男	行政部	管理人员	6227003232810070001	是	是
102	刘　明	男	行政部	普通员工	6227003232810070002	是	是
103	朱梅颖	女	行政部	普通员工	6227003232810070003	是	是
201	高　山	男	财务部	管理人员	6227003232810070004	是	是
202	张　晴	女	财务部	普通员工	6227003232810070005	是	是
203	李一凡	男	财务部	普通员工	6227003232810070006	是	是
301	张　成	男	采购部	管理人员	6227003232810070007	是	是
302	王　明	男	采购部	普通员工	6227003232810070008	是	是
401	李大兵	男	销售部	管理人员	6227003232810070009	是	是
402	周迪生	男	销售部	普通员工	6227003232810070010	是	是
501	王国勤	男	仓管部	管理人员	6227003232810070011	是	是
502	齐　铭	男	仓管部	普通员工	6227003232810070012	是	是
601	马金龙	男	车间管理部	管理人员	6227003232810070013	是	是
602	邹佩亮	男	饭盒组	生产工人	6227003232810070014	是	是
603	刘玉海	女	饭盒组	生产工人	6227003232810070015	是	是
604	方　建	男	饭盒组	生产工人	6227003232810070016	是	是
605	石建国	男	饭盒组	生产工人	6227003232810070017	是	是
606	张　山	男	密封盒组	生产工人	6227003232810070018	是	是
607	李　式	男	密封盒组	生产工人	6227003232810070019	是	是
608	刘建华	女	密封盒组	生产工人	6227003232810070020	是	是
609	钟俊雅	男	密封盒组	生产工人	6227003232810070021	是	是
610	胡　欣	男	水杯组	生产工人	6227003232810070022	是	是
611	林森杰	男	水杯组	生产工人	6227003232810070023	是	是
612	周　权	男	水杯组	生产工人	6227003232810070024	是	是
613	叶　晓	女	水杯组	生产工人	6227003232810070025	是	是

注：以上所有人员的代发银行均为中国建设银行东莞分行建业支行。

表 4-7 临时员工档案

人员编号	人员姓名	部门名称	人员类别	账号	中方人员	是否计税
401	杨雅坤	销售部	普通员工		是	是
601	李大明	饭盒组	普通员工		是	是

活动步骤

1. 设置部人员类别

（1）在"畅捷通 T3-企业管理信息化软件教育专版 10.8 Plus1"窗口中，执行"工资"|"设置"|"人员类别设置"命令，打开"类别设置"对话框。如图 4-13 所示。

（2）在"类别设置"对话框中，单击"增加"按钮；在"类别"文本框中输入"管理人员"。

（3）重复步骤（2），继续增加"普通员工"和"生产工人"两个人员类别。

（4）增加完成，单击"返回"按钮，退出。

2. 设置人员附加信息

（1）在"畅捷通 T3-企业管理信息化软件教育专版 10.8 Plus1"窗口中，执行"工资"|"设置"|"人员附加信息设置"命令，打开"人员附加信息设置"对话框。如图 4-14 所示。

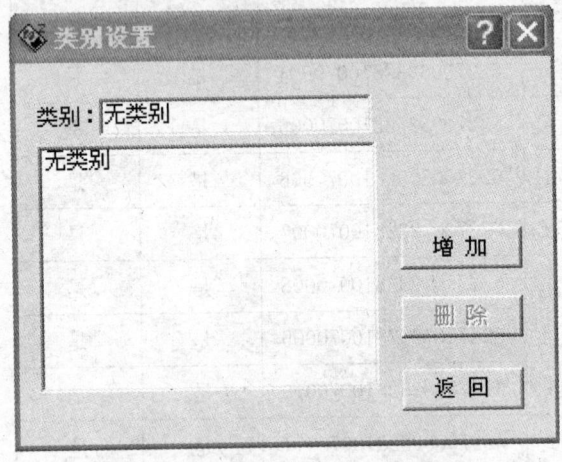

图 4-13 "类别设置"对话框

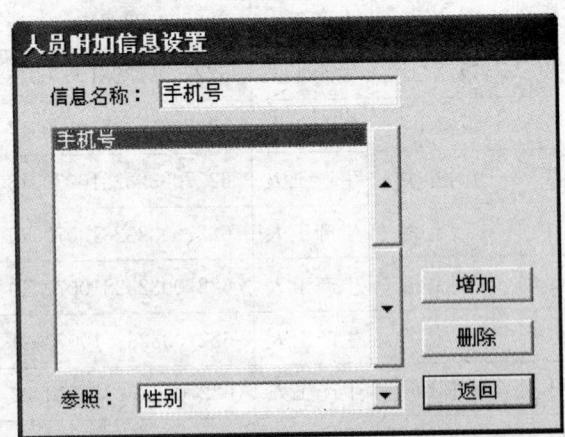

图 4-14 "人员附加信息设置"对话框

（2）在"人员附加信息设置"对话框中，单击"删除"按钮，弹出"工资管理"对话框，单击"是"按钮；单击"增加"按钮，在"参照"下拉列表中选择"性别"；单击"返回"按钮，退出。

3. 设置人员档案

(1) 在"畅捷通 T3-企业管理信息化软件教育专版 10.8 Plus1"窗口中,执行"工资"|"工资类别"|"打开工资类别"命令,打开"打开工资类别"对话框。如图 4-15 所示。

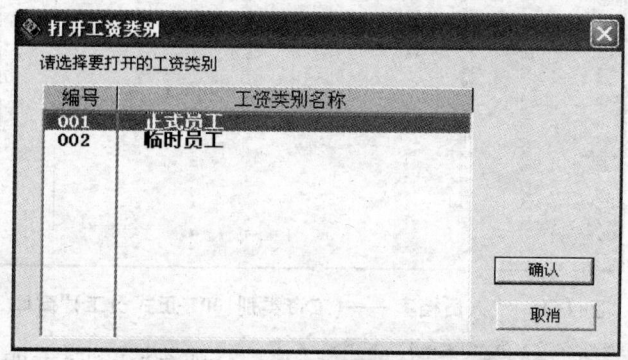

图 4-15 "打开工资类别"对话框

(2) 在"打开工资类别"对话框中选择"001 正式员工"工资类别,单击"确认"按钮。

(3) 在"畅捷通 T3-企业管理信息化软件教育专版 10.8 Plus1"窗口中,执行"工资"|"设置"|"人员档案"命令,打开"人员档案——(工资类别:001 正式员工)"窗口。如图 4-16 所示。

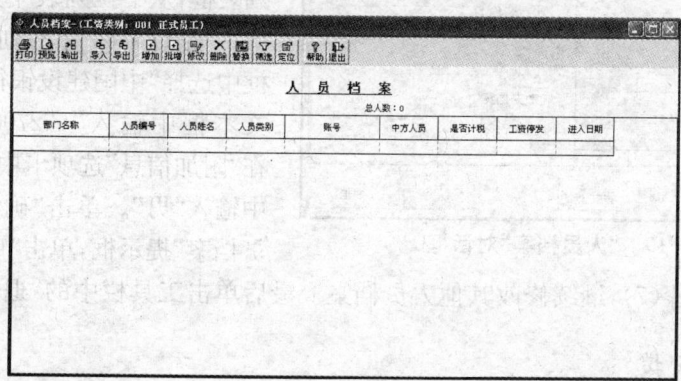

图 4-16 "人员档案——(工资类别:001 正式员工)"窗口

(4) 在"人员档案——(工资类别:001 正式员工)"窗口中,单击工具栏中的"批增"按钮,打开"人员批量增加"对话框。如图 4-17 所示。

(5) 在"人员批量增加"对话框中,在所有部门前的选择框中打"√",单击"确定"按钮。如图 4-18 所示。

(6) 在"人员档案——(工资类别:001 正式员工)"窗口中,单击"人

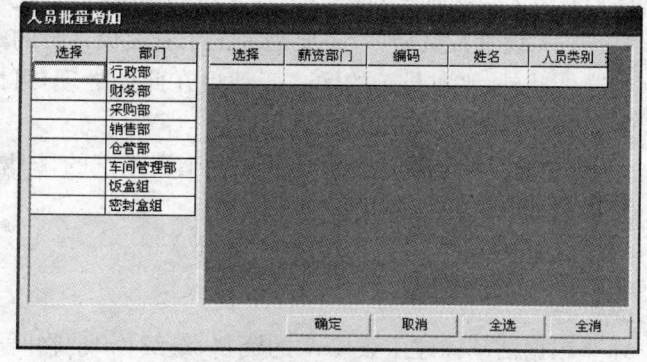

图 4-17 "人员批量增加"对话框

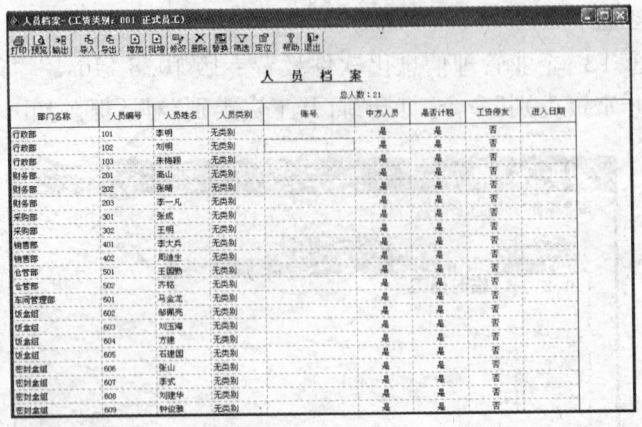

图 4-18 "人员档案——(工资类别:001 正式员工)"窗口

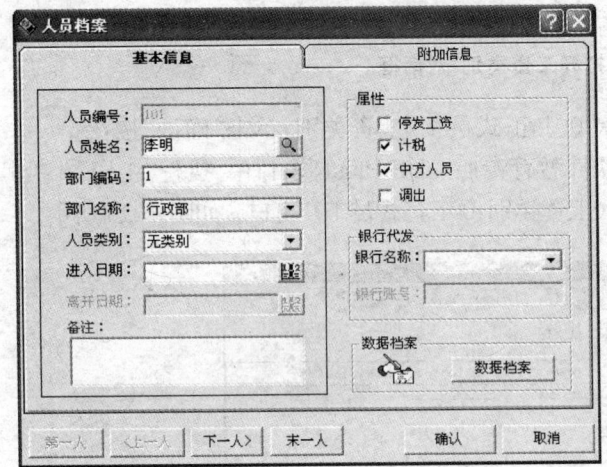

图 4-19 "人员档案"对话框

员姓名"中的"李明";单击工具栏中的"修改"按钮,打开"人员档案"对话框,如图 4-19 所示。

(7) 在"人员档案"对话框中,在"基本信息"选项卡中,单击"人员类别"下拉列表框,从下拉列表中选择"管理人员";单击"银行名称"下拉列表框,从下拉列表框中选择"中国建设银行";在"银行账号"文本框中输入"6227003232810070001";在"附加信息"选项卡中,在"性别"文本框中输入"男"。单击"确认"按钮,弹出"人员档案"提示框,单击"确定"按钮。

(8) 重复步骤(7),继续修改其他人员档案。最后单击工具栏中的"退出"按钮。

 知识点拨

(1) 人员类别与工资费用的分配和分摊有关,以便于按人员类别进行工资汇总计算。

(2) 人员附加信息可以丰富人员档案的内容,便于对人员进行更加有效的管理。

(3) 设置人员档案,主要是登记工资发放人员的姓名、职工编码、所在部门、人员类别等信息。此外,平时员工的增减变动也在此处处理,可以单个增加人员档案或者删除人员档案,这样可以加强职工的工资管理。

人员档案的操作是针对于某个工资类别的,即增加人员档案前,必须先打开相应的工资的类别。

 活动训练

根据活动描述中表 4-7 的资料,继续修改"临时员工"的人员档案,并填写学习记录表(见表 4-8)。

表 4-8　　　　　　　　　　　　学习记录表

项　目	记 录 内 容
人员类别与工资费用的分配有什么关系？	
为什么增加人员档案前,必须先打开相应的工资的类别？	
批增的人员档案信息是从哪里来的？	

活动 4.1.5　选择工资项目及设置计算公式

 活动描述

公司在计算员工的工资时,对于不同的工资类别,采用不同的计算方法,这就需要用到不同的工资项目。所以对不同的工资类别,还需要选择适用的工资项目,并根据不同的计算方法,设置计算公式。根据表 4-9 给出的资料选择工资项目,根据表 4-10 和表 4-11 给出的资料设置正式员工和临时员工的工资计算公式。

表 4-9　　　　　　　　　　　　选择工资项目

工资类别	工资项目
正式员工	上年平均工资、基本工资、奖金、岗位津贴、应发合计、请假天数、请假扣款、社会保险、住房公积金、计税工资、代扣税、扣款合计、实发合计。
临时员工	基本工资、请假天数、请假扣款。

表 4-10　　　　　　　　　　　正式员工工资计算公式

工资项目	定义公式
请假扣款	请假天数*50
社会保险	上年平均工资*(0.08+0.005+0.005)
住房公积金	上年平均工资*0.07
岗位津贴	iff(人员类别="管理人员",1200,iff(人员类别="普通员工",800,600))
应发合计	基本工资+奖金+岗位津贴
计税工资	应发合计-请假扣款-社会保险-住房公积金
扣款合计	请假扣款+社会保险+住房公积金+代扣税
实发合计	应发合计-扣款合计

表 4-11　　　　　　　　　　　临时员工工资计算公式

工资项目	定义公式
请假扣款	请假天数*50
应发合计	基本工资-请假扣款

活动步骤

1. 选择工资项目

(1) 在"畅捷通 T3-企业管理信息化软件教育专版 10.8 Plus1"窗口中,执行"工资"|"工资类别"|"打开工资类别"命令,打开"打开工资类别"对话框。

(2) 在"打开工资类别"对话框中选择"001 正式员工"工资类别,单击"确认"按钮。

(3) 在"畅捷通 T3-企业管理信息化软件教育专版 10.8 Plus1"窗口中,执行"工资"|"设置"|"工资项目设置"命令,打开"工资项目设置"对话框。如图 4-20 所示。

(4) 在"工资项目设置"选项卡中,单击"增加"按钮,工资项目列表中增加一空行。单击"名称参照"下拉列表看,从列表中选择"基本工资"选项,工资项目名称,类型、长度、小数、增减项都自动带出,不能修改。

(5) 重复步骤(4),继续选择其他工资项目。

(6) 单击选中一个工资项目,单击工资项目列表右侧的向上、向下箭头,按照表 4-1 调整工资项目的排列顺序,如图 4-21 所示。

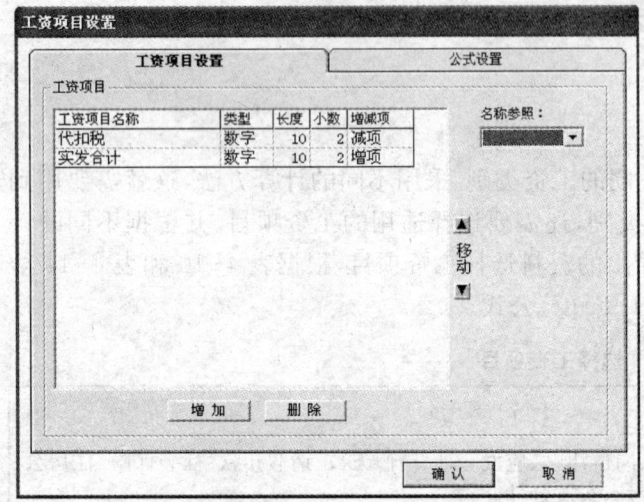

图 4-20 "工资项目设置"对话框

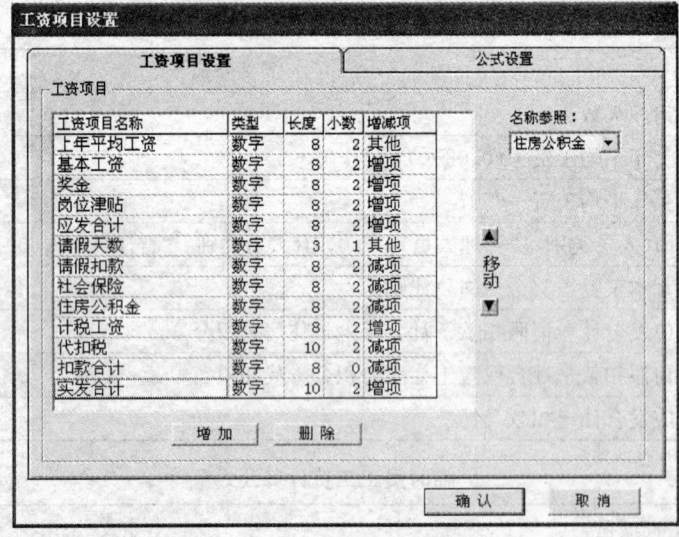

图 4-21 "工资项目设置"对话框

2. 设置工资计算公式

(1) 在"工资项目设置"对话框中,点击"公式设置"选项卡。

（2）单击"增加"按钮，在工资项目列表中增加一空白选项；单击空白选项栏的下拉三角，在下拉列表框中选择"请假扣款"选项。

（3）单击"请假扣款公式定义"文本框，在"公式输入参照"区域，单击"工资项目"选项区域的"请假天数"选项；单击"运算符选项区域"的"＊"；再单击  按钮，分别单击数字"5"、"0"。

（4）在"请假扣款公式定义"区域，单击"公式确认"按钮。

> **注意**
>
> 公式输入完毕后，必须单击"公式确认"按钮，进行合法性检查，以保证公式正确。但是单击"公式确认"按钮后，公式并未保存，必须单击"工资项目设置"对话框的"确认"按钮保存公式。

（5）重复步骤（2）～（4），继续输入其他计算公式。单击"确认"按钮，保存公式设置。如图4-22所示。

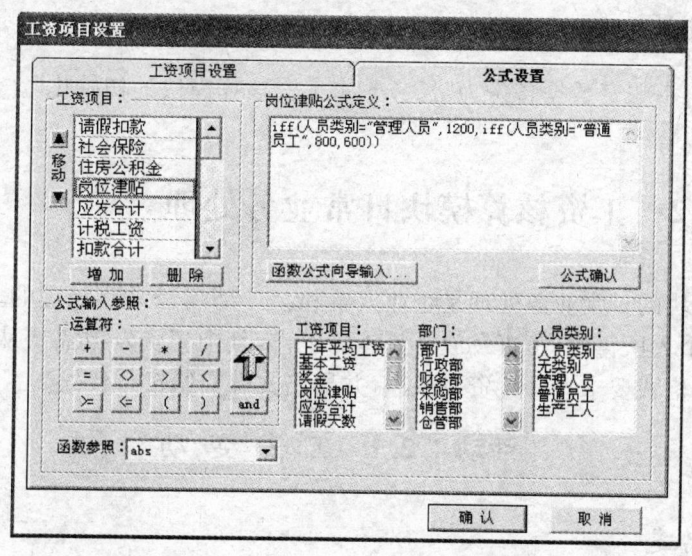

图 4-22 "工资项目设置"对话框

知识点拨

（1）活动4.1.3里面设置的工资项目包括所有工资类别所需要的全部工资项目。但是由于不同的工资类别所需要的工资项目可能不同，因此应对每一个工资类别所需要的工资项目进行选择。这里只能选择系统已经设置的工资项目，不可自行输入。工资项目的类型、长度、小数和增减项等，在这里也不可更改。

（2）设置计算公式就是定义某些工资项目的计算公式及工资项目之间的运算关系。设置公式可以选择工资项目、运算符、关系符、函数来组合公式。工资项目计算公式的输入方法有直接输入、参照输入和函数公式向导输入。定义公式时要注意先后顺序,先得到的数据应先设置公式。可以通过单击公式框的"▲"、"▼"来调整计算公式的顺序。定义工资项目计算公式时系统会对公式进行合法性检查,不符合逻辑的公式系统将给出错误提示。

 活动训练

请继续根据表4-9给出的资料完成临时员工的工资项目选择,根据表4-11给出的资料完成临时员工的工资计算公式的设置,并填写学习记录表(见表4-12)。

表4-12　　　　　　　　　　　学习记录表

项　　目	记录内容
本活动的选择工资项目和之前的设置工资项目的软件操作界面有什么区别?	
工资项目计算公式的输入方法有哪几种?	
你都学会了利用哪些函数设置工资计算公式?	

 活动成果

操作至此,将本账套数据备份为"任务4.1 工资核算模块的初始化"。

任务4.2　工资核算模块日常业务处理

工资核算模块的日常业务处理是企业人事和会计部门经常要处理的工作,主要包括工资的变动、代扣个人所得税、工资发放等具体的工作,其中工资发放需要从工资核算模块中根据银行的数据格式要求设计工资发放表,并导出文件交给银行代发。

活动4.2.1　工 资 变 动

 活动描述

(1) 7月初企业员工的基本工资情况见表4-13和表4-14,请根据表中所给出的资料,输入员工的基本工资情况。

表4-13　　　　　　　　　　正式员工基本工资情况

人员编号	姓名	上年平均工资	基本工资
101	李明	6 200.00	5 000.00
102	刘明	3 400.00	2 800.00
103	朱梅颖	3 400.00	2 800.00

(续表)

人员编号	姓名	上年平均工资	基本工资
201	高 山	6 000.00	4 800.00
202	张 晴	3 400.00	2 800.00
203	李一凡	3 400.00	2 800.00
301	张 成	4 700.00	3 500.00
302	王 明	3 400.00	2 800.00
401	李大兵	4 700.00	3 500.00
402	周迪生	3 400.00	2 800.00
501	王国勤	4 700.00	3 500.00
502	齐 铭	3 400.00	2 800.00
601	马金龙	4 700.00	3 500.00
602	邹佩亮	2 800.00	2 000.00
603	刘玉海	2 800.00	2 000.00
604	方 建	2 800.00	2 000.00
605	石建国	2 800.00	2 000.00
606	张 山	2 800.00	2 000.00
607	李 式	2 800.00	2 000.00
608	刘建华	2 800.00	2 000.00
609	钟俊雅	2 800.00	2 000.00
610	胡 欣	2 800.00	2 000.00
611	林森杰	2 800.00	2 000.00
612	周 权	2 800.00	2 000.00
613	叶 晓	2 800.00	2 000.00
合 计		88 400.00	67 400.00

表 4-14　　　　　　　　　　　临时员工基本工资情况

姓 名	基本工资
杨雅坤	3 000
李大明	3 200

（2）7月份工资变动情况。①考勤情况：张晴请假2天；石建国请假1天；钟俊雅请假3天。②上半年超额完成任务，经批准正式员工发奖金如下：管理人员800元，普通员工500元，生产工人600元。

活动步骤

1. 录入正式人员基本工资数据

（1）在"畅捷通 T3-企业管理信息化软件教育专版 10.8 Plus1"窗口中，执行"工资"｜"工资类别"｜"打开工资类别"命令，打开"打开工资类别"对话框，选择"001 正式员工"工资类别，单击"确认"按钮，打开"正式员工"工资类别。

（2）在"畅捷通 T3-企业管理信息化软件教育专版 10.8 Plus1"窗口中，执行"工资"｜"业务处理"｜"工资变动"命令，进入"工资变动"窗口。

（3）在"工资变动"窗口中，单击"过滤器"下拉列表框的下三角按钮，在下拉列表中选择"过滤设置"选项，打开"项目过滤"对话框。

（4）在"项目过滤"对话框中，在"工资项目"中选择"上年平均工资"和"基本工资"，单击 > 按钮，进入"已选项目"列表框中，如图 4-23 所示。

图 4-23 "项目过滤"对话框

（5）单击"确认"按钮，返回"工资变动窗口"；输入"正式人员"的"上年平均工资"和"基本工资"两个工资项目的工资数据。如图 4-24 所示。

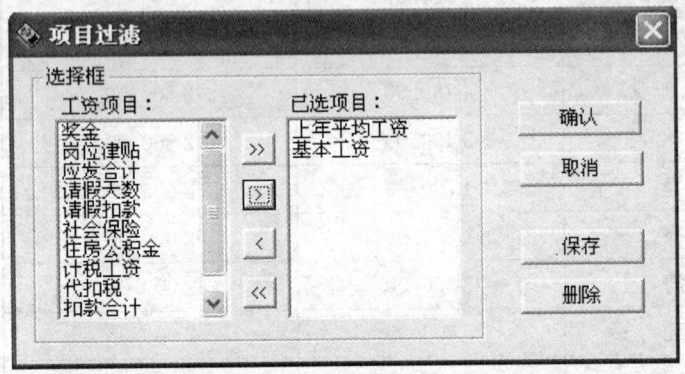

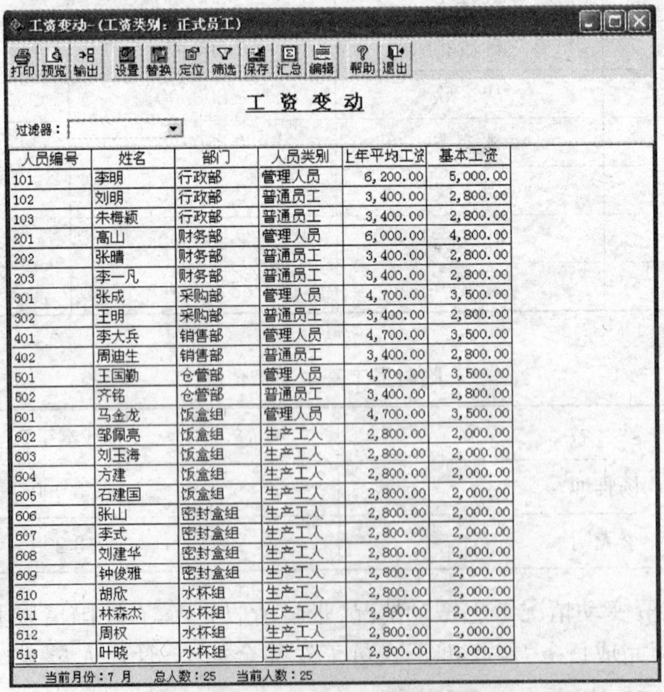

图 4-24 工资变动——(工资类别：正式类别)窗口

(6)单击"过滤器"下拉列表框的下三角按钮,在下拉列表中选择"所有项目"选项,屏幕上显示所有工资项目。

2. 输入正式员工工资变动数据

(1)在"工资变动"表中的"请假天数项目"中输入,张晴的请假天数为"2"天,石建国的请假天数为"1"天,钟俊雅的请假天数为"3"天。

(2)在"工资变动"窗口中,单击"工具栏"的"替换"按钮,打开"工资项数据替换"对话框,单击打开"将工资项目"下拉列表,选择"奖金",在"替换成"文本框中输入"800",在"替换条件"区域中,分别选择:"人员类别"、"="、"管理人员",如图4-25所示。

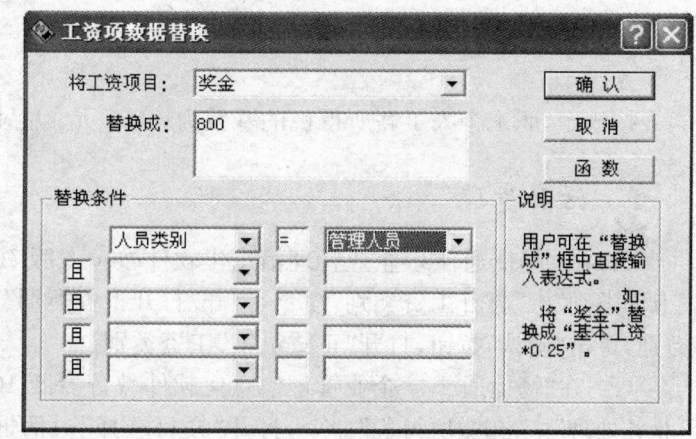

图4-25 "工资项数据替换"对话框

(3)在"工资变动"窗口中,单击"确认"按钮,系统弹出"数据替换后将不可恢复。是否继续?"提示框,单击"是"按钮,系统弹出"6条记录被替换,是否重新计算?"单击"是"按钮。

(4)重复步骤(2)和(3),继续完成普通员工和生产工人的"奖金"替换。

 知识点拨

(1)过滤器如果只对工资项目中的某一个或几个项目修改,可以将需要修改的项目过滤出来。对于常用到的过滤项目可以在项目过滤选择后,输入一个名称进行保存,以后可以通过过滤项目名称调用。

(2)工资数据的调整一般是指日常工资业务中对员工工资数据的增加、减少等情况的调整。一般可以通过"数据过滤"、"定位"、"数据替换"等功能来完成,也可以在工资变动表中直接修改。

 活动训练

根据表4-14提供的资料继续完成临时员工基本工资数据的录入,填写学习记录表(见表4-15)。

表4-15　　　　　　　　　　　　学习记录表

项　　目	记录内容
哪些工资项目的数据是每个月都要进行修改的?	
数据替换一般在什么情况下可以使用?	

活动 4.2.2 代扣个人所得税

活动描述

按规定,职工个人工薪所得税的基数为 3 500 元。企业在发工资时需要进行代扣代缴。

活动步骤

(1) 在"畅捷通 T3-企业管理信息化软件教育专版 10.8 Plus1"窗口中,执行"工资"|"工资类别"|"打开工资类别"命令,打开"打开工资类别"对话框,选择"001 正式员工"工资类别,单击"确认"按钮,打开"正式员工"工资类别。

(2) 在"畅捷通 T3-企业管理信息化软件教育专版 10.8 Plus1"窗口中,执行"工资"|"业务处理"|"扣缴所得税"命令,打开"栏目选择"对话框,点击"实发工资"下拉列表框的下三角按钮,在下拉列表中选择"计税工资"选项。如图 4-26 所示。

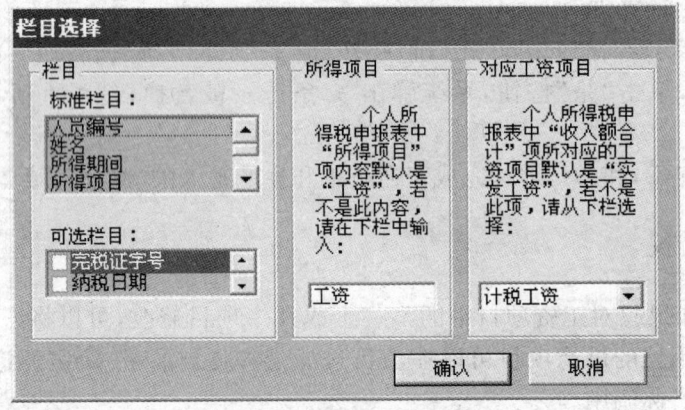

图 4-26 "栏目选择"对话框

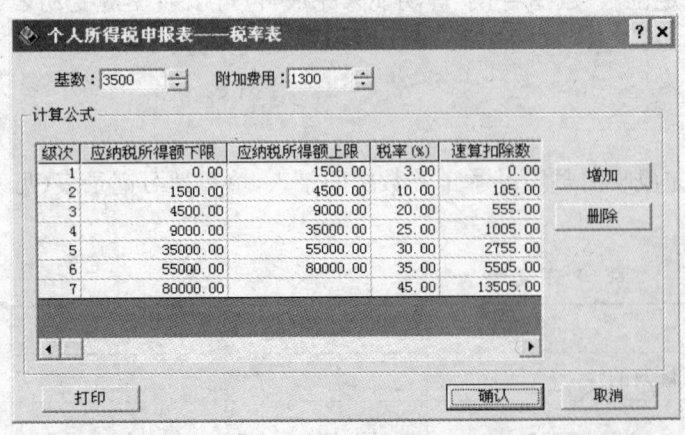

图 4-27 "个人所得税申报表——税率表"对话框

(3) 单击"确认"按钮,弹出"是否重算数据?"提示框,单击"是"按钮,进入"个人所得税"窗口。

(4) 在"个人所得税"窗口中,单击 ,可以打开"个人所得税申报表——税率表"对话框,可以查看和修改"税率"、"基数"和"附加费用"。如图 4-27 所示。

(5) 单击"确认"按钮,弹出"是否重新计算个人所得税?"提示框,单击"是"按钮,系统重新计算"个人所得税扣缴申报表"。

(6) 单击"退出"按钮,退出"个人所得税"窗口。

 知识点拨

(1) 软件系统内置了计算个人所得税的起征点和税率表。如果国家的税收政策发生变化,可以修改"基数"、"附加费用"和税率表。

(2) 系统默认"实发工资"作为扣税基数,但是企业可以根据实际情况选择合适的工资项目作为扣税基数。

 活动训练

请继续完成临时员工的代扣个人所得税的处理(计税基数为实发合计),并填写学习记录表(见表4-16)。

表4-16　　　　　　　　　　　　学习记录表

项　　　目	记　录　内　容
我们国家的个人所得税的起征点变化过几次?	
应该如何计算个人所得税的扣税基数?	

活动4.2.3　工　资　发　放

 活动描述

到了要发工资的时候了,请做好以下两项工作:
(1) 汇总本月工资数据。
(2) 根据表4-17生成银行代发的文件。

表4-17　　　　　　　　　　　　银　行　代　发

银行模板	中国建设银行
账号总长度	19
文件方式设置	TXT(定长文件)

 活动步骤

1. 工资数据汇总

(1) 在"畅捷通 T3-企业管理信息化软件教育专版 10.8 Plus1"窗口中,执行"工资"|"工资类别"|"打开工资类别"命令,打开"打开工资类别"对话框,选择"001 正式员工"工资类别,单击"确认"按钮,打开"正式员工"工资类别。

（2）在"畅捷通T3-企业管理信息化软件教育专版10.8 Plus1"窗口中，执行"工资"｜"业务处理"｜"工资变动"命令，进入"工资变动"窗口。

（3）在"工资变动"窗口中，单击"汇总"按钮，汇总工资数据，结果如图4-28所示。

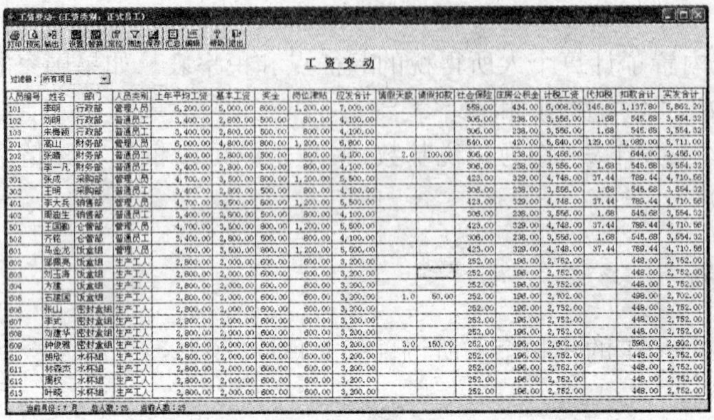

图4-28 "工资变动"窗口

2. 银行代发

（1）在"畅捷通T3-企业管理信息化软件教育专版10.8 Plus1"窗口中，执行"工资"｜"业务处理"｜"银行代发"命令，打开"银行代发"窗口，弹出"银行文件格式设置"对话框。如图4-29所示。

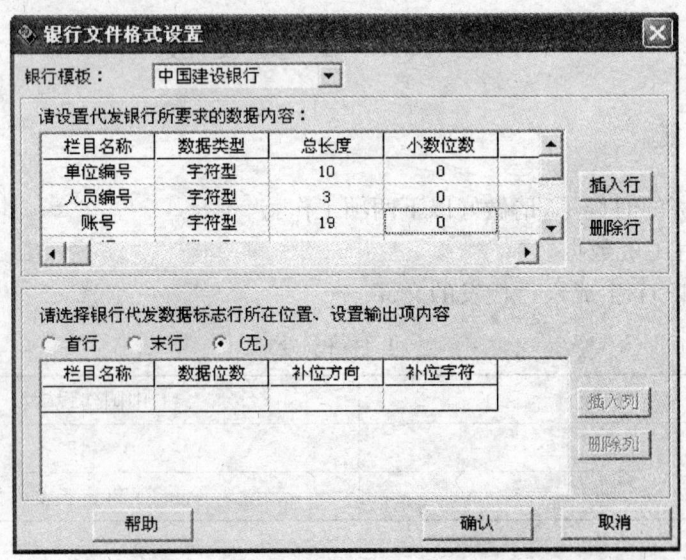

图4-29 "银行文件格式设置"对话框

（2）在"银行文件格式设置"对话框中，单击"银行模板"选项栏的下拉三角，在下拉列表框中选择"中国建设银行"选项；双击账号的总长度"11"，修改为"19"。

（3）单击"确认"按钮，弹出"确认设置的银行文件格式"提示框，点击"是"按钮。返回"银行代发"窗口如图4-30所示。

图 4-30 "银行代发"窗口

(4) 在"银行代发"窗口,点击工具栏的"方式"按钮,打开"文件方式设置"对话框,在"常规"选项卡中选择"TXT(定长文件)",点击"确认"按钮,弹出"确认当前设置文件格式?"提示框,点击"是"按钮。

(5) 在"银行代发"窗口,点击工具栏的"传输"按钮,打开"数据输出"对话框,选择指定的目标文件夹,单击"保存"按钮。

(6) 单击"退出"按钮,退出"银行代发"窗口。

 知识点拨

(1) 银行代发工资既减轻了财务部门发放工资的繁重工作,又可以有效地避免去银行提取大笔款项所承担的风险,还可以提高对员工个人工资的保密程度。

(2) 采用银行代发工资方式,需要进行银行代发文件格式设置和银行代发输出格式设置。

 活动训练

请继续完成临时员工的工资汇总处理并生成银行代发文件,并填写学习记录表(见表4-18)。

表 4-18　学习记录表

项　目	记录内容
工资数据汇总有什么作用？	
银行代发工资有什么好处？	
银行代发文件格式和银行代发输出格式有什么区别？	

活动成果

操作至此,将本账套数据备份为"任务 4.2 工资核算模块日常业务处理"。

任务 4.3　工资核算模块期末处理

月末企业要对各部门、各类人员的工资费用进行分配核算,通过工资系统可以设置各项费用计提基数和计提比例,并自动生成记账凭证传递到总账。

活动 4.3.1　工资分摊与费用计提

活动描述

请根据表 4-19 和表 4-20 给出的资料进行正式员工工资分摊设置。

表 4-19　　　　　　　　正式员工工资费用分配明细　　　　　　　　单位:元

工资分摊部门		应付职工薪酬——工资(100%)		社会保险(8%+0.5%+0.5%)		住房公积金(7%)	
		借方	贷方	借方	贷方	借方	贷方
行政部、财务部、采购部、仓管部	管理人员、普通员工	560 209	221 101	560 209	221 104	560 209	221 105
销售部	管理人员、普通员工	560 107	221 101	560 107	221 104	560 107	221 105
生产车间	管理人员	410 101	221 101	410 101	221 104	410 101	221 105
	生产工人	400 102	221 101	400 102	221 104	400 102	221 105

表 4-20　　　　　　　　临时员工工资费用分配明细　　　　　　　　单位:元

工资分摊部门		应付职工薪酬——工资(100%)	
		借方	贷方
销售部	普通员工	560 107	221 101
生产车间	生产工人	400 102	221 101

活动步骤

1. 设置计提费用类型和计提基数

(1) 以会计李一凡(302)身份登录"T3-企业管理信息化软件教育专版",在"畅捷通 T3-企业管理信息化软件教育专版10.8 Plus1"窗口中,单击"工资"弹出"工资管理"对话框,点击"001 正式员工",单击"确定"按钮,打开"正式员工"工资类别。

(2) 执行"工资"|"业务处理"|"工资分摊"命令,打开"工资分摊"对话框。如图 4-31 所示。

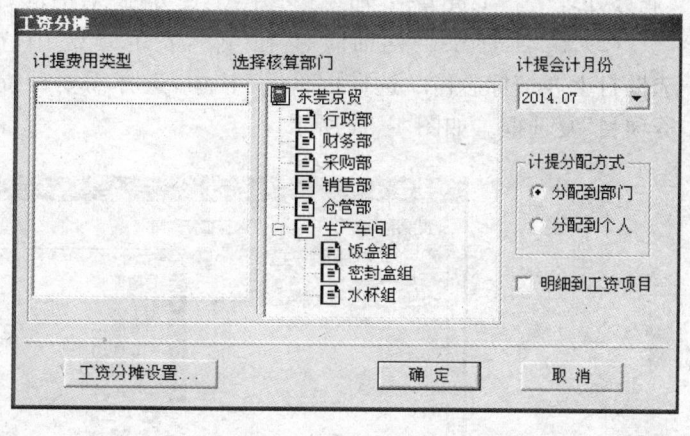

图 4-31 "工资分摊"对话框

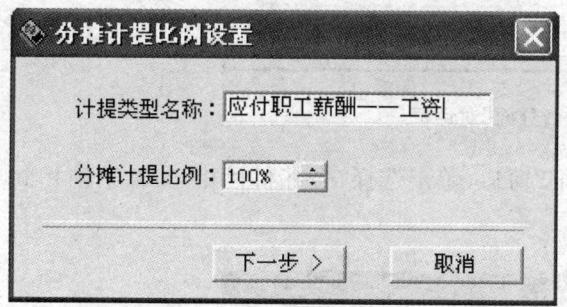

图 4-32 "分摊计提比例设置"对话框

(3) 在"工资分摊"对话框中,单击"工资分摊设置"按钮,打开"分摊类型设置"对话框。

(4) 单击"增加"按钮,打开"分摊计提比例设置"对话框,在"计提类型名称"文本框中输入"应付职工薪酬——工资",设置"分摊计提比例"为"100%"。如图 4-32 所示。

(5) 在"分摊计提比例设置"对话框中,单击"下一步"按钮,打开"分摊构成设置"对话框;按照活动资料内容,分别选择分摊构成设置的各个项目的内容,如图 4-33 所示。

部门名称	人员类别	项目	借方科目	贷方科目
行政部,财务部,采	管理人员	应发合计	560209	221101
行政部,财务部,采	普通员工	应发合计	560209	221101
销售部	管理人员	应发合计	560107	221101
销售部	普通员工	应发合计	560107	221101
饭盒组	管理人员	应发合计	410101	221101
饭盒组,密封盒组,	生产工人	应发合计	400102	221101

图 4-33 "分摊计提比例设置"对话框

(6) 单击"完成"按钮,返回"分摊类型设置"对话框。
(7) 重复步骤(4)~(6),继续完成其他工资费用分摊设置。

(8)单击"返回"按钮,返回"工资分摊"对话框。

2. 生成凭证

(1)在"畅捷通T3-企业管理信息化软件教育专版10.8 Plus1"窗口中,执行"工资"|"业务处理"|"工资分摊"命令,打开"工资分摊"对话框。

(2)在"工资分摊"对话框中,在"计提费用类型"中,在需要生成凭证的费用类型前的复选框打上"√"标志,在"选择核算部门"中,选择需要计提费用的部门,单击选择"明细到工资项目"复选框。如图4-34所示。

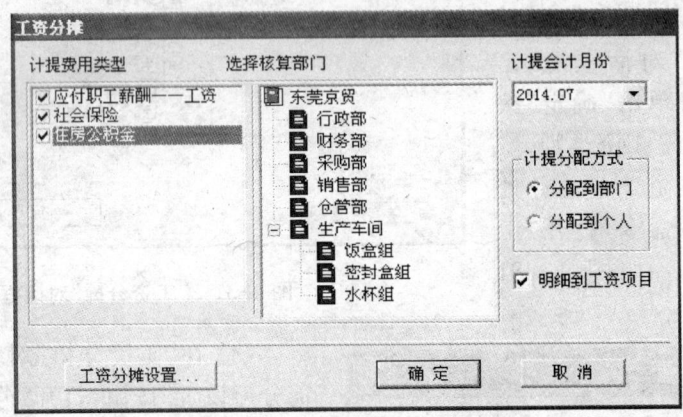

图4-34 "工资分摊"对话框

(3)单击"确定"按钮,进入"工资分摊明细"窗口,单击选择"合并科目相同,辅助项相同的分录"复选框,如图4-35所示。

图4-35 "工资分摊明细"窗口

(4)在"工资分摊窗口"中,单击"制单"按钮,生成"应付职工薪酬——工资"的记账凭证,单击"保存"按钮,凭证左上角出现"已生成"标志,代表该记账凭证已经传递到总账,如图4-36所示。

(5)单击"填制凭证"窗口工具栏上的"退出"按钮,返回"工资分摊明细"窗口。

(6)在"工资分摊明细"窗口中,单击"类型"栏右面的下三角按钮,选择其他费用分摊类型,重复步骤(4)~(5),生成费用分摊的记账凭证。

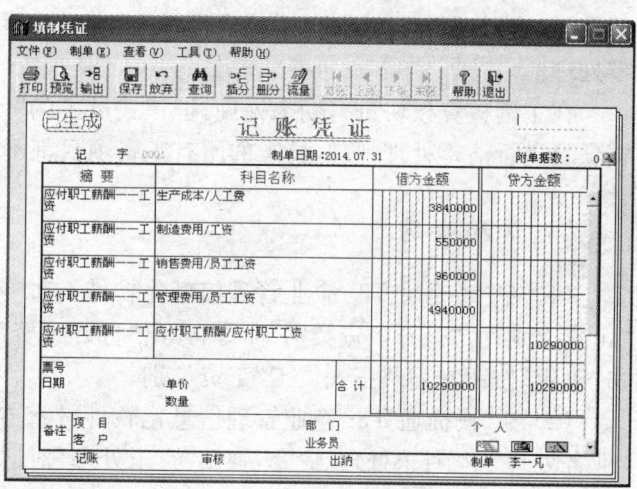

图4-36 "填制凭证"窗口

(7)单击"工资分摊明细"窗口工具栏上的"退出"按钮,返回"畅捷通T3-企业管理信息化软件教育专版10.8 Plus1"窗口。执行"工资"|"工资类别"|"关闭工资类别"命令,关闭"正式员工"工资类别。

 知识点拨

工资是人工费用中最主要的部分,企业在本月发生的所有工资费用,都需要按照工资的用途对工资费用进行工资总额的分配及各种经费的代扣和计提,由于不同企业会选择不同的工资总额的计算方法进行分配,因此应事先设置工资分摊和费用计提基数。完成以上设置后,即可自动生成记账凭证,供总账处理使用。

 活动训练

根据表4-20给出的资料,完成临时员工工资分摊的设置和工资分摊记账凭证的生成,并填写学习记录表(见表4-21)。

表4-21　　　　　　　　　　学习记录表

项　　目	记录内容
平时我们所说的"五险一金"都指的是什么?	
工资分摊设置,需要每个月都进行设置吗?	

活动4.3.2　月　末　处　理

 活动描述

由于在工资项目中,有的项目是变动的,即每个月的数据均不相同,在每个月进行工资处理时,都要重新进行输入,这些项目有的数据就不用传递到下1个月,即将其数据进行清零处理。

在工资核算模块进行期末处理,把正式员工的"奖金"、"请假天数"、"请假扣款"三个工资项目进行清零处理;临时员工的所有工资项目都不需要清零处理。

活动步骤

(1) 在"畅捷通 T3-企业管理信息化软件教育专版 10.8 Plus1"窗口中,执行"工资"|"工资类别"|"打开工资类别"命令,弹出"打开工资类别"对话框,点击"001 正式员工",单击"确定"按钮,打开"正式员工"工资类别。

(2) 在"畅捷通 T3-企业管理信息化软件教育专版 10.8 Plus1"窗口中,执行"工资"|"业务处理"|"月末处理"命令,弹出"月末处理"对话框,如图 4-37 所示。

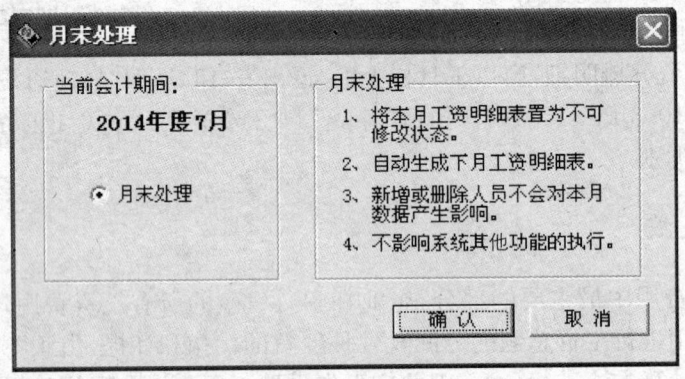

图 4-37 "月末处理"对话框

(3) 单击"确认"按钮,弹出系统提示"月末处理之后,本月工资将不许变动!继续月末处理吗?"单击"是"按钮。系统提示"是否选择清零项?"单击"是"按钮,打开"选择清零项目"对话框。如图 4-38 所示。

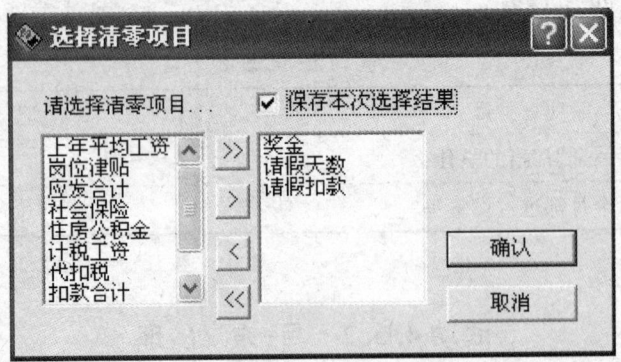

图 4-38 "选择清零项目"对话框

(4) 在"选择清零项目"列表中,单击鼠标选中"奖金"、"请假天数"和"请假扣款"三项,

单击 > 按钮,将所选项目移动到右侧的列表框;单击鼠标选中"保存本次选择结果"复选框。

(5) 单击"确认"按钮,系统提示"月末处理完毕!"单击"确定"按钮返回。

 知识点拨

(1) 月末处理是将当月数据经过处理后结转至下月。每个月工资数据处理完毕以后,均需进行月末结转。在工资项目中,有的项目每个月的数据都不相同,在月末处理时需将其数据清零,此类项目就是清零项目。

(2) 如果为处理多个工资类别,在进行月末处理时,需要打开工资类别,分别进行月末处理。进行月末处理后,当月数据将不允许再更改。

 活动训练

继续完成临时员工工资类别的月末处理并填写学习记录表(见表4-22)。

表4-22　　　　　　　　　　学习记录表

项　　目	记　录　内　容
月末处理有什么作用?	
为什么要分工资类别进行月末处理?	

 活动成果

操作至此,将本账套数据备份为"任务4.3 工资核算模块期末处理"。

单元 5　操作固定资产核算模块

单元导读

固定资产模块可以帮助企业进行固定资产日常业务的核算和管理,按月反映固定资产的增加、减少及其他变动,按月计提折旧,生成折旧分配表和记账凭证,同时输出相关的报表和账簿。

学习目标

- 知道固定资产模块的工作原理和工作流程
- 理解固定资产模块参数的含义
- 能完成固定资产模块初始化设置
- 会进行固定资产模块日常操作,能处理固定资产常见业务
- 会进行固定资产模块期末操作
- 会进行设置、查询和输出固定资产相关报表操作
- 培养认真、严谨的工作态度

任务 5.1　固定资产核算模块初始化

固定资产管理系统的初始化是根据用户单位的具体情况,建立一个适合的固定资产子系统的过程。初始化设置包括建立固定资产参数设置、基础设置和输入期初固定资产卡片。

活动 5.1.1　设置账套参数

活动描述

根据表 5-1 提供的资料,设置固定资产账套参数。

表 5-1　　　　　　　　　　　　　控制参数设置

控制参数	参 数 设 置
约定与说明	我同意
启用月份	2014.07
折旧信息	• 本账套计提折旧 • 折旧方法：平均年限法(一) • 折旧汇总分配周期：1 个月 • 当(月初已计提月份＝可使用月份－1)时，将剩余折旧全部提足
编码方式	资产类别编码方式：2112 固定资产编码方式：按"类别编码＋部门编码＋序号"自动编码；卡片序号长度为 3
财务接口	与账务系统进行对账 对账科目 • 固定资产对账科目：1601 固定资产 • 累计折旧对账科目：1602 累计折旧
补充参数	• 在对账不平情况下允许固定资产月末结账 • 业务发生后立即制单 • 月末结账前一定要完成制单登账业务 • 可纳税调整的增加方式：直接投入；固定资产缺省入账科目：1601，固定资产；累计折旧缺省入账科目：1602 累计折旧；可抵扣税额入账科目：22210101 进项税额

活动步骤

1. 引入账套

(1) 以系统管理员 Admin 身份登录系统管理，在"畅捷通 T3－企业管理信息化软件教育专版 10.8 Plus1〖系统管理〗"窗口中，执行"账套"｜"恢复"命令，弹出"提示信息"提示框。

(2) 单击"关闭"按钮，打开"恢复账套数据"对话框，打开光盘中单元四"任务 4.3 工资核算模块期末处理"账套备份所在文件夹，选择数据文件"UF2KAct.Lst"，单击"打开"按钮，系统弹出"此项操作将覆盖[321]账套当前的所有信息，继续吗？"提示框。

(3) 单击"是"按钮，系统弹出"账套[321]恢复成功！"提示框，单击"确定"按钮。

2. 启用固定资产

(1) 以账套主管高山(301)身份登录系统管理，在"畅捷通 T3－企业管理信息化软件教育专版 10.8 Plus1〖系统管理〗"窗口中，执行"账套"｜"启用"命令，打开"系统启用"对话框。

(2) 在"系统启用"对话框中，单击选择"固定资产"复选框，打开"日历"选择对话框，选择日期为"2017 年 07 月 01 日"，单击"确定"按钮，系统弹出提示框，单击"是"按钮，完成固定资产管理系统的启用设置。如图 5-1 所示。

(3) 单击"退出"按钮。

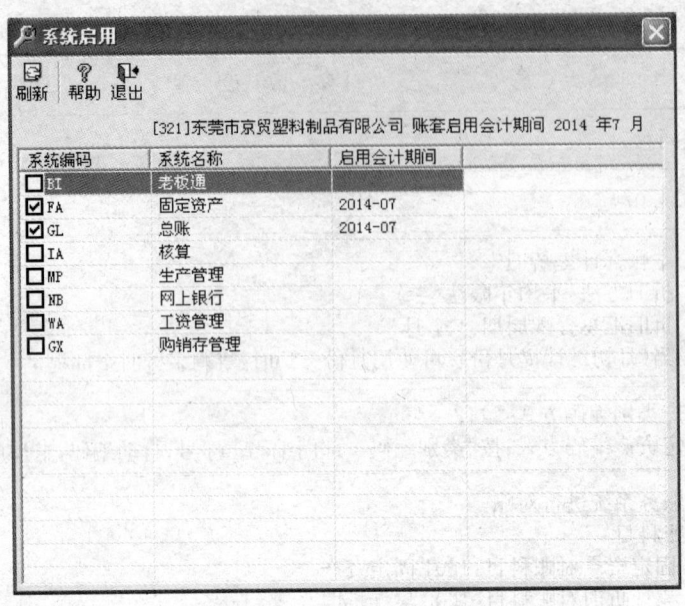

图 5-1 "系统启用"对话框

3. 设置固定资产系统参数

(1) 以会计李一凡(302)身份登录"T3-企业管理信息化软件教育专版",在"畅捷通 T3-企业管理信息化软件教育专版 10.8 Plus1"窗口中,单击"固定资产",弹出"这是第一次打开此账套,还未进行过初始化,是否进行初始化?"提示框,单击"是"按钮,打开"固定资产初始化向导"|"1.约定及说明"对话框,仔细阅读相关条款,单击"我同意"单选按钮。如图 5-2 所示。

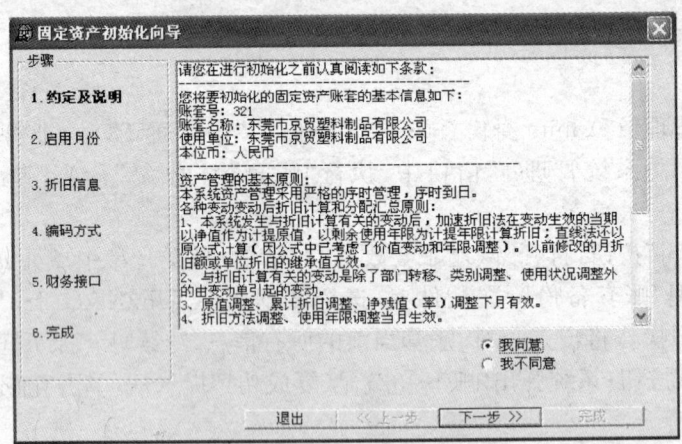

图 5-2 "固定资产初始化向导"|"1.约定及说明"对话框

(2) 单击"下一步"按钮,打开"固定资产初始化向导"|"2.启用月份"对话框,单击"账套启用月份"下拉列表框,选择"2014.07"。如图 5-3 所示。

(3) 单击"下一步"按钮,打开"固定资产初始化向导"|"3.折旧信息"对话框。单击打开"主要折旧方法"下拉列表框,选择"平均年限法(一)"选项。其他项目采用默认选项。如图 5-4 所示。

单元 5 操作固定资产核算模块

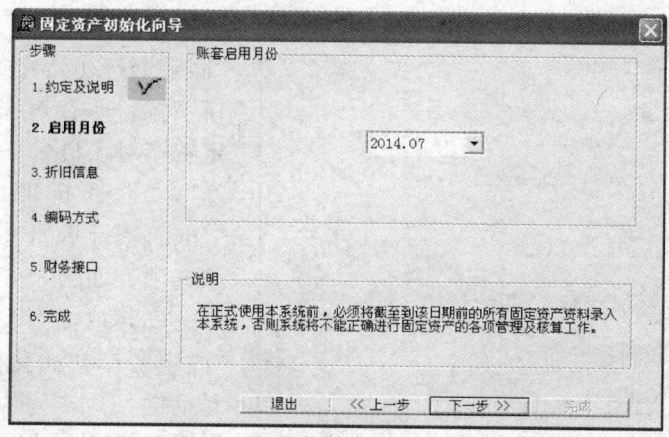

图 5-3 "固定资产初始化向导"|"2.启用月份"对话框

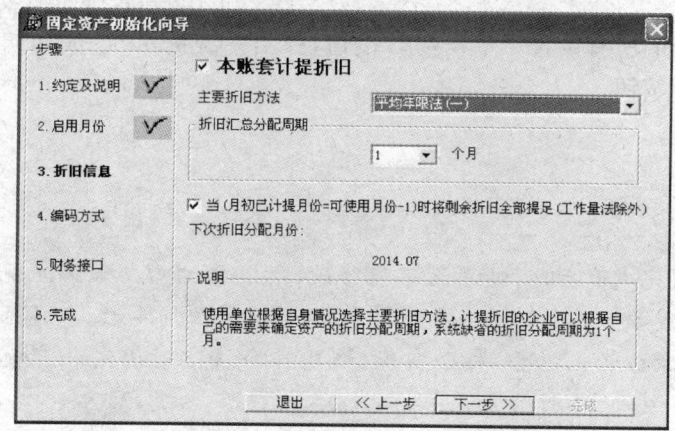

图 5-4 "固定资产初始化向导"|"3.折旧信息"对话框

（4）单击"下一步"按钮，打开"固定资产初始化向导"|"4.编码方式"对话框，单击"自动编码"单选按钮，单击"自动编码"的下拉三角按钮，在下拉列表中选择"类别编号＋部门编号＋序号"；单击"序号长度"微调按钮，选择"3"。如图 5-5 所示。

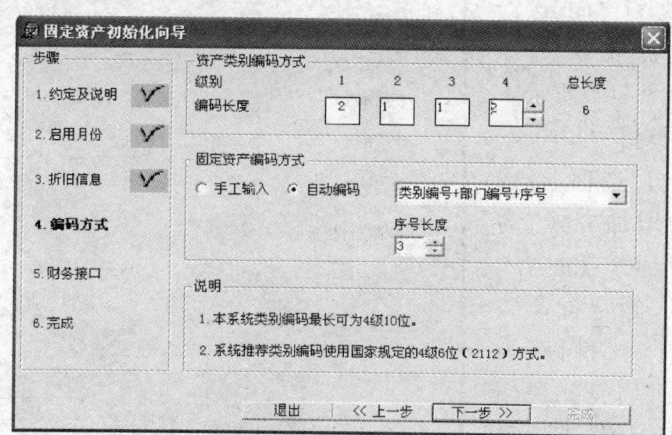

图 5-5 "固定资产初始化向导"|"4.编码方式"对话框

161

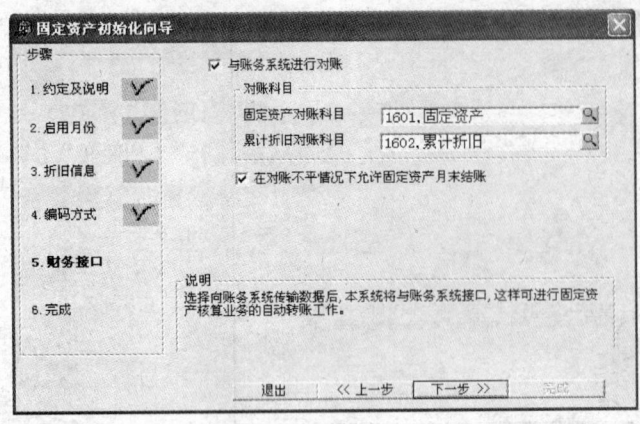

图5-6 "固定资产初始化向导"|"5.财务接口"对话框

(5)单击"下一步"按钮,打开"固定资产初始化向导"|"5.财务接口"对话框,在对账科目区域中,"固定资产对账科目"选择"1601,固定资产","累计折旧对账科目"选择"1602,累计折旧"。其他项目采用默认选项。如图5-6所示。

(6)单击"下一步"按钮,打开"固定资产初始化向导"|"6.完成"对话框,单击"完成"按钮,弹出系统提示"已经完成了新账套的所有设置工作,是否确定所设置的信息完全正确并保存对新账套的所有设置?"单击"是"按钮,弹出系统提示"已成功初始化本固定资产账套!"单击"确定"按钮。

> **注意**
>
> 初始化设置完成以后,有些参数不能修改,所以要细心。如果发现设置的参数有误,可以更改的参数,可以在"选项"里面更改,不可更改的参数,只能通过固定资产模块"维护"|"重新初始化账套"命令实现,该操作会清空对固定资产模块所做的一切工作。

4. 设置选项参数

(1)在"畅捷通T3-企业管理信息化软件教育专版10.8 Plus1"窗口中,执行"固定资产"|"设置"|"选项"命令,打开"选项"对话框。如图5-7所示。

(2)在"选项"对话框中,点击"与财务系统接口"选项卡,选择"可纳税调整的增加方式"为"直接购入","【固定资产】缺省入账科目:"为"1601,固定资产","【累计折旧】缺省入账科目"为"1602,累计折旧","可抵扣税额入账科目"为"22210101,进项税额"。如图5-8所示。

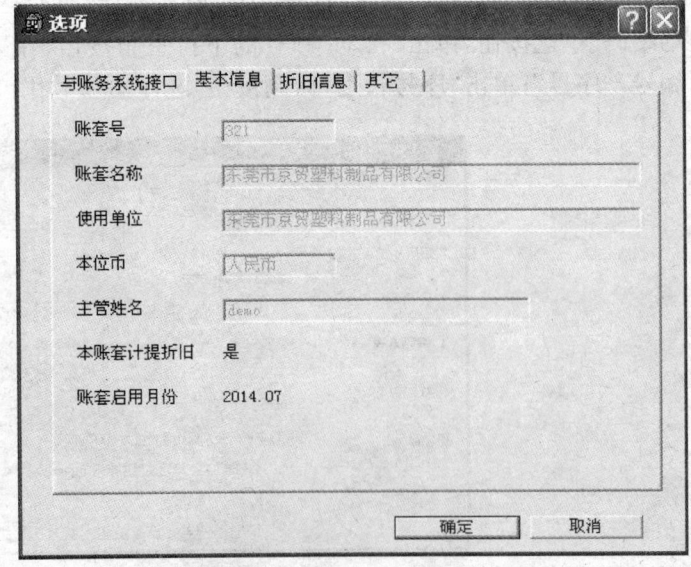

图5-7 "选项"对话框

单元 5 操作固定资产核算模块

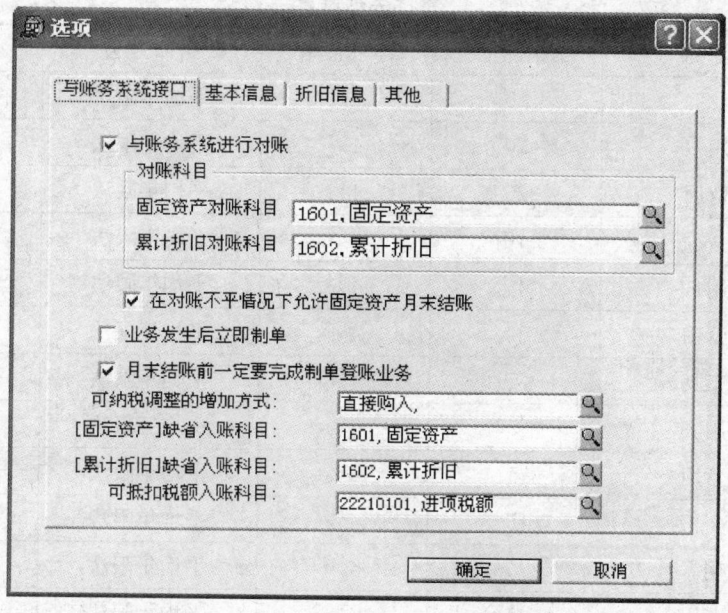

图 5-8 "选项"对话框

(3) 单击"确定"按钮。

 知识点拨

企业可以根据企业的实际情况建立一个适合的固定资产账套,这个过程就是固定资产系统的初始化。包括约定与说明、启用月份、折旧信息、编码方式以及财务接口等。这些参数在初次启用固定资产管理系统时设置,其他参数可以在"选项"中补充。

 活动训练

填写学习记录表(见表 5-2)。

表 5-2　　　　　　　　　　　学习记录表

项　　目	记 录 内 容
初始化设置里面有哪些参数设置以后是不能修改的?	
"选项"中的缺省入账科目有什么作用?	

活动 5.1.2　设置资产类别

 活动描述

根据表 5-3 提供的资料设置固定资产类别。

163

表 5-3 资产类别设置

编码	类别名称	使用年限	净残值率	折旧方法	计提属性
01	房屋	20	4%	平均年限法	正常计提
011	经营用	20	4%	平均年限法	正常计提
012	非经营用	20	4%	平均年限法	正常计提
03	机器	10	4%	平均年限法	正常计提
031	经营用	10	4%	平均年限法	正常计提
032	非经营用	10	4%	平均年限法	正常计提
05	运输工具	5	4%	平均年限法	正常计提
051	经营用	5	4%	平均年限法	正常计提
052	非经营用	5	4%	平均年限法	正常计提
06	设备	5	4%	平均年限法	正常计提
061	经营用	5	4%	平均年限法	正常计提
062	非经营用	5	4%	平均年限法	正常计提

活动步骤

设置固定资产类别。

(1) 在"畅捷通 T3-企业管理信息化软件教育专版 10.8 Plus1"窗口中,执行"固定资产"|"设置"|"资产类别"命令,打开"类别编码表"窗口。如图 5-9 所示。

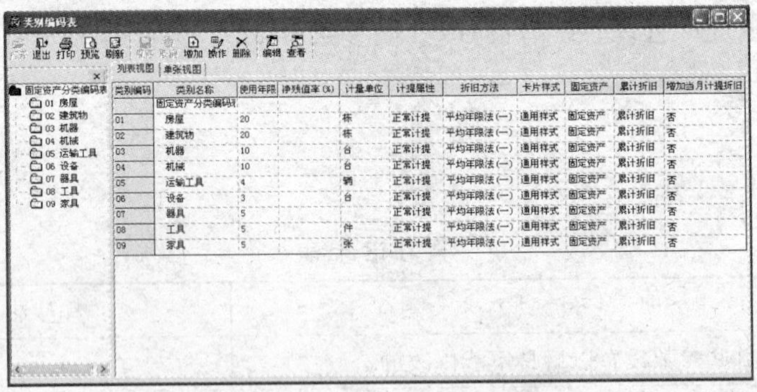

图 5-9 "类别编码表"窗口

(2) 在"类别编码表"窗口中,单击选择左侧的"01 房屋"文件夹,单击工具栏上的"操作"按钮,打开"单张视图"标签页,输入类别名称"经营用",使用年限"20",净残值率"4%",其他项目采用系统默认。如图 5-10 所示。

(3) 单击"保存"按钮,输入类别名称"非经营用",使用年限"20",净残值率"4%",其他项目采用系统默认。单击"保存"按钮,然后单击"取消"按钮,返回"列表视图"标签页。

(4) 重复操作步骤(2)和(3),设置其他资产类别。

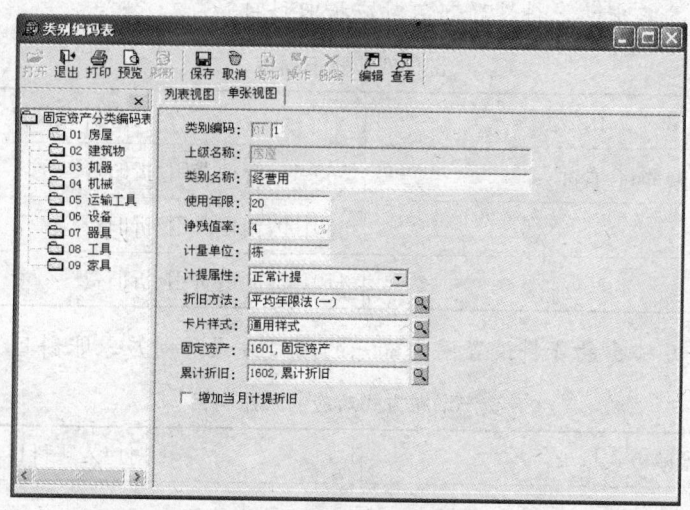

图 5-10 "类别编码表"窗口

(5) 单击"退出"按钮,退出"类别编码表"窗口。

 知识点拨

(1) 企业固定资产的种类繁多,为了加强管理,及时准确地做好核算,必须对固定资产进行科学的分类。系统默认把固定资产分成了房屋、建筑物、机器、机械、运输工具、设备、器具、工具和家具九大类,企业可以根据自己的实际需要进行修改。

(2) 在设置类别时,如果要设置二级及以下各级类别,需在左边列表框中先选中需要添加下级的类别。使用年限、净残值率和计量单位这几项参数只对最末级类别有效。

 活动训练

根据活动描述中表 5-3 的资料,继续完成其他资产类别的设置,并填写学习记录表(见表 5-4)。

表 5-4　　　　　　　　　　　学习记录表

项　　　　目	记　录　内　容
资产类别的编码和名称可以重复吗?	
税法对不同资产类别的最低折旧年限有什么样的要求?	

活动 5.1.3　设置固定资产核算规则

 活动描述

根据以下资料设置部门对应折旧科目和固定资产增减方式。

1. 根据表5-5给出的资料设置部门对应折旧科目

表5-5　　　　　　　　　　　部门对应折旧科目

部　　门	对应折旧科目
行政部、财务部、采购部、仓管部	560210,管理费用/折旧费
销售部	560109,销售费用/折旧费
生产车间	410102,制造费用/折旧费

2. 根据表5-6给出的资料设置固定资产的增减方式的对应入账科目

表5-6　　　　　　　　　　资产增减方式对应的入账科目

增减方式目录	对应入账科目
增加方式	
直接购入	100201,人民币户
减少方式	
毁损	1606,固定资产清理

活动步骤

1. 设置部门对应折旧科目

(1) 在"畅捷通 T3-企业管理信息化软件教育专版 10.8 Plus1"窗口中,执行"固定资产"|"设置"|"部门对应折旧科目"命令,打开"部门编码表"窗口。

(2) 在"部门编码表"窗口的左侧的"固定资产部门编码目录"中,单击选择部门"1 行政部",单击工具栏的"操作"按钮,打开"单张视图"标签页;单击"折旧科目"文本框右侧的参照按钮,弹出"科目参照"对话框,在列表中选择"560210,折旧费"。如图5-11所示。

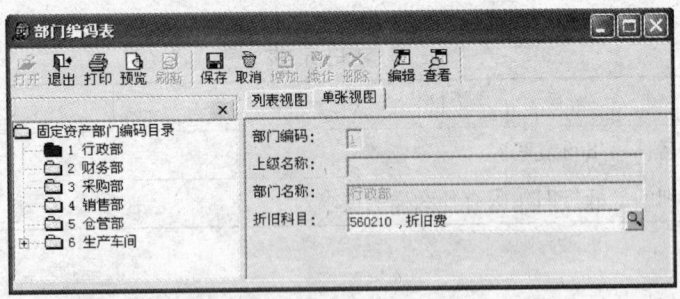

图5-11　"部门编码表"窗口

(3) 单击"保存"按钮,返回"列表视图"标签页。

(4) 重复步骤(2)和(3),继续设置其他部门的对应折旧科目。如图5-12所示。

(5) 单击"退出"按钮,退出"部门编码表"窗口。

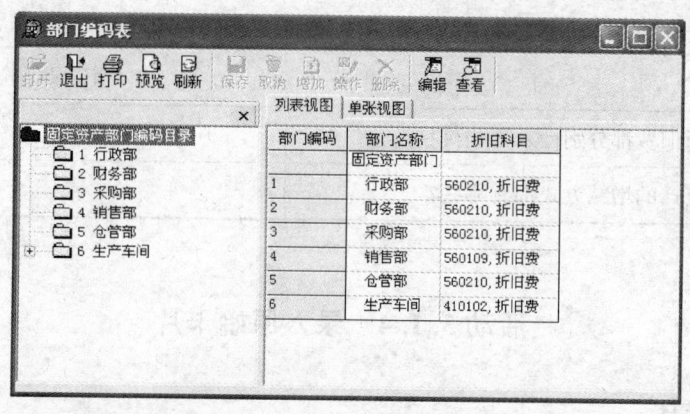

图 5-12 "部门编码表"窗口

2. 设置资产增减方式对应的入账科目

(1) 在"畅捷通 T3-企业管理信息化软件教育专版 10.8 Plus1"窗口中,执行"固定资产"|"设置"|"增减方式"命令,打开"增减方式"窗口。

(2) 在"增减方式"窗口中,在左边列表框中,双击"增加方式"文件夹,单击选中"101 直接购入"子文件夹,单击"操作"按钮,打开"单张视图"标签页,单击"对应入账科目"文本框右侧的参照按钮,弹出"科目参照"对话框,在列表中选择"100201 人民币户"。

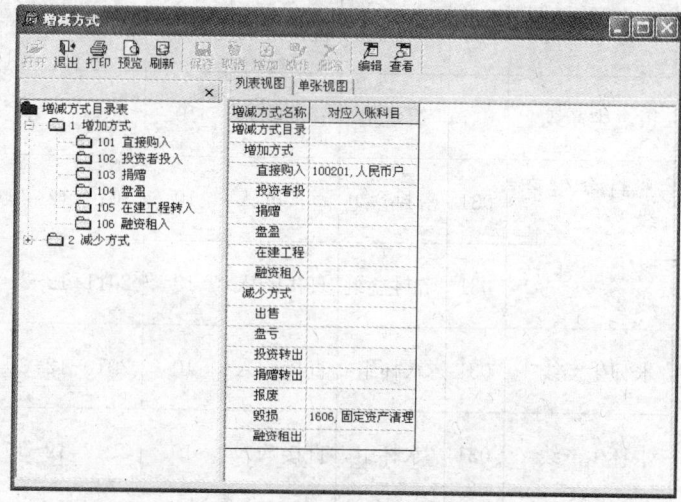

(3) 单击"保存"按钮,返回"列表视图"标签页。

(4) 重复步骤(2)~(3),继续设置其他固定资产增减方式对应的会计科目。如图 5-13 所示。

(5) 单击"退出"按钮,退出"增减方式"窗口。

图 5-13 "增减方式"窗口

知识点拨

(1) 部门对应折旧科目的设置就是给每个部门选择一个折旧费的入账科目,这样在输入卡片时,该科目自动填入卡片中,不需要再输入。

(2) 已经使用过的固定资产增减方式和非末级增减方式不能删除。设置了对应科目的增减方式,在该增减方式下,当某项固定资产发生变动时,系统自动默认采用这些科目。

活动训练

填写学习记录表(见表 5-7)。

表 5-7　　　　　　　　　　　　　　　学习记录表

项　　目	记录内容
企业不同部门的折旧费都分别计入哪些科目？	
企业常见的固定资产的增减方式都有哪些？	

活动 5.1.4　录入原始卡片

 活动描述

根据表 5-8 给出的资料，录入固定资产原始卡片。

表 5-8　　　　　　　　　　　　　固定资产原始卡片　　　　　　　　　　　　单位：元

固定资产名称	类别编号	所在部门	增加方式	可使用年限	开始使用日期	原值	累计折旧	对应折旧科目名称
饭盒生产线1	031	饭盒组	直接购入	10	2010-12-30	520 000.00	174 720.00	制造费用/折旧费
饭盒生产线2	031	饭盒组	直接购入	10	2014-5-27	150 000.00	1 200.00	制造费用/折旧费
密封盒生产线1	031	密封盒组	直接购入	10	2010-12-30	520 000.00	174 720.00	制造费用/折旧费
密封盒生产线2	031	密封盒组	直接购入	10	2011-12-30	420 000.00	105 000.00	制造费用/折旧费
水杯生产线1	031	水杯组	直接购入	10	2010-12-30	520 000.00	174 720.00	制造费用/折旧费
水杯生产线2	031	水杯组	直接购入	10	2012-12-30	360 000.00	51 840.00	制造费用/折旧费
小轿车	051	行政部	直接购入	5	2013-12-20	180 000.00	17 280.00	管理费用/折旧费
电脑	061	行政部	直接购入	5	2010-12-30	7 200.00	4 838.40	管理费用/折旧费
电脑	061	行政部	直接购入	5	2013-5-3	6 000.00	1 248.00	管理费用/折旧费
电脑	061	财务部	直接购入	5	2010-12-30	7 200.00	4 838.40	管理费用/折旧费
电脑	061	财务部	直接购入	5	2010-12-30	7 200.00	4 838.40	管理费用/折旧费

（续表）

固定资产名称	类别编号	所在部门	增加方式	可使用年限	开始使用日期	原值	累计折旧	对应折旧科目名称
电脑	061	采购部	直接购入	5	2010-12-30	7 200.00	4 838.40	管理费用/折旧费
电脑	061	销售部	直接购入	5	2010-12-30	7 200.00	4 838.40	销售费用/折旧费
电脑	061	销售部	直接购入	5	2014-5-6	6 320.00	101.12	销售费用/折旧费
电脑	061	仓管部	直接购入	5	2010-12-30	7 200.00	4 838.40	管理费用/折旧费
电脑	061	饭盒组	直接购入	5	2010-12-30	7 200.00	4 838.40	制造费用/折旧费
打印机	061	行政部	直接购入	5	2010-12-30	6 000.00	4 156.42	管理费用/折旧费
合计						2 738 720.00	738 854.34	

注：净残值率均为4%，使用状况均为"在用"，折旧方法均采用平均年限法（一）。

活动步骤

1. 录入原始卡片

（1）在"畅捷通 T3-企业管理信息化软件教育专版 10.8 Plus1"窗口中，执行"固定资产"|"卡片"|"录入原始卡片"命令，打开"资产类别参照"对话框。如图 5-14 所示。

（2）在"资产类别参照"对话框中，单击"03 机器"前面的"＋"，打开下级子目录，单击选择"031 经营用"资产类别，单击"确认"按钮，进入"固定资产卡片"窗口。

（3）在"固定资产卡片"窗口，修改"固定资产名称"为"饭盒生产线1"；双击"部门名称"，选择"饭盒组"；双击"增加方式"，选择"直接购入"；双击"使用状况"，选择"在用"；在"开始使用日期"栏输入"2010-12-30"；在"原值"栏输入"520000.00"；"累计折旧"栏为"174 720.00"；其他信息采用系统默认或者系统自动计算。如图 5-15 所示。

（4）单击工具栏的"保存"按钮，弹出"数

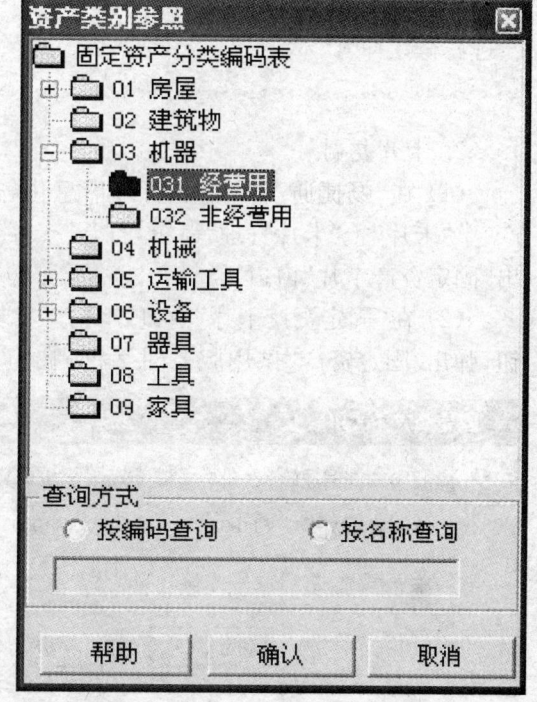

图 5-14 "资产类别参照"对话框

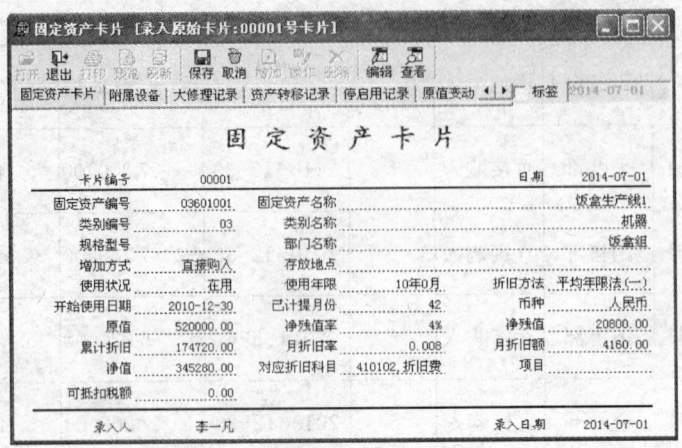

图 5-15 "固定资产卡片"窗口

据成功保存!"信息提示框,单击"确定"按钮。

(5) 重复步骤(3)和(4),继续增加卡片编号为"00002~00008"的固定资产原始卡片。

(6) 增加完成,单击"返回"按钮,退出。

> **注意**
>
> 公司的固定资产原始卡片里面有 9 张是电脑,这 9 张原始卡片里面的大部分项目是相同的,我们可以输入其中一张卡片,然后把这张卡片进行复制,再把不相同的项目进行修改即可。

2. 卡片复制

(1) 在"畅捷通 T3-企业管理信息化软件教育专版 10.8 Plus1"窗口中,执行"固定资产"|"卡片"|"卡片管理"命令,打开"卡片管理"窗口;双击卡片编号为"00008"的卡片,弹出"固定资产卡片"窗口。

(2) 在"固定资产卡片"窗口,单击工具栏的"编辑"按钮,在弹出的菜单中单击"复制"按钮,弹出"固定资产[试用版]"对话框;在"资产编号范围"文本框中分别输入"0611002"和"0611009",单击"卡片复制数量"微调按钮,选择"8"。如图 5-16 所示。

(3) 单击"确认"按钮,弹出"卡片复制完成"提示框;单击"确认"按钮,返回"固定资产卡片"窗口;单击"退出"按钮,返回"卡片管理"窗口。

(4) 在"卡片管理"窗口,单击工具栏的"刷新"按钮,即可看到复制出来的 8 张固定资产卡片。

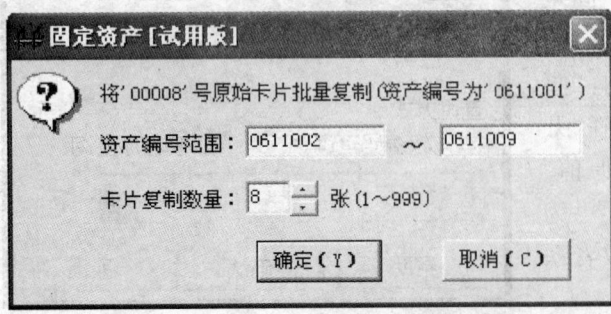

图 5-16 "固定资产"对话框

(5) 在"卡片管理"窗口，单击选择卡片编号为"00009"的卡片，点击工具栏的"操作"按钮，修改"开始使用日期"为"2013-05-03"；修改"原值"为"6 000.00"；修改"累计折旧"为"1 248.00"；单击工具栏的"保存"按钮，弹出"数据成功保存！"信息提示框，单击"确定"按钮；单击工具栏的"退出"按钮，返回"卡片管理"窗口。

(6) 重复步骤(5)，继续修改卡片编号为"00010～00016"的固定资产原始卡片。

(7) 修改完成，单击"退出"按钮，退出。

知识点拨

(1) 固定资产卡片是固定资产核算和管理的基础依据。在正常使用前，必须先将建账日期以前的数据录入系统中，为以后的日常管理奠定基础。原始卡片上所记录的资产的开始使用日期一定要小于固定资产模块的启用日期。

(2) 固定资产原始卡片录入完成以后，可以与总账对账平衡以后再进行日常业务的处理。在"畅捷通 T3-企业管理信息化软件教育专版 10.8 Plus1"窗口中，执行"固定资产"｜"处理"｜"对账"命令，系统弹出"与账务对账结果"对话框，显示与账务处理系统的对账结果。如果对账结果不平衡，则要先找出原始卡片录入中的错误。

活动训练

根据表5-8给出的资料，继续录入固定资产名称为"打印机"的固定资产原始卡片，并填写学习记录表(见表5-9)。

表5-9　　　　　　　　学习记录表

项　　　　目	记　录　内　容
卡片复制功能有什么好处？	
原始卡片录入完成后，如果对账不平衡，会给以后的处理带来什么问题？	

活动成果

操作至此，将本账套数据备份为"任务5.1 固定资产模块初始化"。

任务5.2　固定资产核算模块日常业务处理

固定资产在日常使用过程中，会发生增加、减少和变动等情况，这些变动需要及时进行处理，每月还要正确计算固定资产的折旧，为企业成本费用核算提供依据。

活动5.2.1　资　产　增　加

活动描述

因为工作需要，7月12日，公司给财务部购买打印复印一体机一台，取得的原始凭证如

表 5-10 至表 5-13，请根据以上资料在固定资产模块进行处理。

表 5-10

4400112699　　　广东增值税专用发票　　　No 08111258
发票联

开票日期：2014 年 07 月 12 日

购货单位	名　称：	东莞市京贸塑料制品有限公司				密码区		（略）		
	纳税人识别号：	441911792915001								
	地　址、电　话：	东莞市莞城区学院路287号 22662220								
	开户行及账号：	建行东莞建业支行 1056020040405555678								
货物及应税劳务名称	规格型号	单位	数量	单价	金　额		税率		税额	
打印复印一体机	惠普	台	1	5 000.00	5 000.00		17%		850.00	
合　　计					￥5 000.00				￥850.00	
价税合计（大写）	⊗伍仟捌佰伍拾元整						（小写）￥5 850.00			
销货单位	名　称：	东莞市东旭电脑有限公司				备注	东莞市东旭电脑有限公司 441911325520026 发票专用章			
	纳税人识别号：	441911325520026								
	地　址、电　话：	东莞市世博广场127号0769 22662583								
	开户行及账号：	建行东莞东城支行 3231002100310041258								

收款人：林威　　　复核：张琳　　　开票人：刘叶云　　　销货单位：（章）

表 5-11

4400112699　　　广东增值税专用发票　　　No 08111232
抵扣联

开票日期：2013 年 05 月 03 日

购货单位	名　称：	东莞市京贸塑料制品有限公司				密码区		（略）		
	纳税人识别号：	441911792915001								
	地　址、电　话：	东莞市莞城区学院路287号 22662220								
	开户行及账号：	建行东莞建业支行 1056020040405555678								
货物及应税劳务名称	规格型号	单位	数量	单价	金　额		税率		税额	
打印复印一体机	惠普	台	1	5 000.00	5 000.00		17%		850.00	
合　　计					￥5 000.00				￥850.00	
价税合计（大写）	⊗伍仟捌佰伍拾元整						（小写）￥5 850.00			
销货单位	名　称：	东莞市东旭电脑有限公司				备注	东莞市东旭电脑有限公司 441911325520026 发票专用章			
	纳税人识别号：	441911325520026								
	地　址、电　话：	东莞市世博广场127号0769 22662583								
	开户行及账号：	建行东莞东城支行 3231002100310041258								

收款人：林威　　　复核：张琳　　　开票人：刘叶云　　　销货单位：（章）

表 5-12

```
中国建设银行
转账支票存根
10304420
10001111
附加信息


出票日期 2014 年 07 月 12 日
收款人：东莞市东旭电脑
有限公司
金　额：￥8 050.00
用　途：电脑
单位主管 李明    会计 李一凡
```

表 5-13

固定资产验收单　　NO：00325

2013 年 05 月 03 日　　　　　　　　　　　　　金额单位：元

资产编号	资产名称	规格型号	单位	数量	设备价值或工程造价	设备基础及安装费用	附加费用	合计
612003	打印复印一体机	惠普	台	1	5 000.00	0	0	￥5 000.00

资产来源	外购	耐用年限	5年	主要附属设备
制造日期		估计残值	200	
制造日期及编		基本折旧率	0.2	
使用部门	财务部	复杂系数		

交验收主管部门：采购部　　点交人：张成　　接管主管部门：财务部　　接管人：高山

活动步骤

（1）以会计李一凡（302）身份登录"T3-企业管理信息化软件教育专版"，在"畅捷通 T3-企业管理信息化软件教育专版 10.8 Plus1"窗口中，执行"固定资产"｜"卡片"｜"资产增加"命令，打开"资产类别参照"对话框。

（2）在"资产类别参照"对话框中，单击选择"061 经营用"，单击"确认"按钮，进入"固定资产卡片"窗口。

（3）在"固定资产卡片"窗口，修改"固定资产名称"为"打印复印一体机"；双击"部门名称"，选择"财务部"；双击"增加方式"，选择"直接购入"；双击"使用状况"，选择"在用"；输入"开始使用日期"为"2014-07-12"；输入"原值"为"5 000.00"；输入"可抵扣税额"为"850.00"；其他信息采用系统默认或者系统自动计算。如图 5-17 所示。

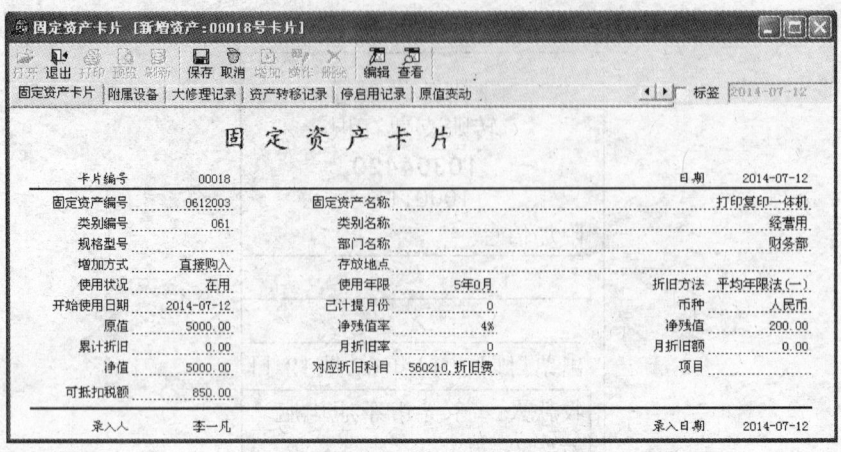

图 5-17 "固定资产卡片"窗口

(4) 单击工具栏的"保存"按钮,弹出"数据成功保存!"信息提示框,单击"确定"按钮。
(5) 单击工具栏的"退出"按钮,弹出"是否保存数据?"信息提示框,单击"否"按钮。

知识点拨

(1) 资产增加是指购进或者通过其他方式增加企业的固定资产。资产增加需要输入一张新的固定资产卡片,固定资产原值一定要输入卡片录入月初的价值,否则计算会出现错误。新卡片第一个月不计提折旧,累积折旧为 0。
(2) 新增的固定资产卡片输入完成以后,可以立即制单,生成凭证,也可以不立即制单,月末可以批量制单。本书就采用月末批量制单。

活动训练

填写学习记录表(见表 5-14)。

表 5-14 学习记录表

项　　目	记录内容
当月增加的固定资产,当月是否要计提折旧?	
有哪些固定资产购入的增值税是可以抵扣的?	

活动 5.2.2 资产变动

活动描述

(1) 16 日,行政部的小汽车(卡片编号:00007)增加新配件 12 000 元(支票号码:123456)。见表 5-15 和表 5-16。

表 5-15

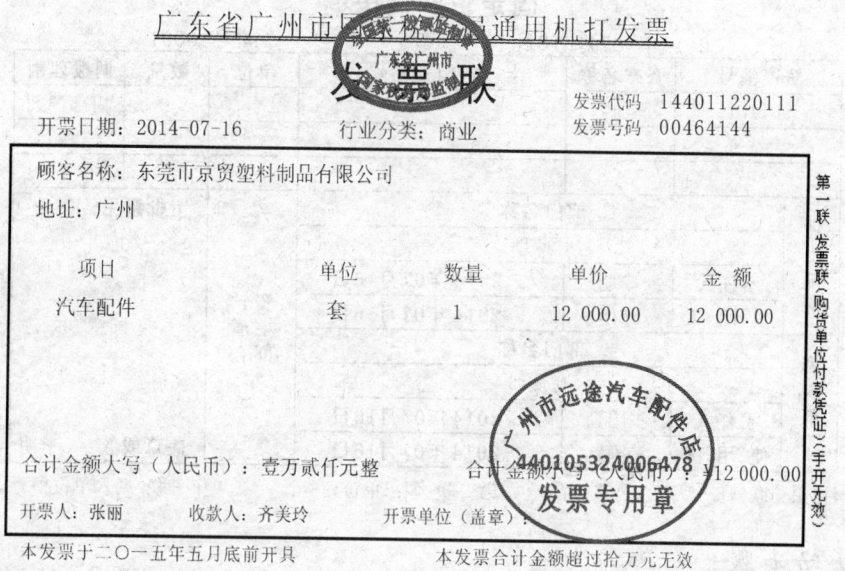

表 5-16

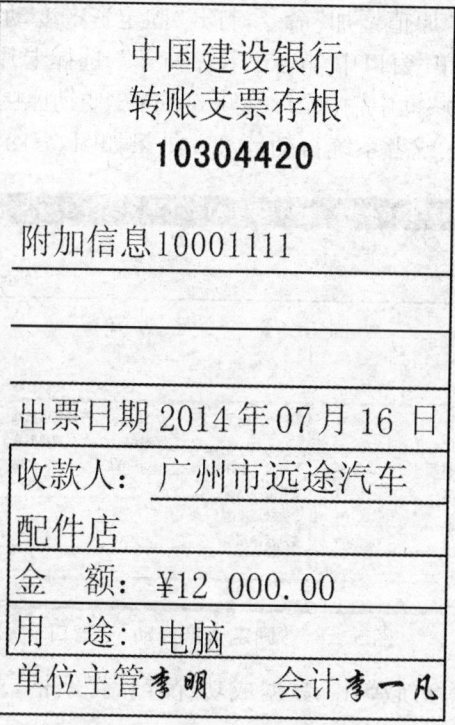

(2) 16 日,将行政部的一台电脑(卡片编号:00008)调拨到仓管部。固定资产调拨单见表 5-17。

表 5-17

固定资产调拨单

2014年 07月 16日　　　　　　　　　　　　　　　编号：0001

资产编号	资产名称	型号（规格）	单位	数量	调拨理由
061101	电脑		台	1	内部调剂

调出部门	部门名称	行政部		审批意见：	
	责任人	李明	2014年07月16日	资产主管部门	同意
	使用人	李明	2014年07月16日		
调入部门	部门名称	仓管部			
	责任人	王国勤	2014年07月16日		盖章或签字：李明
	使用人	王国勤	2014年07月16日		

注：第一联 资产管理办公室留存；　　第二联 调出单位留存；　　第三联 调入单位留存。

活动步骤

1. 原值增加

（1）在"畅捷通 T3-企业管理信息化软件教育专版 10.8 Plus1"窗口中，执行"固定资产"｜"卡片"｜"变动单"｜"原值增加"命令，打开"固定资产变动单"窗口。

（2）在"固定资产变动单"窗口中，单击"卡片编号"，选择卡片编号为"00007"的卡片，单击"确认"按钮；在"增加金额"框中输入"12 000.00"；在"变动原因"文本框中输入"增加新配件"；其他信息采用系统默认或者系统自动计算。结果如图 5-18 所示。

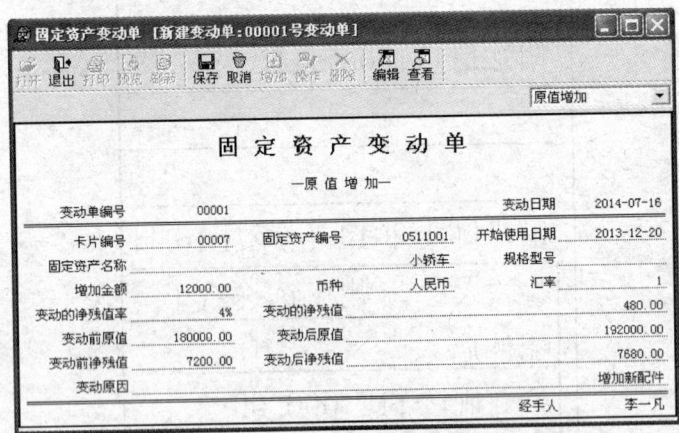

图 5-18 "固定资产变动单"窗口

（3）单击"保存"按钮，系统弹出"数据成功保存！"提示框，单击"确定"按钮。单击"退出"按钮，退出。

2. 部门转移

（1）在"畅捷通 T3-企业管理信息化软件教育专版 10.8 Plus1"窗口中，执行"固定资

产"|"卡片"|"变动单"|"部门转移"命令,打开"固定资产变动单"窗口。

(2) 在"固定资产变动单"窗口中,单击"卡片编号",选择卡片编号为"00008"的卡片,单击"确认"按钮;双击"变动后部门"选择"仓管部",单击"确认"按钮;在"变动原因"文本框中输入"调拨";其他信息采用系统默认或者系统自动计算。结果如图 5-19 所示。

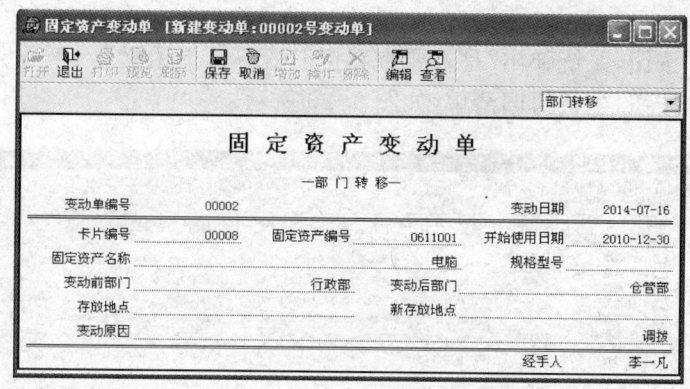

图 5-19 "固定资产变动单"窗口

(3) 单击"保存"按钮,系统弹出"数据成功保存!"提示框,单击"确定"按钮。单击"退出"按钮,退出。

 知识点拨

(1) 固定资产变动单是不能修改的,如果出现错误,可以在当月删除重新填制,所以填写变动单时要仔细检查后再保存。

(2) 资产在使用过程中,因内部调配而发生的部门间的变动,会影响到部门的折旧计算,所以需要及时处理。

 活动训练

填写学习记录表(见表 5-18)。

表 5-18　　　　　　　　　　　学 习 记 录 表

项　　　　目	记 录 内 容
在软件里面都有哪些种类的变动单?	
都有哪些资产的变动需要生成记账凭证?	

活动 5.2.3　计提本月折旧

 活动描述

20 日,计提本月折旧费用。

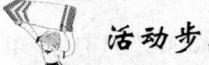 **活动步骤**

(1) 在"畅捷通 T3-企业管理信息化软件教育专版 10.8 Plus1"窗口中,执行"固定资产"|"处理"|"计提本月折旧"命令,系统弹出"本操作将计提本月折旧,并花费一定时间,是否要继续?"提示框。

(2) 单击"是"按钮,系统弹出"是否要查看折旧清单?"提示框。

(3) 单击"是"按钮,生成折旧清单,如图 5-20 所示。

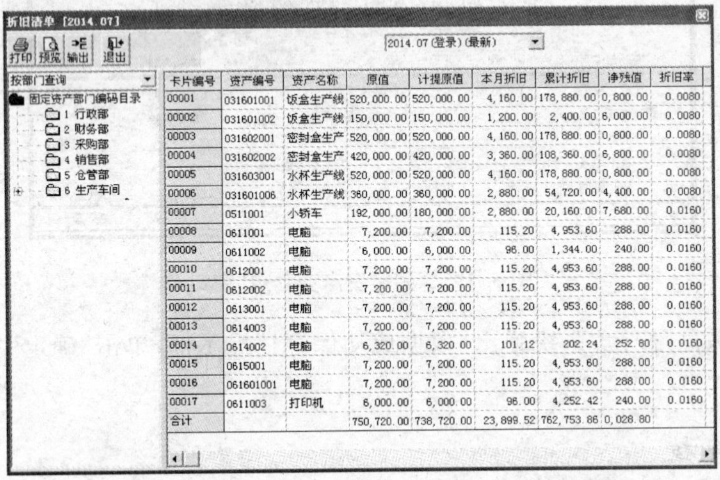

图 5-20 "折旧清单"窗口

(4) 在"折旧清单"窗口中,单击"退出"按钮,进入"折旧分配表"窗口,如图 5-21 所示。

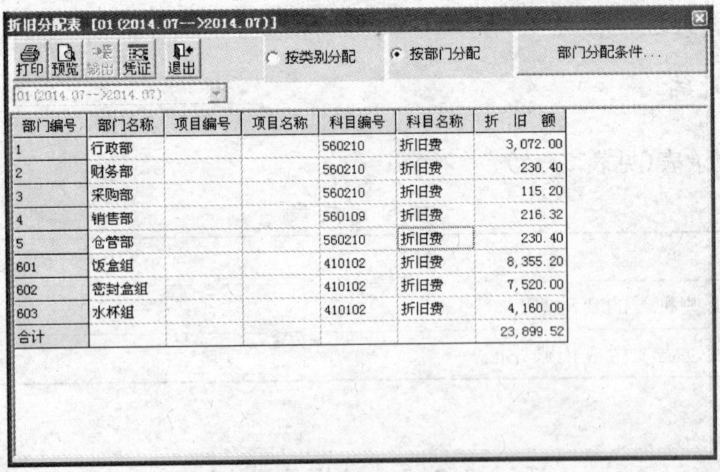

图 5-21 "折旧分配表"窗口

(5) 在"折旧分配表"窗口中,单击工具栏的"退出"按钮,系统弹出"计提折旧完成!"提示框,单击"确定"按钮。

知识点拨

（1）自动计提折旧是固定资产模块的主要功能之一。固定资产系统在一个期间内可以多次计提折旧，每次计提折旧后，只是将计提的折旧累加到月初的累计折旧上，不会重复累计。

（2）如果上次计提折旧已经生成了记账凭证，则必须先删除该凭证才能重新计提折旧。如果计提折旧后，又对账套进行了影响折旧计算的操作，则必须重新计提折旧，否则固定资产系统不能结账。

 活动训练

填写学习记录表（见表 5-19）。

表 5-19　　　　　　　　　　　　　　　　学 习 记 录 表

项　　　　目	记 录 内 容
常用的计提折旧的方法都有哪些？	
计提折旧是不是必须在月末才可以进行？	

活动 5.2.4　资 产 减 少

 活动描述

20 日，销售部的一台电脑（卡片号：00013）因零件老化而损毁，转入清理。业务单据见表 5-20。

表 5-20　　　　　　　　　　固定资产清理登记表　　　　　　　　　　单位：元

清理日期	2014 年 7 月 20 日		
资产名称	电脑	卡片编号	00013
使用部门	销售部	固定资产编号	0614003
型号规格		购入时间	2010 年 12 月 30 日
原值	7 200.00	累计折旧	4 953.60

批准：李明　　　　复核：　　　　　　审核：高山　　　　　　　　　制表：李一凡

 活动步骤

（1）在"畅捷通 T3-企业管理信息化软件教育专版 10.8 Plus1"窗口中，执行"固定资

产"|"卡片"|"资产减少"命令,打开"资产减少"对话框。

(2) 在"资产减少"对话框中,单击"卡片编号"文本框右边的参照按钮,在"卡片参照"对话框中单击选择"00013",单击"确认"按钮;单击"增加"按钮;双击"减少方式"下的文本框,单击文本框右边的参照按钮,在"增减方式参照"对话框中单击选择"206 损毁",单击"确认"按钮。结果如图 5-22 所示。

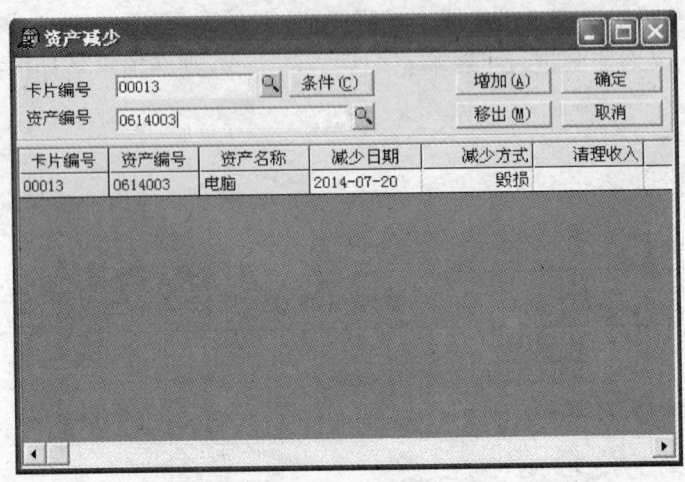

图 5-22 "资产减少"对话框

(3) 单击"确认"按钮,系统弹出"所选卡片已经减少成功!"提示框,单击"确定"按钮。

 知识点拨

(1) 资产减少是指资产在使用过程中,由于各种原因退出企业,此时需要做资产减少处理。只有当固定资产模块计提过折旧以后才可以使用资产减少功能。

(2) 对于误减少的资产,可以使用系统提供的撤销减少功能来恢复,但是只有当月减少的资产才可以恢复。如果资产减少操作已经生成凭证,必须删除凭证后才能恢复。

 活动训练

填写学习记录表(见表 5-21)。

表 5-21　　　　　　　　　　　学习记录表

项　目	记　录　内　容
为什么必须计提过折旧以后才能进行资产减少操作?	
在软件中如何调出"撤销减少"菜单?	

 活动成果

操作至此,将本账套数据备份为"任务 5.2 固定资产模块日常业务处理"。

任务5.3 固定资产核算模块期末处理

固定资产月末处理有两方面的工作：①对当月发生的固定资产业务生成自动转账凭证；②进行月末对账和结账。

活动 5.3.1 制 单 处 理

活动描述

将东莞市京贸塑料制品有限公司2014年7月固定资产系统中发生的所有经济业务生成凭证。

活动步骤

（1）以会计李一凡（302）身份登录"T3-企业管理信息化软件教育专版"，在"畅捷通T3-企业管理信息化软件教育专版 10.8 Plus1"窗口中，执行"固定资产"｜"处理"｜"批量制单"命令，打开"批量制单"窗口。

（2）在"批量制单"窗口中，双击第一个业务的"制单"使之标记上红色的"Y"。如图5-23所示。

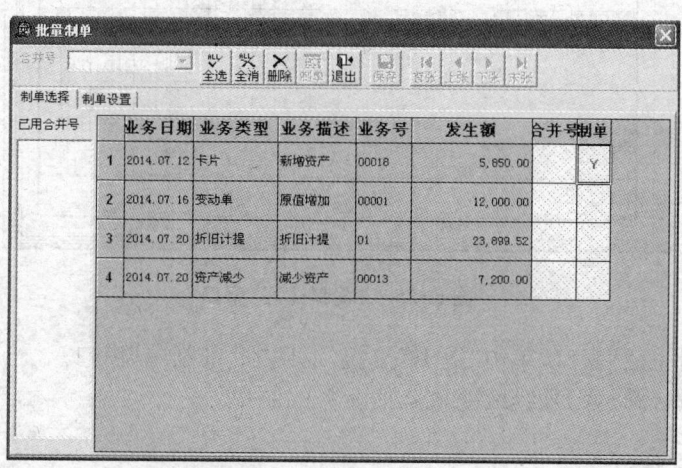

图 5-23 "批量制单"窗口

（3）在"批量制单"窗口中，点击"制单设置"标签，打开"制单设置"标签页。如图5-24所示。

（4）在"批量制单"窗口中，单击"制单"按钮，打开"填制凭证"窗口，修改凭证日期，输入凭证摘要后，单击"保存"按钮，系统自动在凭证左上角标记上"已生成"字样。如图5-25所示。

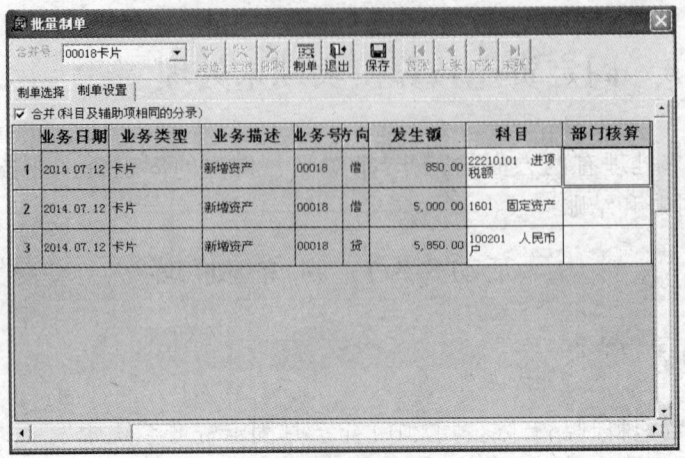

图 5-24 "批量制单"窗口

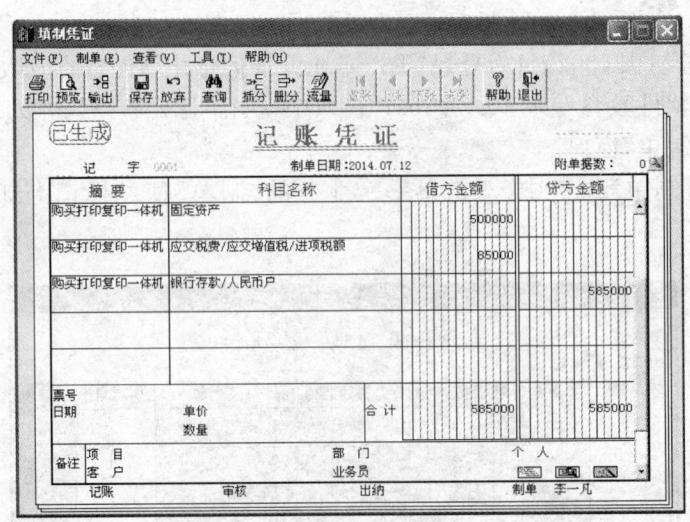

图 5-25 "填制凭证"窗口

(5) 在"填制凭证"窗口,单击"退出"按钮,返回"批量制单"窗口。
(6) 重复步骤(2)~(5),继续完成其他业务的制单。

 知识点拨

(1) 固定资产模块的业务发生以后,可以在月末批量制单,也可以在业务发生后立即制单,在"选项"中可以设置。
(2) 凭证生成后,需要在总账模块中进行审核签字和记账处理。

 活动训练

继续完成剩余三个业务的制单工作,然后以账套主管高山(301)的身份登录总账系统,对所生成的凭证进行审核与记账,并填写学习记录表(见表 5-22)。

表 5-22　　　　　　　　　　学 习 记 录 表

项　　　　目	记 录 内 容
"批量制单"和"立即制单"有什么区别?	
固定资产模块和总账模块之间的数据传输是通过什么来实现的?	

活动 5.3.2　对 账 与 结 账

活动描述

月末对固定资产模块进行对账和结账处理。

活动步骤

1. 与总账模块进行对账

(1) 在"畅捷通 T3-企业管理信息化软件教育专版 10.8 Plus1"窗口中,执行"固定资产"|"处理"|"对账"命令,系统弹出"与账务对账结果"提示框,显示与账务处理系统的对账结果。如图 5-26 所示。

(2) 点击"确定"按钮,返回。

2. 固定资产核算模块月末结账

(1) 在"畅捷通 T3-企业管理信息化软件教育专版 10.8 Plus1"窗口中,执行"固定资产"|"处理"|"月末结账"命令,打开"月末结账"对话框,如图 5-27 所示。

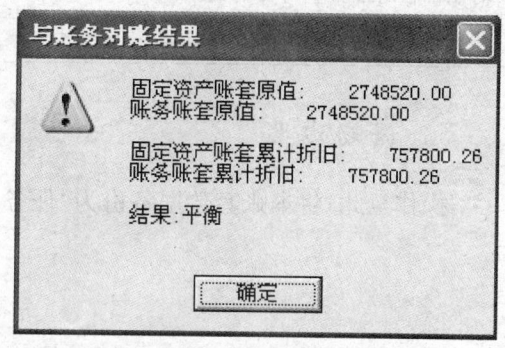

图 5-26　"与账务对账结果"提示框

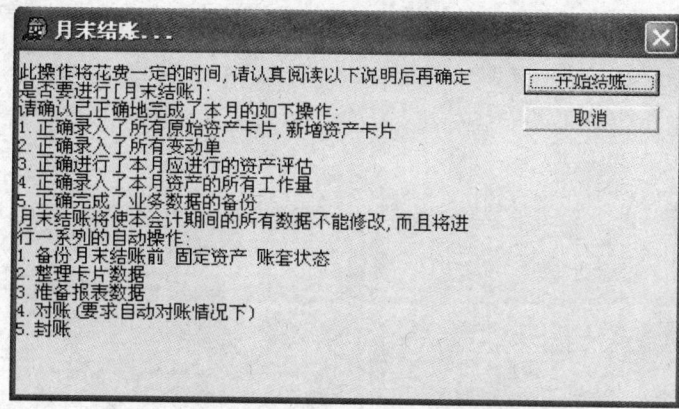

图 5-27　"月末结账"对话框

(2) 在"月末结账"对话框中,单击"开始结账"按钮,弹出"与账务对账结果"提示框。

(3) 单击"确定"按钮,弹出"固定资产"提示框;单击"确认"按钮,再次弹出"固定资产"提示框;单击"确认"按钮,固定资产本月结账工作完成。

 知识点拨

(1) 为保证固定资产模块的数据与总账模块的数据相符,可随时使用对账功能对这两个系统进行核对。系统在月末结账时自动对账一次,并给出对账结果。

(2) 当固定资产系统完成了本月的全部业务后,可以进行月末结账。结账后,当月数据不能修改。本期不结账,将不能处理下期的数据。结账前最好进行数据的备份。

 活动训练

完成机构人员信息的设置,并填写学习记录表(见表5-23)。

表5-23　　　　　　　　　　学习记录表

项　　　　目	记　录　内　容
对账都核对了哪些科目的数据?	
如果结账以后发现业务处理有误,该怎么办?	

 活动成果

操作至此,将本账套数据备份为"任务5.3 固定资产模块期末处理"。

单元6　操作购销存模块

单元导读

购销存系统主要包括购销存系统初始设置、采购系统管理、销售系统管理、库存系统管理及核算系统管理。

购销存系统主要体现了企业在日常活动中,采购供应部门、仓库、销售部门、财务部门等的分工和协作。各个部门的管理内容各不相同,通过单据在不同部门间的传递来完成企业的日常业务处理。

在购销存系统学习中,要重点体会不同的人员在系统中的操作权限和操作内容,通过学习来了解会计单据在企业不同部门间是如何传递和操作的。

学习目标

- 能正确设置购销存系统基础信息
- 能正确完成采购系统管理的采购业务、付款业务的处理
- 能够正确完成销售系统管理的销售业务、收款业务的处理
- 能够正确完成库存系统管理的盘点业务、调拨业务的处理

任务6.1　购销存系统初始化

购销存系统初始化设置是购销存系统的数据创建及维护的后台,主要包括基础信息设置、基础科目设置和期初数据录入等操作。

活动6.1.1　设置基础信息

活动描述

随着信息化应用的深入和带来的高效率,东莞市京贸塑料制品有限公司进一步扩大了软件的适用范围,7月1日开始正式启用购销存系统来实现公司的财务业务一体化。为此,公司需要在软件中设置购销存基础信息,请以账套主管的身份在系统中完成该项工作,基

础信息见表 6-1 至表 6-6。

表 6-1　　　　　　　　　　　　　　存 货 分 类

存货分类编码	存货类别名称
01	原材料类
0101	聚丙烯类
0102	聚丙烯类
0103	红色母料类
0104	黄色母料类
02	产成品类
0201	饭盒类
0202	密封盒类
0203	水杯类
03	其他

表 6-2　　　　　　　　　　　　　　存 货 档 案

存货编码	存货名称	计量单位	所属分类码	税率	参考成本(元)	存货属性
1001	聚丙烯	千克	0101	17%	10.00	外购、生产耗用
1002	聚乙烯	千克	0102	17%	30.00	外购、生产耗用
1003	红色母料	千克	0103	17%	310.00	外购、生产耗用
1004	黄色母料	千克	0104	17%	420.00	外购、生产耗用
2001	饭盒	个	0201	17%	6.50	自制、销售、在制
2002	密封盒	个	0202	17%	6.00	自制、销售、在制
2003	水杯	个	0203	17%	5.50	自制、销售、在制
3001	运输费	千米	03	7%		劳务费用

表 6-3　　　　　　　　　　　　　　仓 库 档 案

仓库编码	仓库名称	所属部门	计价方式
1	材料库	采购部	移动平均法
2	产品库	销售部	移动平均法

表 6-4　　　　　　　　　　　　　　收 发 类 别

收发类别编码	收发类别名称	收发标志	收发类别编码	收发类别名称	收发标志
1	入库分类	收	2	出库分类	发
11	采购入库	收	21	销售出库	发
12	产成品入库	收	22	材料领用出库	发
13	其他入库	收	23	其他出库	发

表 6-5　　　　　　　　　　　　　采 购 类 型

采购类型编码	采购类型名称	入库类别	是否默认值
1	材料采购	采购入库	是
2	库存商品采购	采购入库	否

表 6-6　　　　　　　　　　　　　销 售 类 型

销售类型编码	销售类型名称	出库类别	是否默认值
1	批发	销售出库	是
2	零售	销售出库	否

活动步骤

1. 启用系统

（1）以系统管理 admin 身份登录系统管理，引入单元 5"任务 5.3 固定资产模块期末处理"的实验账套。

（2）以账套主管高山(301)身份登录系统管理，启用购销存管理、核算模块，启用日期均为 2014-07-01。

（3）以账套主管高山(301)身份登录 T3-企业管理信息化软件教育专版，登录日期为 2014-07-01。

2. 存货分类

（1）执行"基础设置"|"存货"|"存货分类"的命令，打开"存货分类"窗口，如图 6-1 所示。

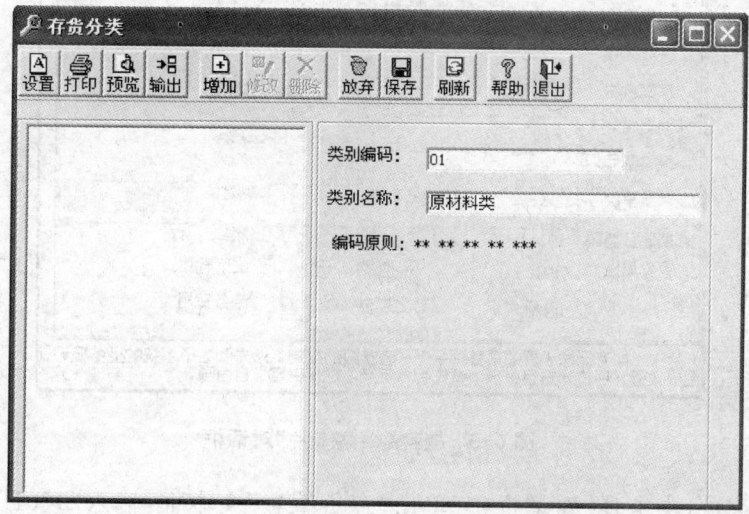

图 6-1　"存货分类"对话框

(2) 在"存货分类"窗口中,单击"增加"按钮,在"存货编码"文本框中录入"01",在"类别名称"文本框中录入"原材料类"。

(3) 单击"保存"按钮,保存存货分类。重复操作活动步骤(2),录入其他存货分类信息。

3. 存货档案

(1) 执行"基础设置"|"存货"|"存货档案"的命令,打开"存货档案"窗口,如图6-2所示。

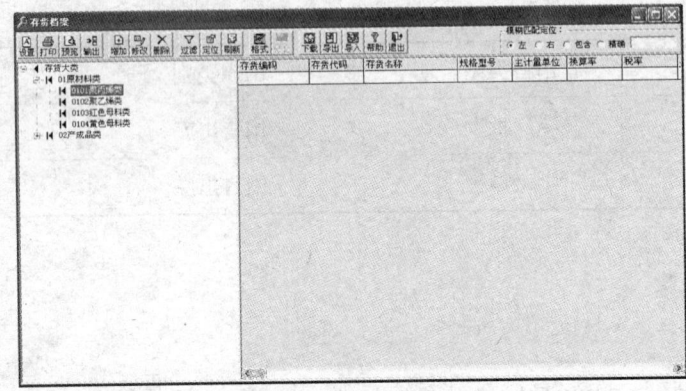

图 6-2 "存货档案"对话框

(2) 在"存货档案"对话框中,单击"增加"按钮,打开"存货档案卡片"对话框。如图6-3所示。

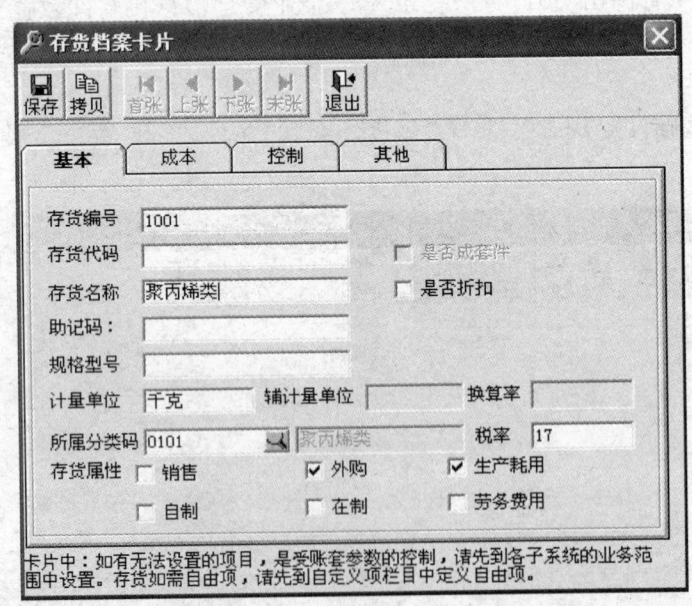

图 6-3 "存货档案卡片"对话框

(3) 在"存货分类卡片"对话框中,单击"存货编号"文本框,输入"1001";单击"存货名称"文本框,输入"聚丙烯";单击"计量单位"文本框,输入"千克";在"存货属性"复选框中,单击"外购"和"生产耗用"按钮。

(4) 单击"成本"选项卡,在"参考成本"文本框中输入"10.00"。

(5) 单击"保存"按钮,保存存货分类卡片。重复操作活动步骤(3)和(4),录入其他存货档案信息。

4. 仓库档案

(1) 执行"基础设置"│"购销存"│"仓库档案"的命令,打开"仓库档案"窗口,如图 6-4 所示。

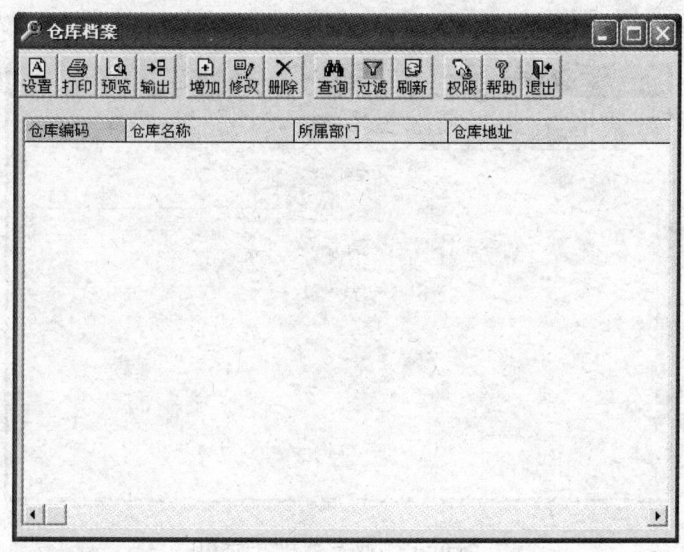

图 6-4 "仓库档案"对话框

(2) 在"仓库档案"对话框中,单击"增加"按钮,打开"仓库档案卡片"对话框,如图 6-5 所示。

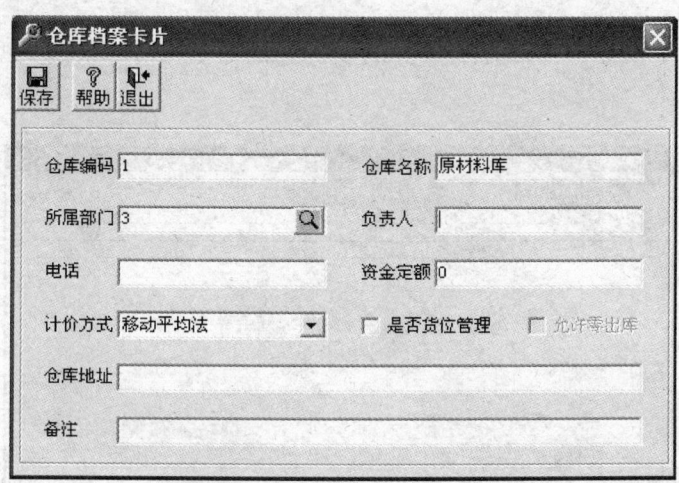

图 6-5 "仓库档案卡片"对话框

(3) 单击"仓库编码"文本框,输入"1";单击"仓库名称"对话框,输入"材料库";单击"所属部门"对话框中的 按钮,参照选择"采购部";单击"计价方式"下拉菜单,参照选择"移动平均法"。

(4) 单击"保存"按钮,保存仓库档案卡片。重复操作活动步骤(3),录入其他仓库档案信息。

5. 收发类别

(1) 执行"基础设置"|"购销存"|"收发类别"的命令,打开"收发类别"窗口,如图6-6所示。

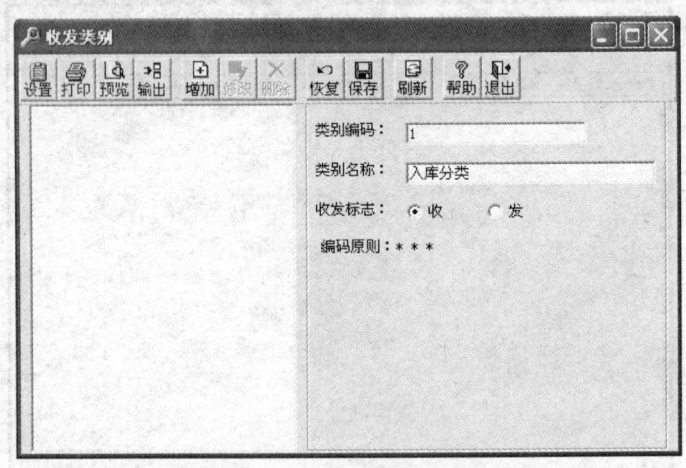

图6-6 "收发类别"对话框

(2) 在"收发类别"对话框中,单击"增加"按钮,在"类别编码"文本框中输入"1";在"类别名称"文本框中输入"入库分类";单击"收发标志"的"收"单选按钮。

(3) 单击"保存"按钮,保存收发类别。重复操作活动步骤(2),录入其他收发类别信息。

6. 采购类型

(1) 执行"基础设置"|"购销存"|"采购类型"的命令,打开"采购类型"窗口,如图6-7所示。

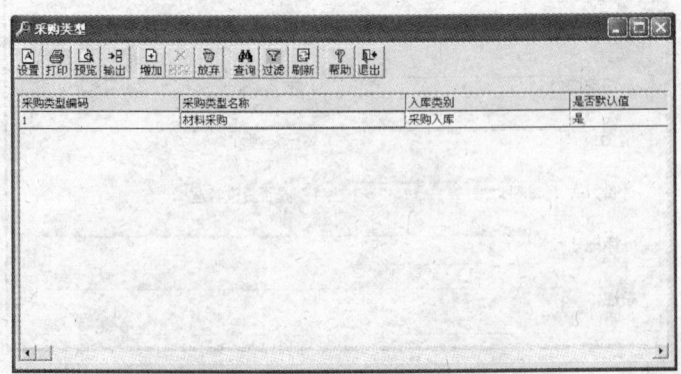

图6-7 "采购类型"对话框

(2) 在"采购类型"对话框中,单击"采购类型编码"文本框,输入"1";单击"采购类型名称"文本框,输入"材料采购";单击"入库类别"文本框,输入"101"(也可以双击"入库类别"文本框,选择"采购入库");单击"是否默认值"文本框,选择"是"。

(3) 单击"增加"按钮,保存采购类型。重复操作活动步骤(2),录入其他采购类型信息。

7. 销售类型

(1) 执行"基础设置"|"购销存"|"销售类型"的命令,打开"销售类型"窗口,如图6-8所示。

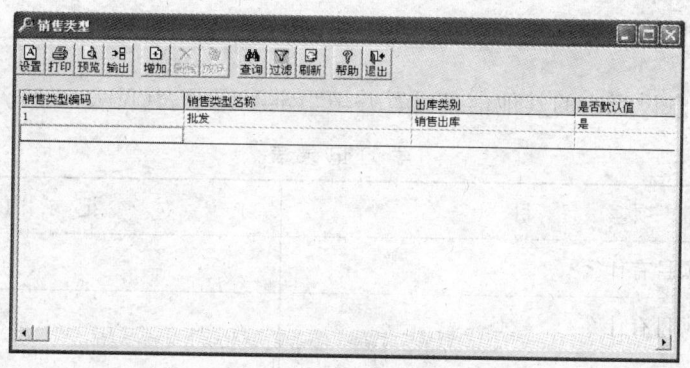

图 6-8 "销售类型"对话框

(2) 在"销售类型"对话框中,单击"销售类型编码"文本框,输入"1";单击"销售类型名称"文本框,输入"批发";单击"出库类别"文本框,输入"201"(也可以双击"出库类别"文本框,选择"销售入库");单击"是否默认值"文本框,选择"是"。

(3) 单击"增加"按钮,保存销售类型。重复操作活动步骤(2),录入其他销售类型信息。

 知识点拨

(1) 存货分类用于设置存货分类编码、名称及所属经济分类。

(2) 存货档案完成对存货目录的设立和管理,随同发货单或发票一起开具的应税劳务等也应设置在存货档案中。

(3) "存货档案"窗口中包括四个选项卡:基本、成本、控制和其他。在"基本"选项卡中,有6个复选框,用户设置存货属性。

销售。用于开具发货单、销售发票、销售出库单等与销售有关的单据参照使用,表示该存货可以用于销售。

外购。用于购货所填制的采购入库单、采购发票等与采购有关的单据参照使用,在采购发票、运费发票上一起开具的采购费用,也应设置为外购属性。

生产耗用。存货可在生产过程中被领用、消耗。生产产品耗用的原材料、辅助材料等在开具材料出库单时参照。

自制。由企业生产自制的存货,如产成品、半成品等,主要用在开具产成品入库单时参照。

在制。指还在制造加工中的存货。

劳务费用。指在采购发票上开具的运输费、包装费等采购费用及开具在销售发票或发货单上的应税劳务、非应税劳务等。

（4）仓库档案。存货一般是用仓库来保管的，对存货进行核算管理，首先应对仓库进行管理，因此进行仓库设置是供销链管理系统的重要基础准备工作之一。第一次使用本系统时，应先将本单位使用的仓库资料，预先输入系统之中，即进行"仓库档案设置"。

（5）收发类别设置，是用户为了对材料的出入库情况进行分类汇总统计而设置的，表示材料的出入库类型，用户可根据各单位的实际需要自由灵活地进行设置。

  活动训练

完成基础信息设置中的其他信息设置并填写学习记录表（见表6-7）。

表6-7　　　　　　　　　　　　学习记录表

项　　　目	记　录　内　容
存货分类的设置项目有什么？	
存货档案的设置项目有什么？	
存货档案的"基本"选项卡中各个属性有什么意义？	

活动6.1.2　设置基础科目

  活动描述

设置完基础信息后，为实现财务业务一体化，还需要进行基础科目设置。请以账套主管的身份在系统中完成该项工作，基础信息见表6-8至表6-11。

表6-8　　　　　　　　　　　　存货科目表

仓库编码	仓库名称	存货分类	存货科目
1	材料库	0101	聚丙烯(140301)
1	材料库	0102	聚乙烯(140302)
1	材料库	0103	红色母料(140303)
1	材料库	0104	黄色母料(140304)
2	产品库	0201	饭盒(140501)
2	产品库	0202	密封盒(140502)
2	产品库	0203	水杯(140503)

表 6-9 存货对方科目

收发类别	对方科目
采购入库	在途物资(1402)
产成品入库	生产成本|材料费(400101)
销售出库	主营业务成本(5401)
材料领用出库	生产成本|材料费(400101)

表 6-10 客户往来科目

基本科目设置		科目名称
应收科目		应收账款(1122)
预收科目		预收账款(2203)
销售收入科目		主营业务收入(5001)
应交增值税科目		应交税费——应交增值税(销项税额)(22210106)
结算方式科目设置		
结算方式	币种	对应科目
现金结算	人民币	库存现金(1001)
现金支票	人民币	银行存款——人民币户(100201)
转账支票	人民币	银行存款——人民币户(100201)

表 6-11 供应商往来科目

基础科目设置		科目名称
应付科目		应付账款(2202)
预付科目		预付账款(1123)
采购科目		在途物资(1402)
采购税金科目		应交税费——应交增值税(进项税额)(22210101)
结算方式科目设置		对应科目
结算方式	币种	
现金结算	人民币	库存现金(1001)
现金支票	人民币	银行存款——人民币户(100201)
转账支票	人民币	银行存款——人民币户(100201)

活动步骤

1. 存货科目

(1) 以账套主管高山(301)的身份登录 T3-企业管理信息化软件教育专版,登录日期为

2014-07-01。执行"核算"|"科目设置"|"存货科目"的命令,打开"存货科目"窗口。

(2) 在"存货科目"对话框中,单击"增加"按钮,增加一行记录,如图6-9所示。

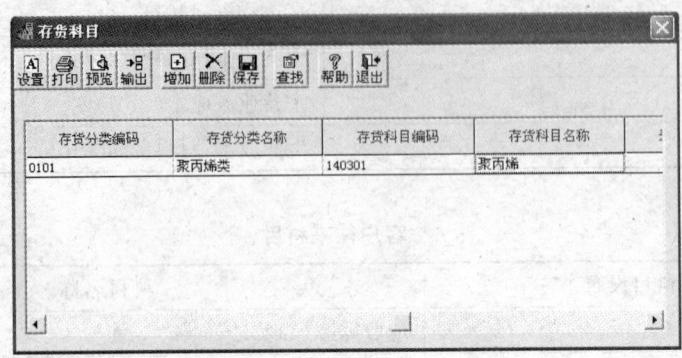

图6-9 "存货科目"对话框

(3) 在"存货科目"对话框中,单击"仓库编码"下拉菜单,参照选择"材料库";单击"存货分类编码"下拉菜单,参照选择"原材料";单击"存货科目编码"文本框,输入"140301"。

(4) 单击"保存"按钮,保存存货科目。重复操作活动步骤(2)和(3),录入其他存货科目信息。

2. 存货对方科目

(1) 执行"核算"|"科目设置"|"存货对方科目"的命令,打开"对方科目"窗口。

(2) 单击"增加"按钮,增加一行记录,如图6-10所示窗口。

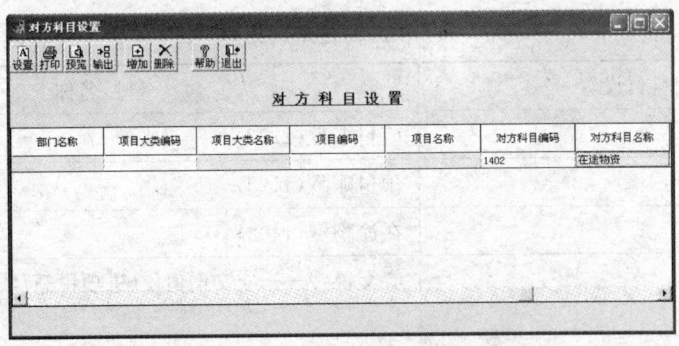

图6-10 "对方科目设置"对话框

(3) 在"对方科目设置"对话框中,单击"收发类别编码"下拉菜单,参照选择"采购入库";单击"存货分类编码"下拉菜单,参照选择"原材料";单击"对方科目编码"文本框,输入"1402"。

(4) 单击"增加"按钮,保存存货科目。重复操作活动步骤(2)和(3),录入其他存货对方科目信息。

3. 客户往来科目

(1) 执行"核算"|"科目设置"|"客户往来科目"的命令,打开"客户往来科目"窗口,如图6-11所示。

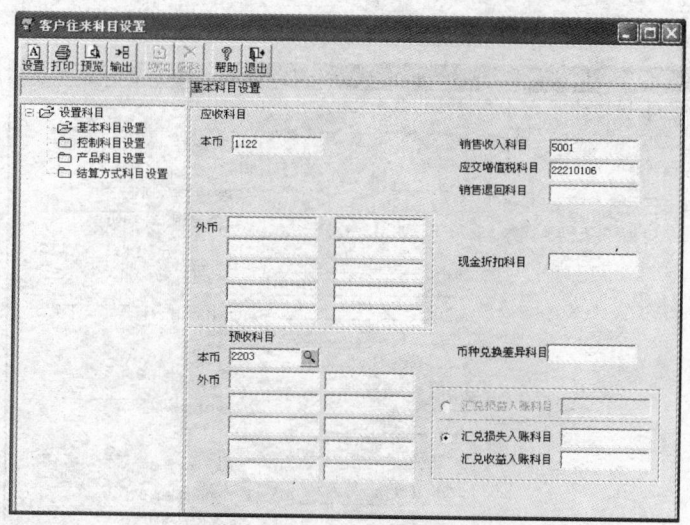

图 6-11 "客户往来科目设置"对话框

(2) 在"客户往来科目设置"对话框中,单击"基本科目设置"按钮,在"应收科目"项目中,在"本币"文本框输入"1122";在"销售收入"文本框输入"5001";在"应交增值税科目"文本框输入"22210106";"预收科目"项目中,在"本币"文本框输入"2203"。

(3) 单击"结算方式科目设置"按钮,打开如图 6-12 所示对话框。

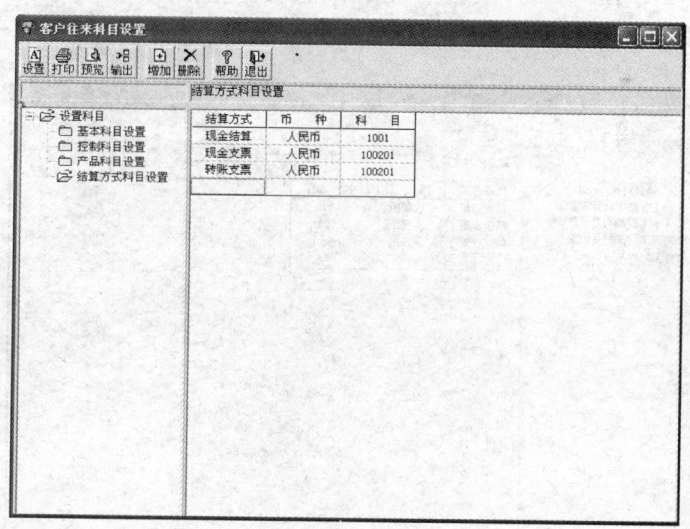

图 6-12 "客户往来科目设置"对话框

(4) 在"客户往来科目设置"对话框中,双击"结算方式"文本框,参照选择"现金结算";单击"币种"文本框,参照选择"人民币";双击"科目"文本框,输入"1001"。

(5) 重复操作活动步骤(4),输入其他结算方式科目设置。

4. 供应商往来科目

(1) 执行"核算"|"科目设置"|"供应商往来科目"的命令,打开"供应商往来科目"窗

口,如图6-13所示。

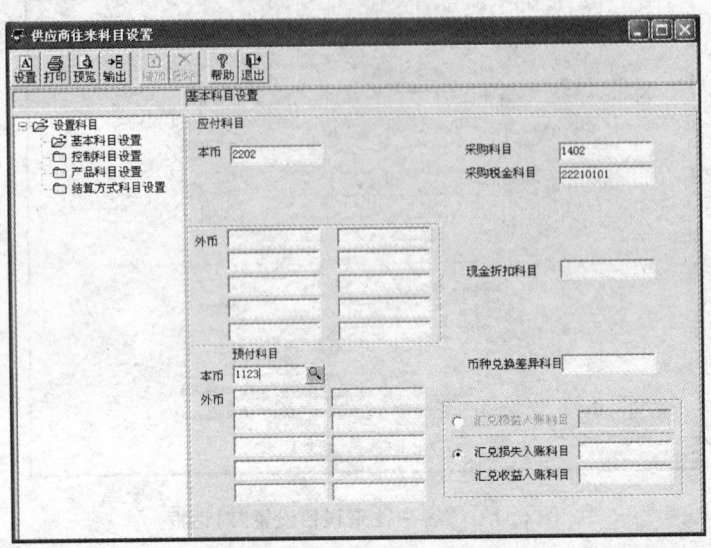

图6-13 "供应商往来科目设置"对话框

(2) 在"供应商往来科目设置"对话框中,单击"基本科目设置"按钮,"应付科目"项目中,在"本币"文本框输入"2202";在"采购科目"文本框输入"1402";在"应交增值税科目"文本框输入"22210101";"预付科目"项目中,在"本币"文本框输入"1123"。

(3) 单击"结算方式科目设置"按钮,打开如图6-14所示对话框。

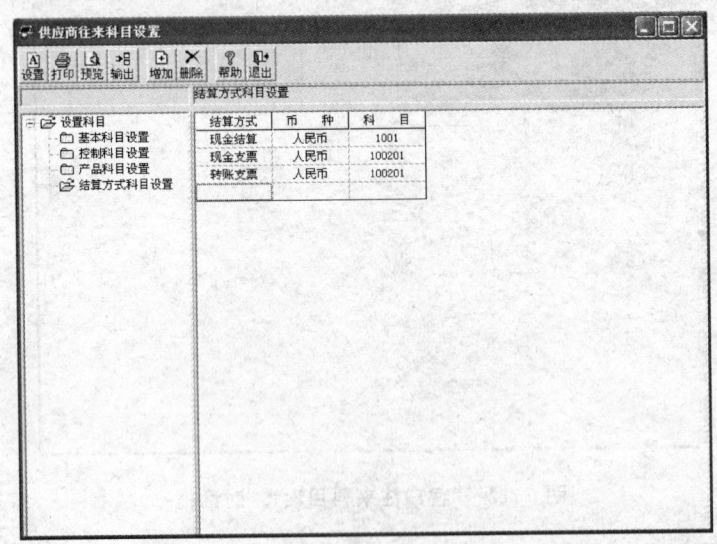

图6-14 "供应商往来科目设置"对话框

(4) 在"供应商往来科目设置"对话框中,双击"结算方式"文本框,参照选择"现金结算";单击"币种"文本框,参照选择"人民币";双击"科目"文本框,输入"1001"。

(5) 重复操作活动步骤(4),输入其他结算方式科目设置。

知识点拨

（1）存货科目用于设置系统中生成凭证所需要的各种存货科目及差异科目，因此用户在制单之前应先在此模块中将存货科目设置正确、完整，否则无法生成科目完整的凭证。

（2）存货对方科目用于设置系统中生成凭证所需要的存货对方科目（即收发类别）所对应的会计科目，因此用户在制单之前应先在此模块中将存货对方科目设置正确、完整，否则无法生成科目完整的凭证。

（3）客户往来科目设置是指企业的应收业务类型比较固定，生成的凭证类型也比较固定，为了简化凭证生成操作，预先将各业务类型凭证中的科目设置完毕。主要包括基本科目设置、结算方式科目设置等。

（4）供应商往来科目设置是指企业的应付业务类型比较固定，生成的凭证类型也比较固定，为了简化凭证生成操作，预先将各业务类型凭证中的科目设置完毕。主要包括基本科目设置、结算方式科目设置等。

 活动训练

完成基础科目设置中的其他基础科目设置并填写学习记录表（见表6-12）。

表6-12　　　　　　　　　　　　　学习记录表

项　　　目	记　录　内　容
存货科目的设置内容有什么？	
存货对方科目的设置内容有什么？	
客户往来科目设置的内容有什么？	
供应商往来科目设置的内容有什么？	

活动6.1.3　录入期初数据

 活动描述

在开始使用购销存系统之前，需要把截止到2014年7月1日前，公司已经发生的一些业务录入系统中，各模块的期初数据如下。

1. 采购模块期初数据

2013年12月25日，采购部收到广州石油化工有限公司提供的聚丙烯200千克，暂估价为10元/千克，材料已经验收入材料库，至今尚未收到发票。

2. 库存和存货系统期初数据

2013年12月31日，对各仓库进行了盘点，结果如表6-13所示。

表6-13　　　　　　　　　　　各仓库盘点结果表

仓库名称	存货编码	存货名称	数量	单价
材料库	1001	聚丙烯	500	10.00
材料库	1002	聚乙烯	250	20.00
材料库	1003	红色母料	100	310.00
材料库	1004	黄色母料	100	420.00
产品库	2001	饭盒	5 000	6.50
产品库	2002	密封盒	3 000	6.00
产品库	2003	水杯	4 000	5.50

3. 客户往来期初数据

应收账款的期初余额为177 600元,以销售普通发票形式输入,具体信息如表6-14所示。

表6-14　　　　　　　　　　　客户往来期初数据

日期	发票号	客户	科目	货物代码	数量	单价
2014-06-10	B000123	东莞市百家百货有限公司	1122	2002	4 150	24.00
2014-06-25	B000456	广州市百利超市	1122	2001	3 000	26.00

4. 供应商往来期初数据

"应付账款"科目余额为276 850元,以采购普通发票输入,具体信息如表6-15所示。

表6-15　　　　　　　　　　　供应商往来期初数据

日期	发票号	供应商	科目	货物代码	数量	单价
2014-10-20	A000123	广州石油化工有限公司	2202	1001	27 685	10.00

活动步骤

1. 采购模块期初数据

(1) 以账套主管高山(301)的身份登录T3-企业管理信息化软件教育专版,登录日期为2014-07-01。执行"采购"|"采购入库单"的命令,打开"期初采购入库单"窗口,如图6-15所示。

(2) 在"期初采购入库单"窗口中,单击"增加"按钮,进入"期初采购入库单"操作窗口。如图6-16所示。

(3) 在"期初采购入库单"对话框中,单击"入库日期"文本框,输入"2013-12-25";双击"仓库"文本框,参照选择"原材料库";双击"供货单位"文本框,参照选择"广州石化"。双击"存货编码"文本框,参照选择"1001";单击"数量"文本框,输入"200";单击"单价"文本框,输入"10"。

(4) 单击"保存"按钮,保存输入的信息。

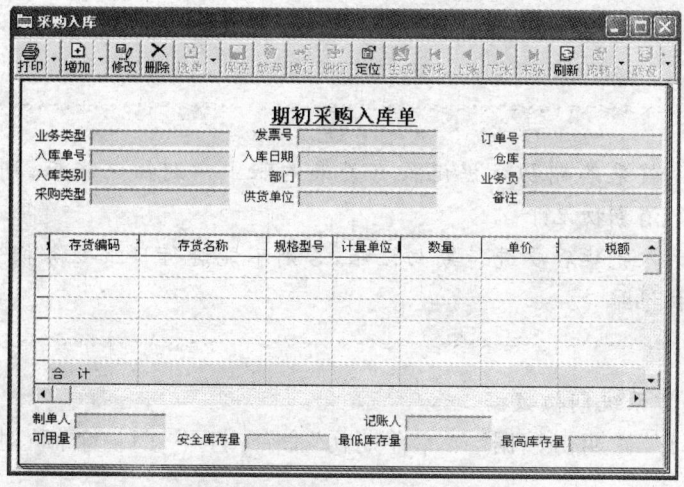

图6-15 "期初采购入库单"对话框

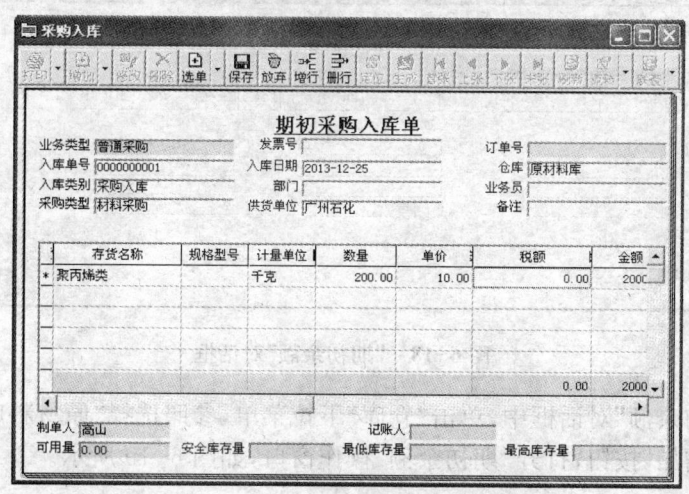

图6-16 "期初采购入库单"对话框

(5) 执行命令"采购"|"采购记账",打开图6-17对话框。

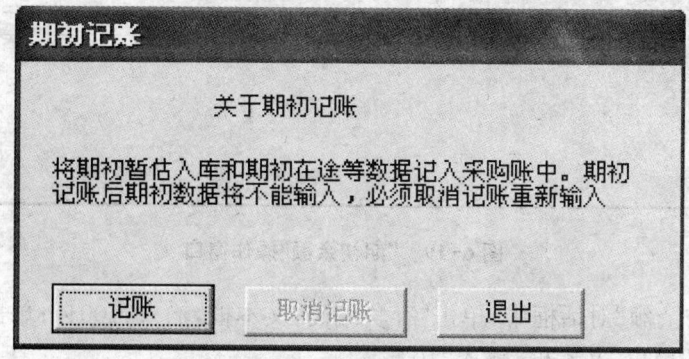

图6-17 "期初记账"对话框

(6) 在"期初记账"文本框中,单击"记账"按钮,完成期初记账。

说 明

期初记账是将采购期初数据记入有关采购账中。期初记账后,期初数据不能增加、修改,除非取消期初记账。

期初数据录入完毕后要进行期初记账,否则不能进行日常业务操作;没有期初数据也要进行期初记账。

2. 库存和存货系统期初数据

(1) 执行"库存"|"期初数据"|"库存期初"命令,打开"期初余额"对话框,如图6-18所示。

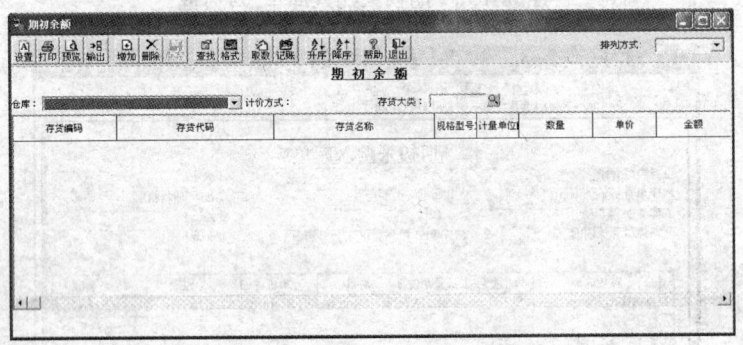

图6-18 "期初余额"对话框

(2) 在"期初余额"对话框中,单击"仓库"下拉菜单,参照选择"原材料库"。

(3) 单击"增加"按钮,打开"期初余额"操作窗口,如图6-19所示。

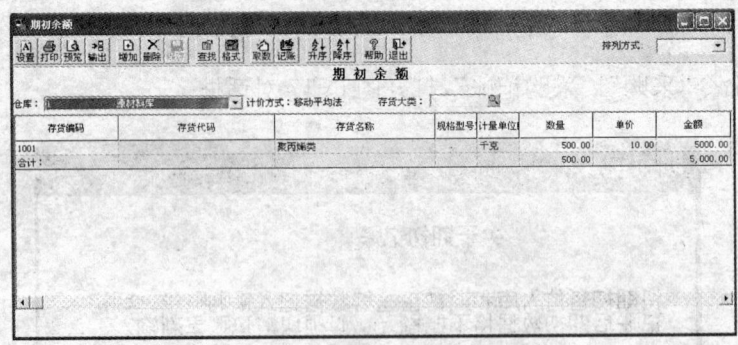

图6-19 "期初余额"操作窗口

(4) 在"期初余额"对话框中,单击"存货编码"文本框,输入"1001";单击"数量"文本框,输入"500";单击"单价"文本框,输入"10"。

(5) 重复操作活动步骤(3)和(4),录入原材料库其他存货期初数据。

（6）单击"保存"按钮，保存原材料库的录入数据。

（7）单击"仓库"下拉菜单，参照选择"产成品库"，重复操作活动步骤（3）和（4），录入产成品库相关存货期初数据。

（8）单击"保存"按钮，保存产成品库的录入数据。

（9）单击"记账"按钮，完成库存期初数据的记账工作。

3. 客户往来期初数据

（1）执行"销售"|"客户往来"|"客户往来期初"命令，打开"客户往来期初"对话框，如图6-20所示。

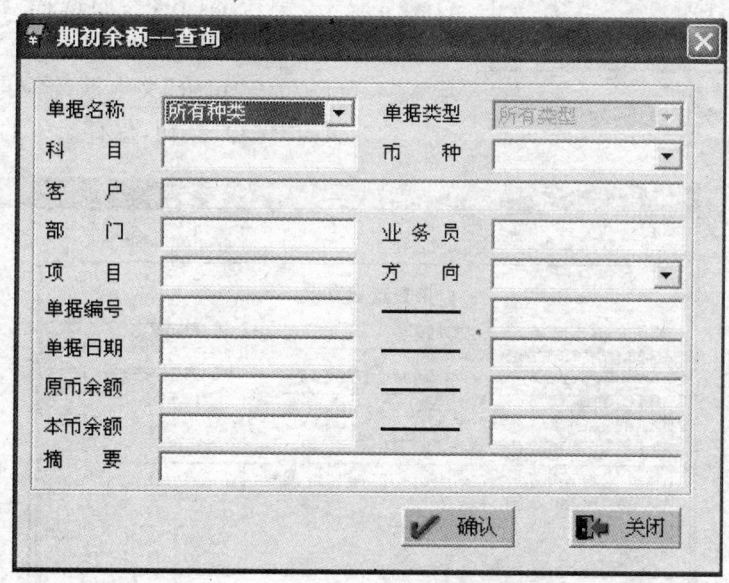

图6-20 "期初余额——查询"对话框

（2）在"期初余额——查询"对话框中，单击"确认"按钮，打开"期初余额"对话框，如图6-21所示。

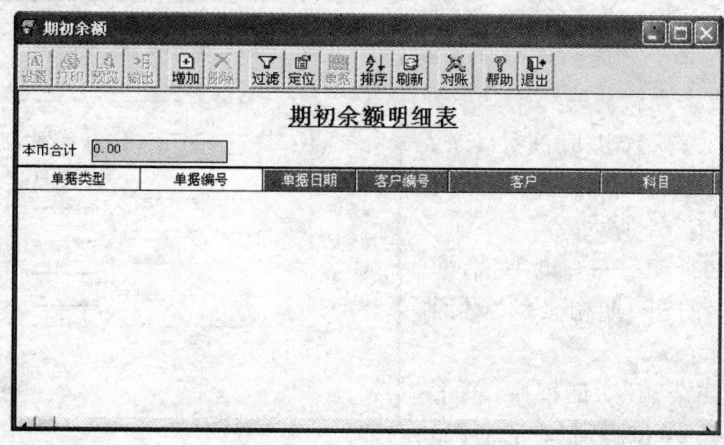

图6-21 "期初余额"对话框

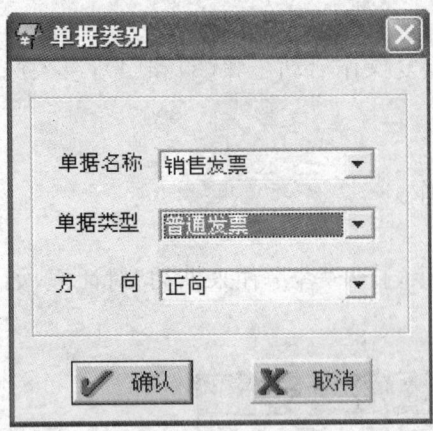

图6-22 "单据类别"对话框

(3)在"期初余额"对话框中,单击"增加"按钮,打开"单据类别"对话框,如图6-22所示。

(4)在"单据类别"对话框中,单击"单据类型"下拉菜单,参照选择"普通发票",单击"确认"按钮,打开"期初录入"对话框,如图6-23所示。

(5)在"期初录入"对话框中,单击"开票日期"文本框,输入"2014-06-10";单击"发票号"文本框,输入"B000123";双击"客户名称"文本框,参照选择"东莞百家";双击"销售部门",参照选择"销售部"。单击"货物名称"文本框,输入"2002";单击"数量"文本框,输入"4150";单击"单价"文本框,输入"24"。

(6)单击"保存"按钮,保存录入的数据。

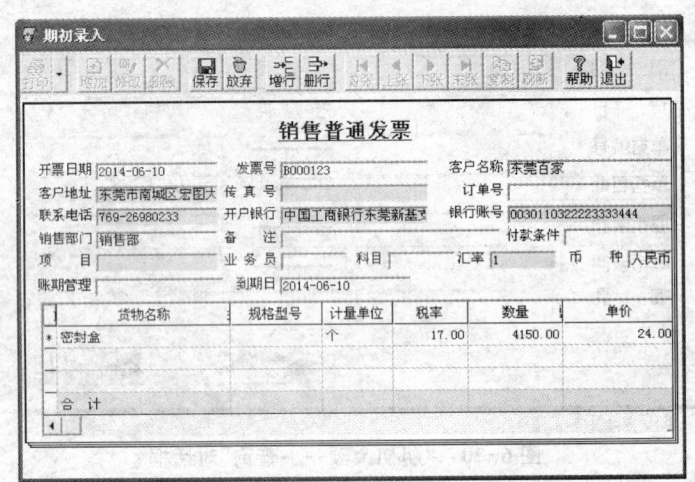

图6-23 "期初录入"对话框

(7)单击"增加"按钮,重复操作步骤(5)和(6),录入其他客户往来期初数据。

4. 供应商往来期初数据

(1)执行"采购"|"供应商往来"|"供应商期初"命令,打开"供应商往来期初"对话框,如图6-24所示。

(2)在"期初余额——查询"对话框中,单击"确认",打开"期初余额"对话框,如图6-25所示。

(3)在"期初余额"对话框中,单击"增加"按钮,打开"单据类别"对话框,如图6-26所示。

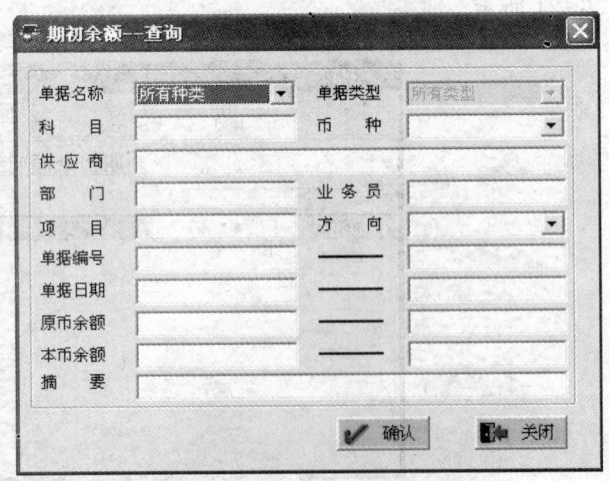

图6-24 "期初余额——查询"对话框

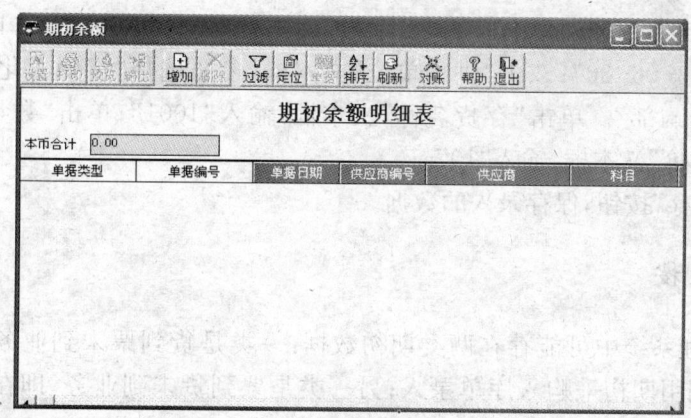

图 6-25 "期初余额"对话框

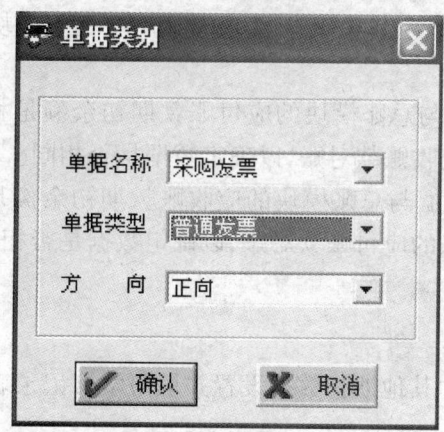

图 6-26 "单据类别"对话框

(4) 在"单据类别"对话框中,单击"单据类型"下拉菜单,参照选择"普通发票",单击"确认"按钮,打开"期初录入"对话框,如图 6-27 所示。

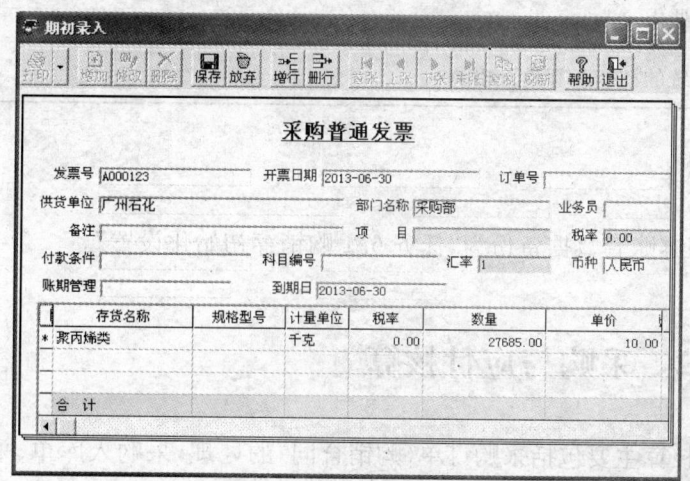

图 6-27 "期初录入"对话框

（5）在"期初录入"对话框中，单击"发票号"文本框，输入"A000123"；单击"开票日期"文本框，输入"2013-06-30"；双击"供货单位"文本框，参照选择"广州石化"；双击"部门名称"，参照选择"采购部"。单击"存货名称"文本框，输入"1001"；单击"数量"文本框，输入"27685"；单击"单价"文本框，输入"10"。

（6）单击"保存"按钮，保存录入的数据。

 知识点拨

（1）采购管理系统中可能存在两类期初数据：一类是货到票未到业务，即暂估入库业务，此类业务应调用期初采购入库单录入；另一类是票到货未到业务，即在途业务，此类业务应调用期初采购发票录入。

（2）库存和存货共用期初数据。各个仓库存货的期初数据既可以在库存模块录入，也可以在核算模块录入。只要在其中一个模块录入，另一个模块就会自动获得期初库存数据。

（3）客户往来期初数据与总账模块的应付账款期初余额是相同的，客户往来期初数据录入完毕后需要与总账的应收账款对账，以确定数据是否相同。

（4）供应商往来期初数据与总账模块的应收账款期初余额是相同的，供应商往来期初数据录入完毕后需要与总账的应付账款对账，以确定数据是否相同。

 活动训练

完成期初数据设置中的其他期初数据设置并填写学习记录表（见表6-16）。

表6-16　　　　　　　　　　　学习记录表

项　　目	记录内容
基础信息设置有哪些内容？	
基础科目设置有哪些内容？	
期初余额与总账系统的期初余额是否相同？	

 活动成果

操作至此，将本账套数据备份为"任务6.1购销存初始化设置"。

 任务6.2　采购与应付核算

采购与应付核算主要包括采购订单（购销合同）的处理，采购入库单、采购发票的处理，采购付款单的处理等内容。

活动 6.2.1　处理采购订单

活动描述

采购订单

2014年07月03日,公司与东莞市益能化工有限公司签订合同,订购一批红色母料20千克,单价为310元,预计07月05日到达。

活动步骤

(1) 以采购专员张成(304)登录T3-企业管理信息化软件教育专版,登录日期为2014-07-03。执行"采购"|"采购订单",打开"采购订单"对话框,单击"增加"按钮,如图6-28所示。

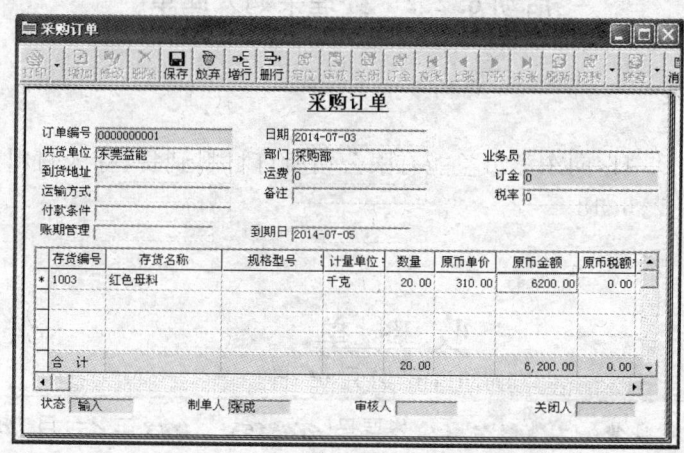

图6-28　"采购订单"对话框

(2) 在"采购订单"对话框中,单击"日期"文本框,输入"2014-07-03";双击"供货单位"文本框,参照选择"东莞益能";双击"部门"文本框,参照选择"采购部";单击到期日文本框,输入"2014-07-05"。单击"存货编号"文本框,输入"1003";单击"数量"文本框,输入"20";单击"原币单价"文本框,输入"310"。

(3) 单击"保存"按钮,保存录入的采购订单。

(4) 单击"审核"按钮,审核采购订单。

知识点拨

(1) 采购订单也称采购合同,是企业与供应商之间签订的一种购销协议,主要内容包括采购货物名称、采购数量、供货方、到货时间等。

(2) 经供货单位审核确认后的订单,可以生成入库单和采购发票。

(3) 采购入库单和采购发票必须关联采购订单的时候才可以对照选择订单。

活动训练

填写学习记录表(见表6-17)。

表6-17　　　　　　　　　　　学习记录表

项　目	记录内容
采购订单主要操作内容有哪些?	
采购订单在什么情况下可以对照生成采购入库单和采购发票?	
采购订单审核与否有什么区别?	

活动6.2.2　处理采购入库单

 活动描述

2014年07月05日,向东莞市益能有限公司所订材料到货,存入材料库。填制采购入库单。业务单据见表6-18。

表6-18

收 料 单

NO.19010213

2014年 07月 05 日

来料单位: 东莞市益能化工有限公司　　发票号:0763253　　2013年 05月 10日 收到

材料名称	送验数量	实收数量	单位	单价	买价	运杂费	成本总额									单位成本
							十	万	千	百	十	元	角	分	
红色母料	20	20	千克	310.00	6 200.00	0.00			6	2	0	0	0	0	310.00
备注				合计 ¥ 6 200.00											

验收人: 王明　　保管: 齐铭　　记账: 李一凡　　制单: 齐铭

第二联 记账联

活动步骤

(1) 采购专员张成(304)登录T3-企业管理信息化软件教育专版,登录日期为2014-07-05。执行"采购"|"采购入库单",打开"采购入库单"对话框,单击"增加——采购入库单",如图6-29所示。

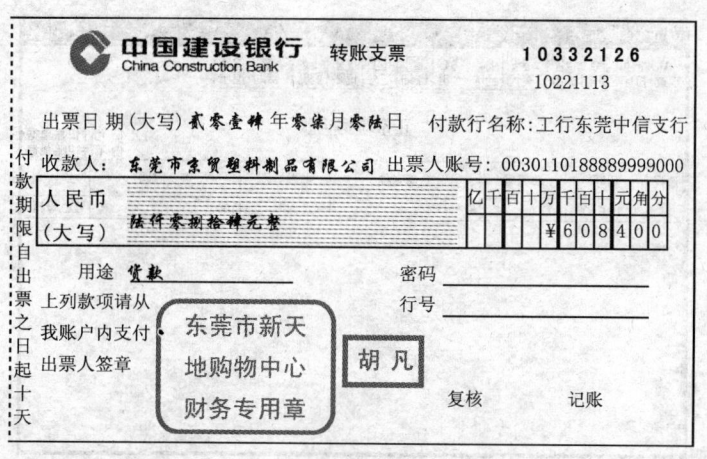

图 6-29 "采购入库单"对话框

(2) 在"采购入库单"对话框中,单击"入库日期"文本框,输入"2014-07-05";双击"仓库"文本框,参照选择"原材料库";双击"供货单位"文本框,参照选择"东莞益能"。单击"存货编码"文本框,输入"1003";单击"数量"文本框,输入"20";单击"单价"文本框,输入"310"。

(3) 单击"保存"按钮,保存录入的采购入库单。

(4) 执行"库存"|"采购入库单审核",打开"采购入库单"对话框,单击"审核"按钮,审核采购入库单,如图 6-30 所示。

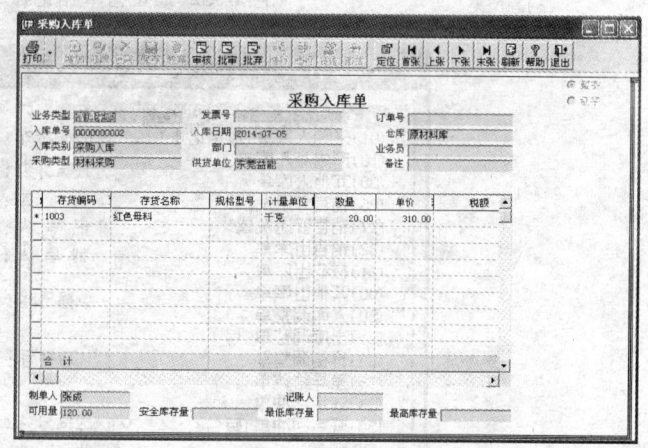

图 6-30 "采购入库单"审核对话框

(5) 执行"核算"|"核算"|"正常单据记账",打开"正常单据记账条件"对话框,单击"确定"按钮。如图 6-31 所示。

(6) 在"正常单据记账条件"对话框中单击"选择"文本框,选择需要记账的入库单,单击"记账"按钮,完成采购入库单的记账。如图 6-32 所示。

(7) 执行"核算"|"凭证"|"购销单据制单",在打开的窗口中单击"选择"按钮,打开"查询条件"对话框。如图 6-33 所示。

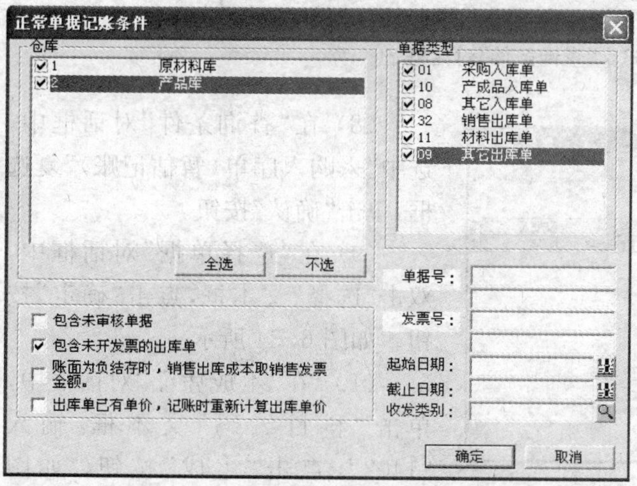

图 6-31 "正常单据记账条件"对话框

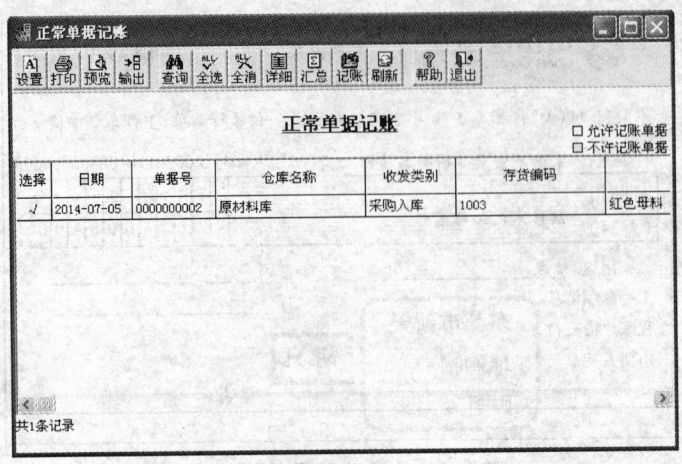

图 6-32 "正常单据记账"对话框

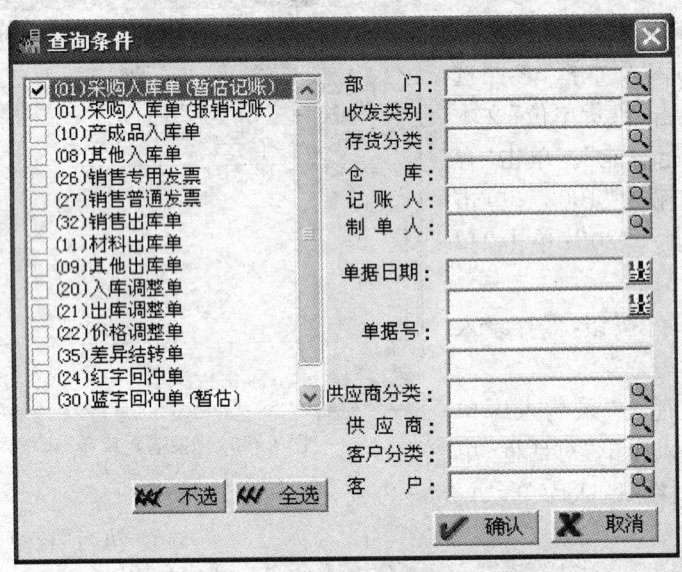

图 6-33 "查询条件"对话框

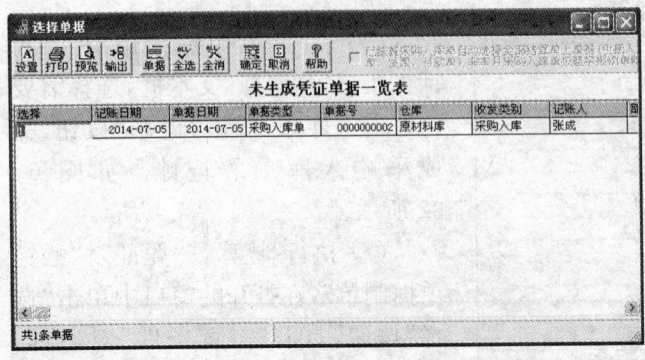

图 6-34 "单据选择"对话框

（8）在"查询条件"对话框中，选中"采购入库单（暂估记账）"复选框，单击"确认"按钮。

（9）在"选择单据"对话框中，双击"选择"文本框，点击"确定"按钮。如图 6-34 所示。

（10）在"生成凭证"对话框中，单击"科目编码"文本框，输入"1402"，点击"生成"按钮。如图 6-35 所示。

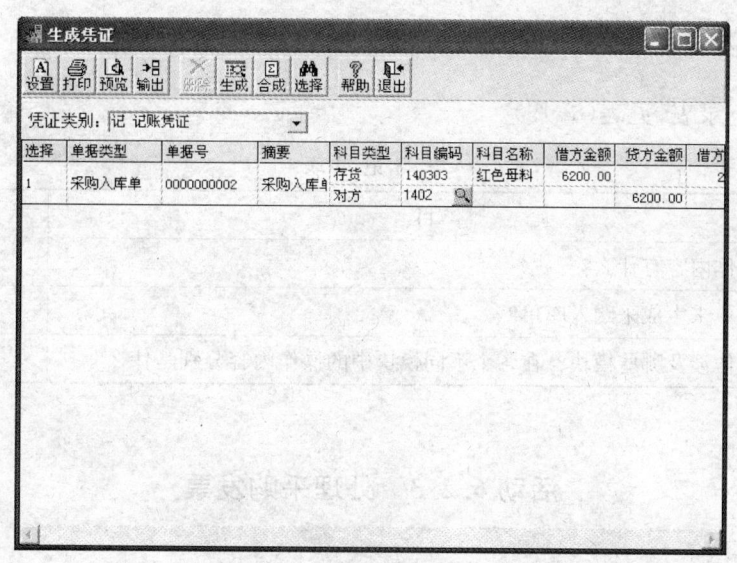

图 6-35 "生成凭证"对话框

(11) 在"填制凭证"对话框中,单击"保存"按钮,保存已生成的凭证。如图 6-36 所示。

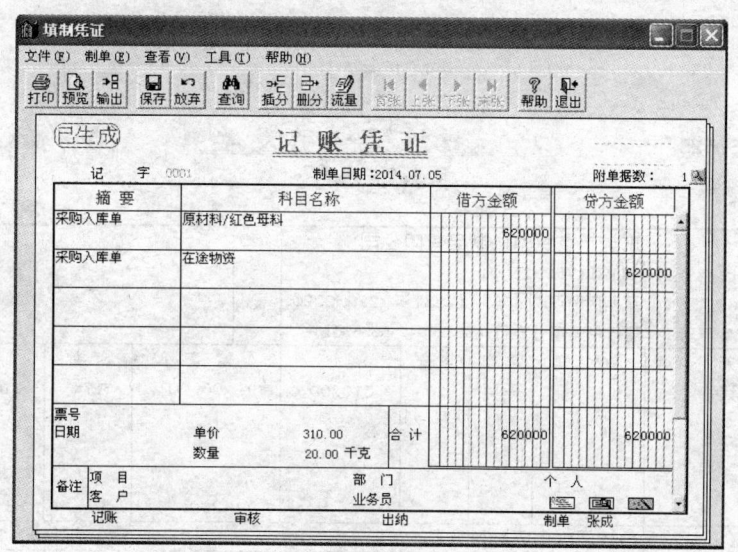

图 6-36 "填制凭证"对话框

 知识点拨

(1) 采购入库单是根据采购到货签收的实收数量填制的单据。
(2) 采购入库单按进出库方向划分为入库单和退货单。
(3) 采购入库单可以直接录入,也可以参照选择采购订单或者采购发票生成。
(4) 已经审核的采购入库单不能再次修改,如要修改,则要先取消审核。

活动训练

填写学习记录表,见表(6-19)。

表 6-19 学习记录表

项　　目	记录内容
采购入库单的操作内容有什么?	
如何参照采购订单来生成采购入库单?	
采购入库单的操作涉及哪些模块?在各个不同模块中的操作内容分别是什么?	

活动 6.2.3　处理采购发票

 活动描述

2014 年 07 月 05 日,收到该笔业务的增值税专用发票一张,发票号 0763253,填制采购发票。见表 6-20。

表 6-20

44001186528							No 0763253	
						开票日期:2014 年 07 月 05 日		
购货单位	名　　称:	东莞市京贸塑料制品有限公司			密码区	(略)		
	纳税人识别号:	441911792915001						
	地址、电话:	东莞市莞城区学院路287号　22662220						
	开户行及账号:	建行东莞建业支行1056020040405555678						
货物及应税劳务名称	规格型号	单位	数量	单价	金额	税率	税额	
红色母料		千克	20	310.00	6 200.00	17%	1 054.00	
合　　计					￥6 200.00		￥1 054.00	
价税合计(大写)	⊗柒仟贰佰伍拾肆元整					(小写) ￥7 254.00		
销货单位	名　　称:	东莞市益能化工有限公司			备注			
	纳税人识别号:	440101179291601						
	地址、电话:	东莞市桑园狮龙路20号26753700						
	开户行及账号:	建行东莞桑园支行1056020011112222333						
收款人:张智光		复核:刘依琳		开票人:王允		销货单位:(章)		

 活动步骤

1. 采购发票

(1) 以采购专员张成(304)的身份登录 T3-企业管理信息化软件教育专版,登录日期为

2014-07-05。执行"采购"|"采购发票",打开"采购发票"对话框,单击"增加——专用发票",如图 6-37 所示。

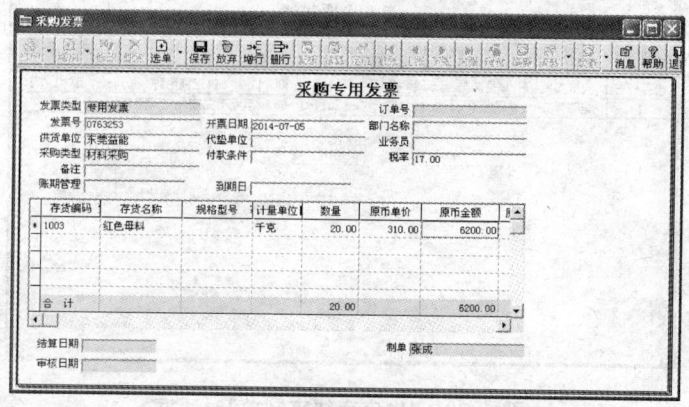

图 6-37 "采购专用发票"对话框

(2) 在"采购专用发票"对话框中,单击"发票号"文本框,输入"0763253";单击"开票日期"文本框,输入"2014-07-05";双击"供货单位"文本框,参照选择"东莞益能";单击"存货编码"文本框,输入"1003";单击"数量"文本框,输入"20";单击"原币单价"文本框,输入"310"。

(3) 单击"保存"按钮,保存录入的采购发票信息。

(4) 单击"结算"按钮,完成结算处理。

2. 采购制单

(1) 以账套主管高山(301)的身份重新登录 T3-企业管理信息化软件教育专版,登录日期为 2014-07-05。执行"核算"|"凭证"|"供应商往来制单",打开"供应商制单查询"对话框。如图 6-38 所示。

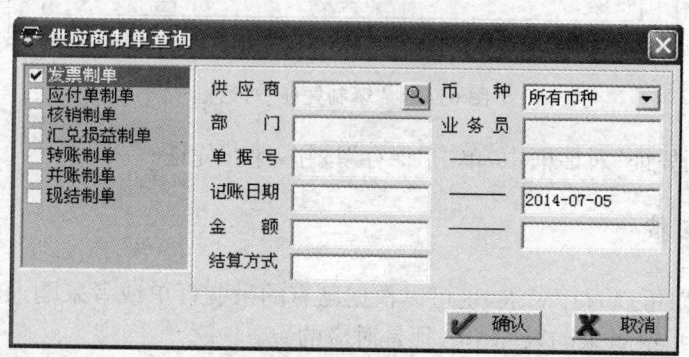

图 6-38 "供应商制单查询"对话框

(2) 在"供应商制单查询"对话框中,选中"发票制单"复选框",单击"确认"按钮。打开"供应商往来制单"对话框,如图 6-39 所示。

(3) 在"供应商往来制单"对话框中,双击"选择标志"文本框,单击"制单"按钮,打开"填制凭证"对话框,如图 6-40 所示。

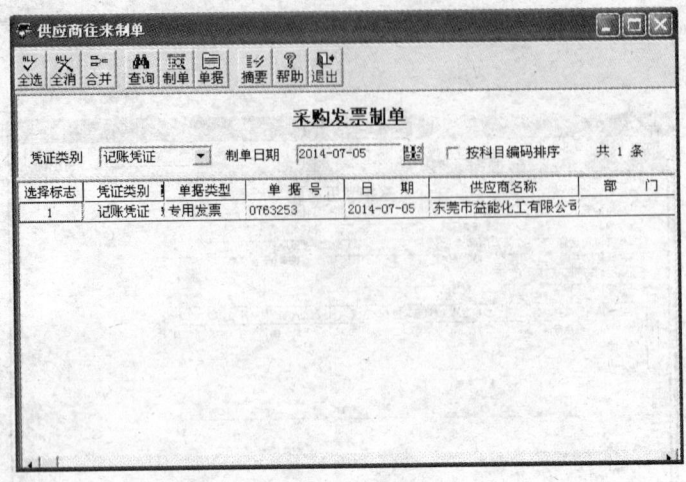

图 6-39 "供应商往来制单"对话框

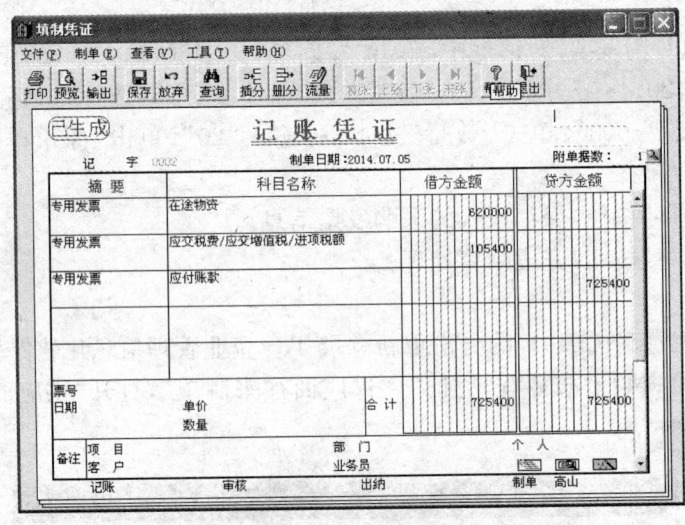

图 6-40 "填制凭证"对话框

(4) 在"填制凭证"对话框中,单击"保存"按钮,保存凭证。

 知识点拨

(1) 采购发票可以直接录入,也可以根据已有的采购订单或者采购入库单参照生成(采购发票与采购订单或者采购入库单必须是对应的)。

(2) 采购结算也叫采购报账,在手工业务中,采购业务员拿着经主管领导审批过的采购发票和仓库确认的入库单到财务部门,由财务人员确认采购成本。采购结算是针对"一般采购"业务类型的入库单,根据发票确认其采购成本。

(3) 采购结算从操作处理上分为自动结算、手工结算两种方式。若采购发票与采购入库单有相同的供货单位、存货相同且数量相等,可以采购自动结算的方式来完成结算,否则只能使用手工结算的方式来完成结算。

活动训练

填写学习记录表(见表6-21)。

表6-21　　　　　　　　　　学习记录表

项　　目	记　录　内　容
采购发票的操作内容有哪些?	
可以自动结算的条件是什么?	
采购发票的操作步骤是什么?	

活动6.2.4　处理采购付款单

 活动描述

2014年07月05日,财务部开出转账支票一张,支付所欠货款。如表6-22所示。

表6-22

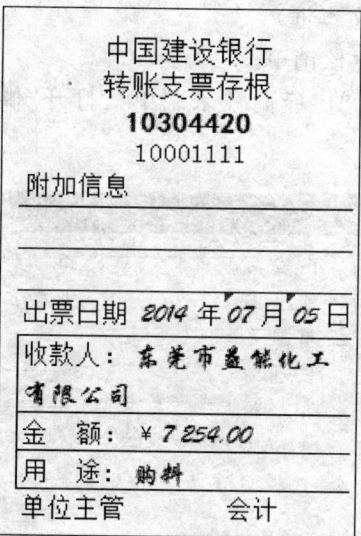

活动步骤

(1) 以账套主管高山(301)的身份重新登录T3-企业管理信息化软件教育专版,登录日期为2014-07-05。执行"采购"|"供应商往来"|"付款结算",打开"单据结算"对话框。如图6-41所示。

(2) 在"单据结算"对话框中,双击"供应商"文本框,参照选择"东莞市益能化工有限公

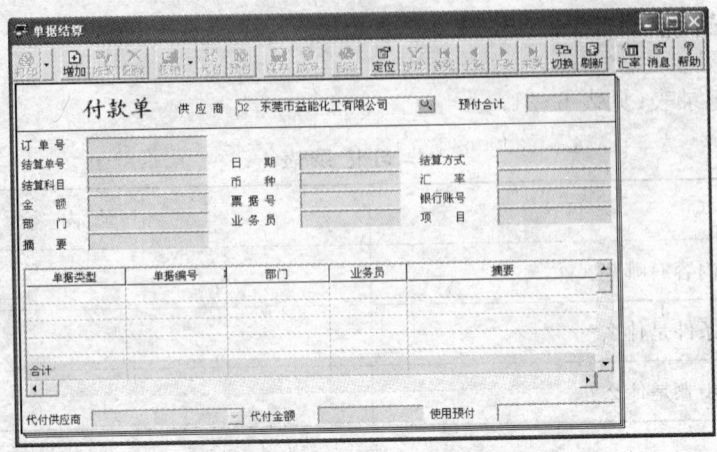

图 6-41 "单据结算"对话框

司";单击"增加"按钮,在"日期"文本框输入"2014-07-05";双击"结算方式"文本框,参照选择"转账支票";单击"金额"文本框,输入"7254";单击"票据号"文本框,输入"10304420"。

(3) 单击"保存"按钮,保存输入的付款单信息。

(4) 在"单据结算"对话框中,单击"核销"下拉菜单,选择"同币种核销",打开需要核销的单据表体。

(5) 在表体中,单击"本次结算"文本框,输入"7254"(若本次结算金额与"余额"所显示的金额相同,直接双击"余额"文本框)。

(6) 单击"保存"按钮,保存核销单。

(7) 执行"核算"|"凭证"|"供应商往来制单",打开"供应商制单查询"对话框。如图 6-42 所示。

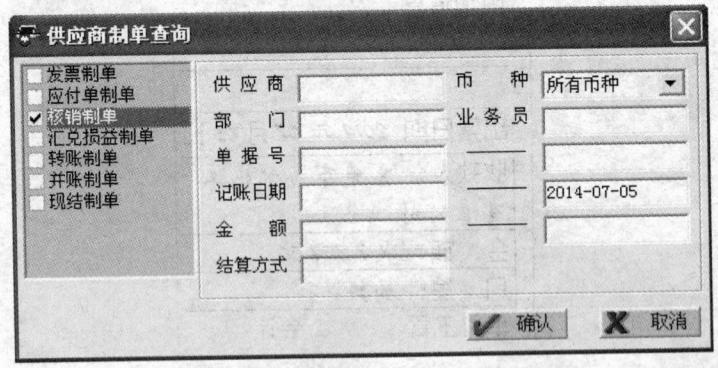

图 6-42 "供应商制单查询"对话框

(8) 在"供应商制单查询"对话框中,单击"核销制单"复选框,点击确认。打开"供应商往来制单"对话框,如图 6-43 所示。

(9) 在"供应商往来制单"对话框中,双击"选择标志"文本框,单击"制单"按钮,打开"填制凭证"窗口,如图 6-44 所示。

单元 6　操作购销存模块

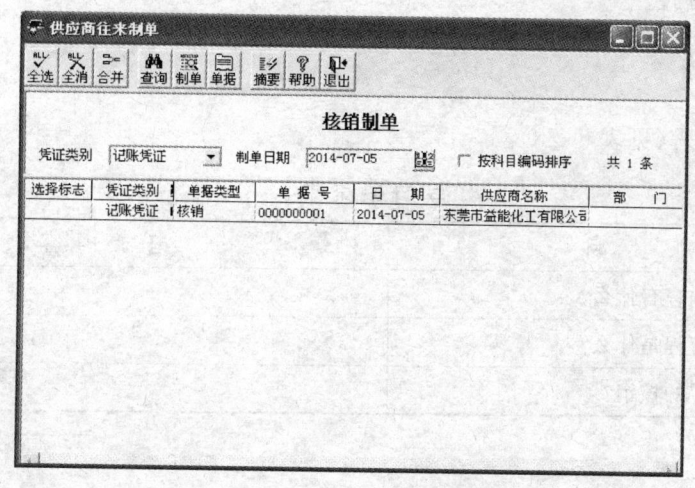

图 6-43　"供应商往来制单"对话框

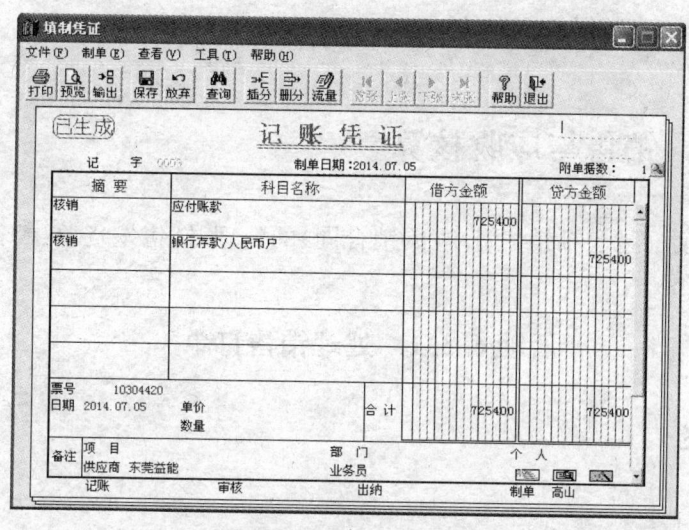

图 6-44　"填制凭证"对话框

（10）单击"保存"按钮，保存系统自动生成的记账凭证。

 知识点拨

（1）采购发票是从供货单位取得的进项发票及发票清单。在收到供货单位的发票后，如果没有收到供货单位的货物，可以对发票压单处理，待货物到达后，再输入计算机做报账结算处理。也可以先将发票输入计算机，以便实时统计在途货物。采购发票按发票类型分为专用发票、普通发票。

（2）采购结算也叫采购报账，在手工业务中，采购业务员拿着经主管领导审批过的采购发票和仓库确认的入库单到财务部门，由财务人员确认采购成本。采购结算是针对"一般采购"业务类型的入库单，根据发票确认其采购成本。采购结算从操作处理上分为自动结

215

算、手工结算两种方式。

 活动训练

填写学习记录表(见表6-23)。

表6-23　　　　　　　　　　　学习记录表

项　　目	记　录　内　容
采购付款单的操作内容有什么？	
采购付款单的操作流程是什么？	
如何取消采购付款单的核销？	

 活动成果

操作至此,将本账套数据备份为"任务6.2 采购与应付核算"。

任务6.3　销售与应收核算

销售与应收核算主要包括销售订单(购销合同)的处理,销售发货单、销售发票的处理,收款结算处理等内容。

活动6.3.1　处理销售订单

 活动描述

销售订单

2014年07月06日,东莞市新天地购物中心订购饭盒200个,单价为26.00元。

 活动步骤

销售订单。

(1)以销售专员李大兵(305)的身份登录T3-企业管理信息化软件教育专版,登录日期为2014-07-06。执行"销售"|"销售订单",打开"销售订单"对话框,单击"增加",如图6-45所示。

(2)在"销售订单"对话框中,单击"日期"文本框,输入"2014-07-06";双击"客户名称"文本框,参照选择"东莞新天地";双击"部门"文本框,参照选择"销售部"。双击"货物名称"文本框,参照选择"饭盒";单击"数量"文本框,输入"200";单击"报价"文本框,输入"26"。

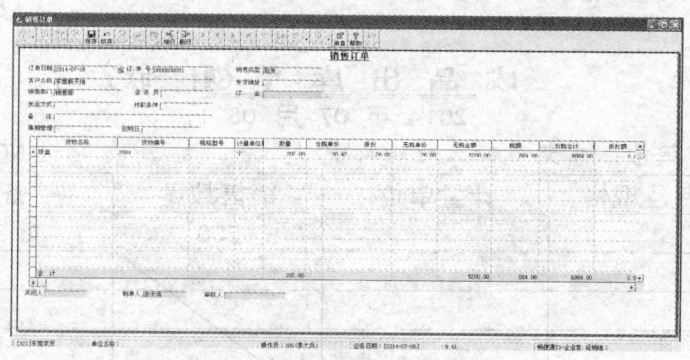

图 6-45 "销售订单"对话框

(3) 单击"保存"按钮,保存录入的销售订单。
(4) 单击"审核"按钮,审核销售订单。

知识点拨

(1) 销售订单是反映由购销双方确认的客户要货需求的单据。客户的要货需求通过销售订单的形式反映,企业根据销售订单组织货源,并对订单的选择进行管理、控制和追踪。
(2) 销售订单录入的主要内容包括销售发货的日期、货物明细、价格、数量等。
(3) 销售订单保存之后,只有通过审核才能在录入销售发货单或销售发票时候来参照选择。
(4) 已经审核的销售订单不能再进行修改操作,如果需要修改,则要先取消审核。

活动训练

填写学习记录表(见表 6-24)。

表 6-24　　　　　　　　　　学 习 记 录 表

项　　目	记 录 内 容
销售订单的录入有哪些主要操作内容?	
销售订单的操作流程是什么?	
经过审核的销售订单与未经审核的销售订单在系统中有何区别?	

活动 6.3.2　处理销售发货单

活动描述

2014 年 07 月 06 日,销售部从产成品库向东莞市新天地购物中心发出其所订的饭盒,填制销售发货单(见表 6-25)。

表 6-25

成 品 出 库 单（财会联）
2014 年 07 月 06 日

购货单位：东莞市新天地购物中心　　　　　　　　NO 0901

品名及规格	计量单位	销售数量	备注
饭盒	个	200	

主管：王国勤　　　复核：周迪生　　　制单：乔铭

活动步骤

1. 销售发货单处理

（1）执行"销售"|"销售订单"，打开"销售订单"对话框，单击"增加"按钮，打开"选择订单"对话框，如图 6-46 所示。

（2）在"订单选择"对话框中，单击"显示"按钮，显示已审核的销售订单，选中之后点击"确认"按钮，打开"发货单"对话框，如图 6-47 所示。

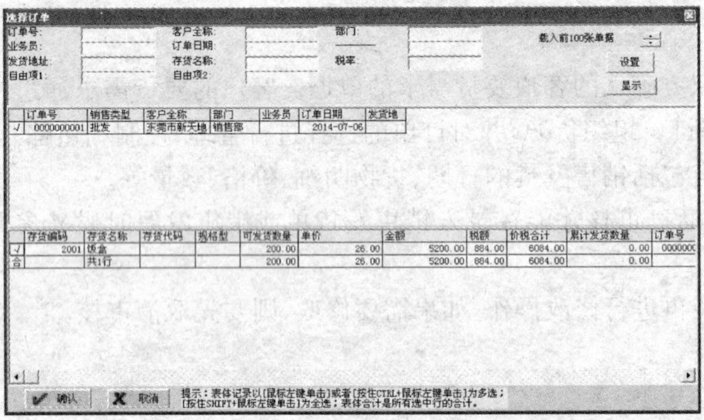

图 6-46　"选择订单"对话框

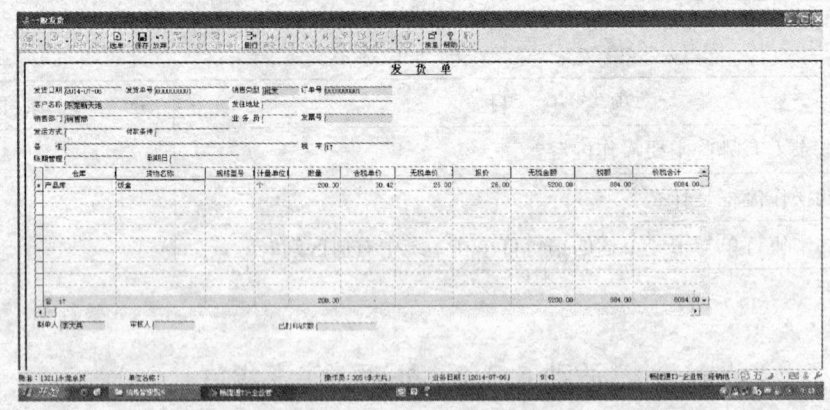

图 6-47　"发货单"对话框

（3）在"发货单"对话框中，双击"仓库"文本框，对照选择"产品库"。

（4）单击"保存"按钮，保存发货单。

（5）单击"审核"按钮，审核发货单。

2. 销售出库单

(1) 执行"库存"|"销售出库单生成/审核",打开"销售出库单"对话框,单击"生成"按钮,打开"发货单或发票参照"对话框,如图6-48所示。

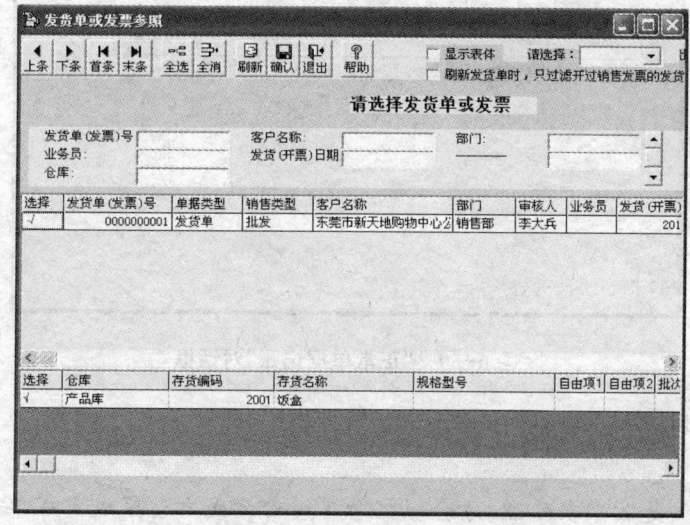

图6-48 "发货单生成或参照"对话框

(2) 在"发票单或发票参照"对话框中,单击"刷新"按钮,选中显示出来的发货单,单击"确认"按钮,打开"销售出库单"对话框,如图6-49所示。

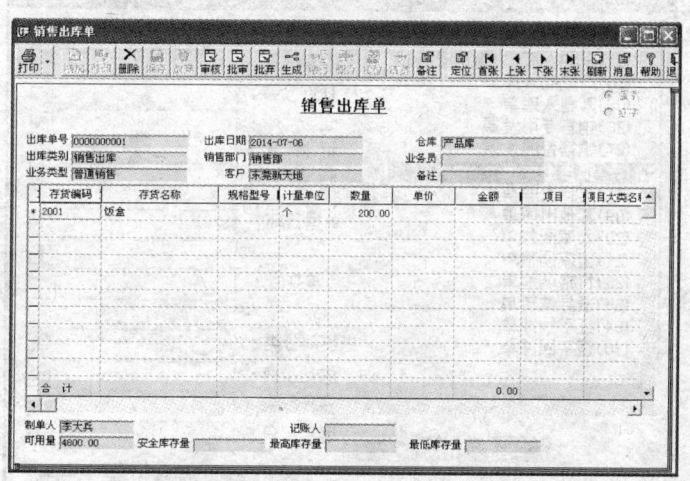

图6-49 "销售出库单"对话框

(3) 在"销售出库单"对话框中,单击"审核"按钮。

3. 销售发货单制单

(1) 以账套主管高山(301)的身份登录T3-企业管理信息化软件教育专版,登录日期为2014-07-06。执行"核算"|"核算"|"正常单据记账",对已审核的销售出库单进行记账。如图6-50所示。

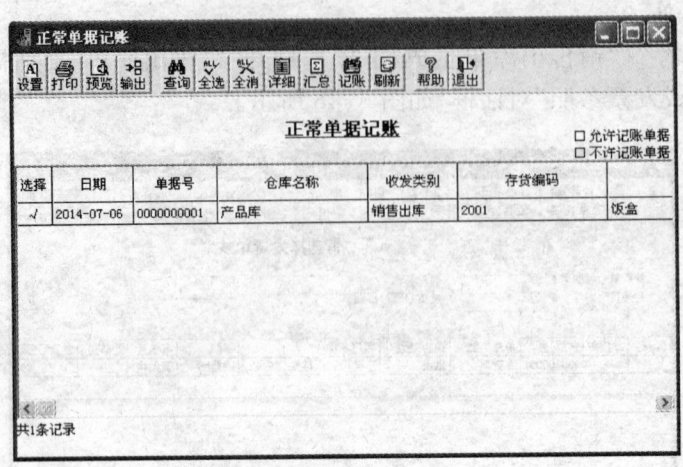

图 6-50 "正常单据记账"对话框

> **说 明**
>
> 记账后应该是做期末处理,才会根据仓库计价方式自动生成出库单的成本。

(2) 执行"核算"|"凭证"|"购销单据制单",打开"查询条件"对话框。如图 6-51 所示。

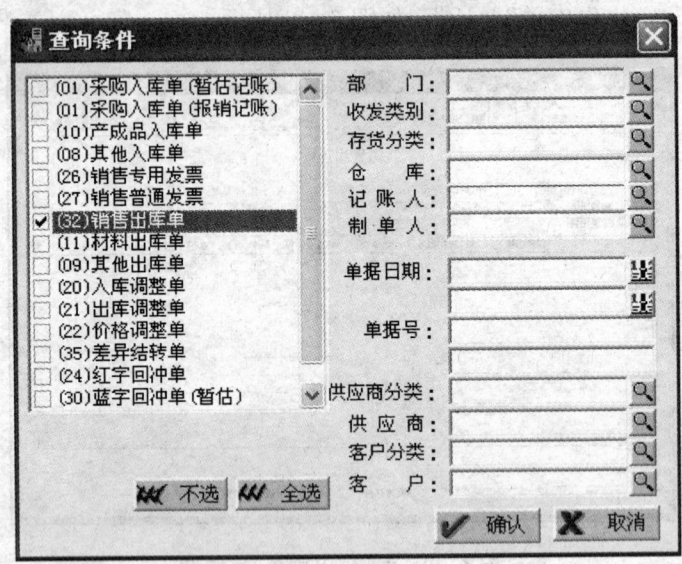

图 6-51 "查询条件"对话框

(3) 在"查询条件"对话框中,单击"销售出库单"复选框;单击"确认"按钮,打开"生成凭证"对话框,如图 6-52 所示。

(4) 在"生成凭证"对话框中,单击"选择"文本框,选择销售出库单,单击"生成"按钮,打开"填制凭证"对话框,如图 6-53 所示。

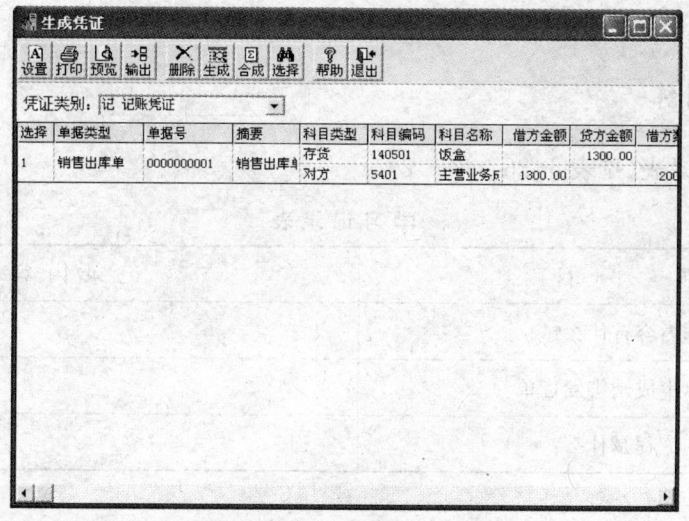

图 6-52 "生成凭证"对话框

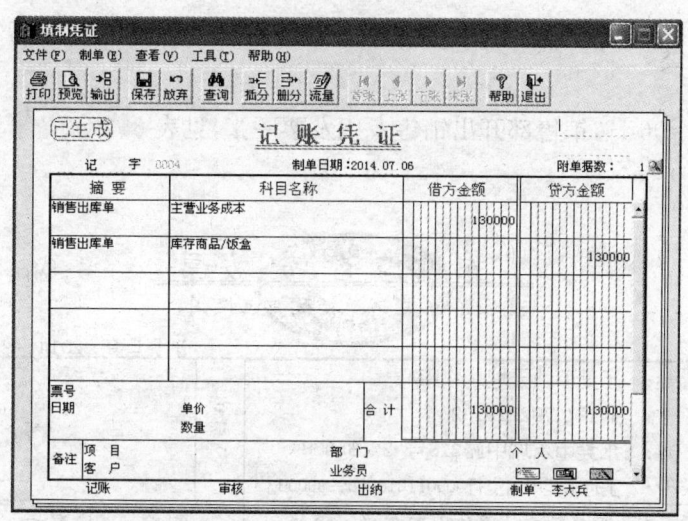

图 6-53 "填制凭证"对话框

(5) 在"填制凭证"对话框中,单击"保存"按钮,保存已生成的记账凭证。

 知识点拨

(1) 发货单是普通销售发货业务的执行载体。在先发货后开票业务模式下,发货单由销售部门根据销售订单产生,客户通过发货单取得货物的实物所有权。

(2) 在开票直接发货业务模式下,发货单由销售部门根据销售发票产生,作为货物发出的依据。在此情况下,发货单只作浏览,不能进行增删改和审核等操作。

(3) 本系统允许先发货后开票和开票直接发货这两种模式同时存在。根据不同的参数设置,销售出库单的生成,可以在销售系统发货单审核时自动生成,或由库存系统调阅已审核的发货单生成。

活动训练

填写学习记录表(见表6-26)。

表6-26　　　　　　　　　学习记录表

项　　目	记录内容
销售发货单的操作内容有什么？	
如何根据销售订单生成销售发货单？	
销售发货单的操作流程是什么？	

活动6.3.3　处理销售发票

活动描述

2014年07月06日,销售部开出销售专用发票一张,见表6-27。

表6-27

4400111140	广东省增值税专用发票  此联不作报销、抵扣凭证使用	No 034568006

开票日期:2014 年 07 月 06 日

购货单位	名　　　称:	东莞市新天地购物中心	密码区	(略)
	纳税人识别号:	441911792915102		
	地址、电话:	东莞市东城中路218号 22385568		
	开户行及账号:	工行东莞中信支行0030110188889999000		

货物及应税劳务名称	规格型号	单位	数量	单价	金　额	税率	税额
饭盒		个	200	26.00	5 200.00	17%	884.00
合　　计					¥5 200.00		¥884.00
价税合计(大写)	⊗陆仟零捌拾肆元整					(小写) ¥6 084.00	

销货单位	名　　　称:	东莞市京贸塑料制品有限公司	备注	(销货方印章)
	纳税人识别号:	441911792915001		
	地址、电话:	东莞市莞城区学院路287号 22662220		
	开户行及账号:	建行东莞建业支行 3231002100310041005		

收款人:张晴　　　复核:高山　　　开票人:李一凡　　　销货单位:(章)

活动步骤

1. 销售专用发票

（1）以销售专员李大兵(305)的身份登录 T3-企业管理信息化软件教育专版，登录日期为 2014-07-06。执行"销售"|"销售发票"，打开"销售发票"对话框，单击"增加"按钮，对照选择"专用发票"，如图 6-54 所示。

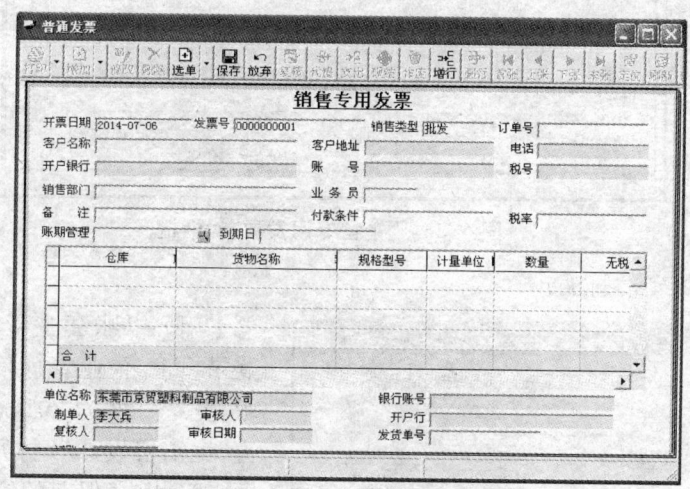

图 6-54 "销售专用发票"对话框

（2）在"销售专用发票"对话框中，单击"选单"下拉菜单，参照选择"发货单"，打开"选择发货单"窗口，如图 6-55 所示。

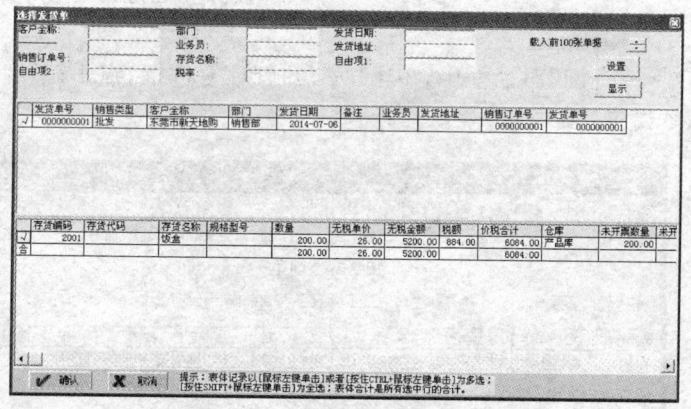

图 6-55 "选择发货单"对话框

（3）在"选择发货单"对话框中，单击"显示"按钮，查看已保存的发货单并选择，单击"确认"按钮，打开"销售专用发票"对话框，如图 6-56 所示。

（4）在"销售专用发票"对话框中，单击"发票号"文本框，输入"034568006"，单击"保存"按钮，保存销售专用发票。

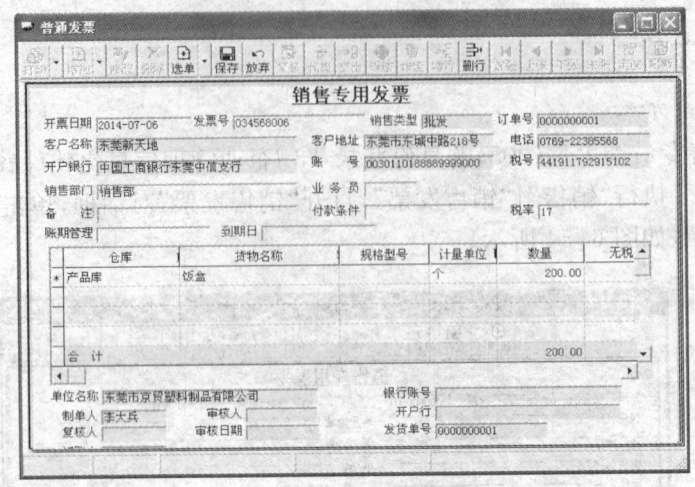

图 6-56 "销售专用发票"对话框

2. 销售专用发票制单

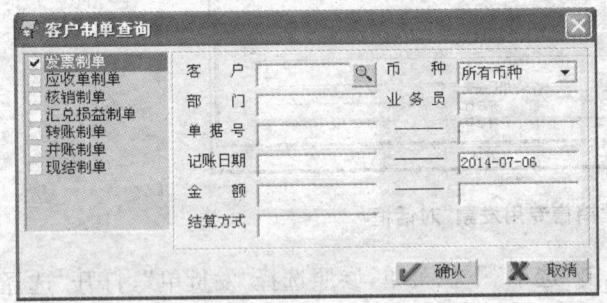

图 6-57 "客户制单查询"对话框

（1）以账套主管高山（301）的身份登录 T3-企业管理信息化软件教育专版，登录日期为 2014-07-06。执行"销售"|"销售发票"，打开"销售发票"对话框，找到刚才保存的销售专用发票，单击"审核"按钮，审核已保存的销售专用发票。

（2）执行"核算"|"凭证"|"客户往来制单"，打开"客户制单查询"对话框。如图 6-57 所示。

（3）在"客户制单查询"对话框中，单击"发票制单"复选框，点击确认按钮，打开"客户往来制单"对话框，如图 6-58 所示。

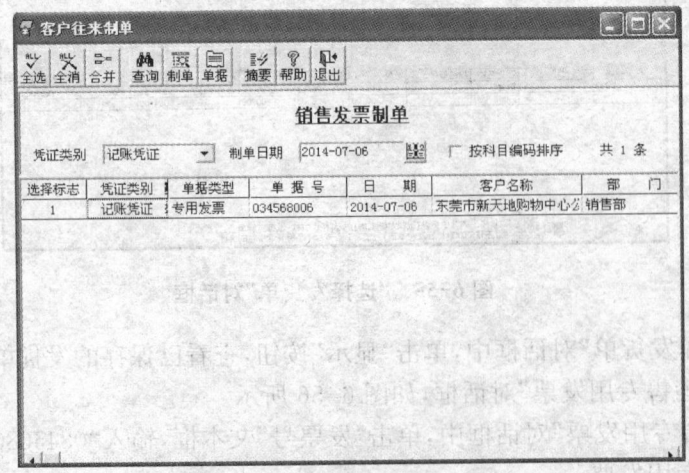

图 6-58 "客户往来制单"对话框

(4) 在"客户往来制单"对话框中,双击"选择标志"文本框,点击"制单"按钮,打开"填制凭证"对话框,如图6-59所示。

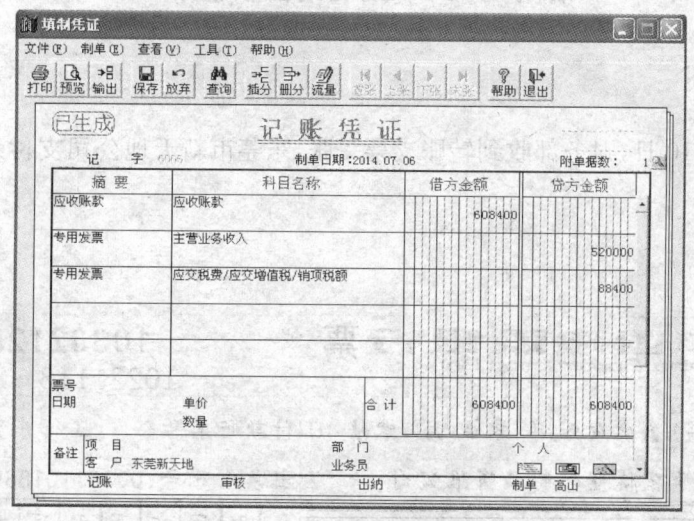

图6-59 "填制凭证"对话框

(5) 在"填制凭证"对话框中,单击"保存"按钮,保存生成的记账凭证。

 知识点拨

(1) 销售发票是指给客户开具的增值税专用发票、普通发票及其所附清单等原始销售票据。

(2) 在先发货后开票业务模式下,销售发票只能根据销售部门所提供的发货单生成。开票直接发货业务模式下,销售发票可以参照销售订单生成或直接填制。

(3) 本系统中先发货后开票和开票直接发货这两种模式可以同时存在。参照订单生成或直接填制的销售发票经复核后自动生成发货单,并根据参数设置生成销售出库单,或由库存系统参照已复核的销售发票生成销售出库单。一张订单/发货单可以拆单或拆记录生成多张销售发票,也可以用多张订单/发货单汇总生成一张销售发票。销售发票经复核后通知财务部门应收账款。客户通过发票取得货物的实物所有权。

 活动训练

填写学习记录表(见表6-28)。

表6-28　　　　　　　　　　　学习记录表

项　目	记录内容
销售发票的操作内容主要有哪些?	
在什么情况下销售发票可以参照销售订单生成?	
两种不同的销售发票操作方法有什么区别?	

活动 6.3.4 处理销售收款单

活动描述

2014 年 07 月 10 日,财务部收到转账支票一张,东莞市新天地公司支付采购货款,见表 6-29 至表 6-30。

表 6-29

活动步骤

1. 收款结算

（1）以账套主管高山（301）的身份登录 T3-企业管理信息化软件教育专版，登录日期为 2014-07-06。执行"销售"|"客户往来"|"收款结算"命令，打开"单据结算"对话框，如图 6-60 所示。

（2）在"单据结算"对话框中，双击"客户"文本框，参照选择"东莞市新天地购物中心公司"，单击"增加"按钮，在"日期"文本框中，输入"2014-07-06"；双击"结算方式"文本框，参照选择"转

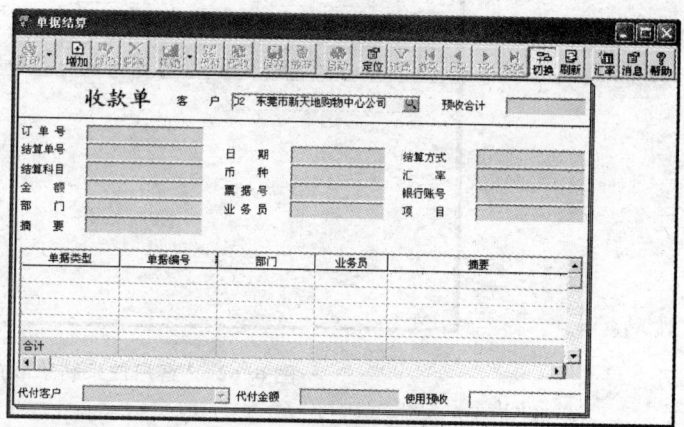

图 6-60 "单据结算"对话框

账支票"；单击"金额"文本框，输入"6084"；单击"票据号"文本框，输入"1587606"。

（3）单击"保存"按钮，保存录入的收款单信息。

（4）单击"核销"下拉菜单，选择"同币种核销"，在需要核销单据表体中，单击"本次结算"文本框，输入"6084"（若本次结算金额与金额相同，双击"余额"文本框，本次结算金额会自动与余额相同）。

（5）单击"保存"按钮，保存核销单。

2. 销售制单

（1）执行"核算"|"凭证"|"客户往来制单"，打开"客户制单查询"对话框。如图 6-61 所示。

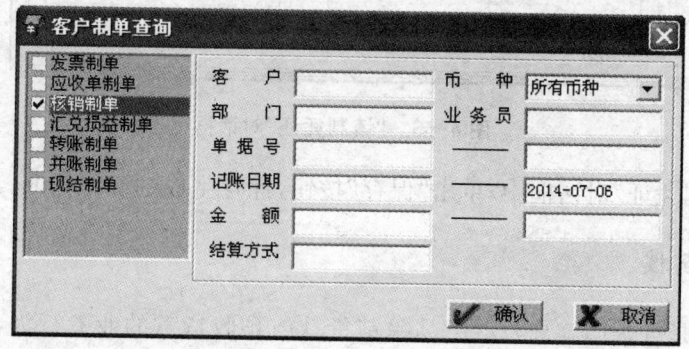

图 6-61 "客户制单查询"对话框

（2）在"客户制单查询"对话框中，单击"核销制单"复选框，单击"确认"按钮，打开"客户往来制单"对话框，如图 6-62 所示。

（3）在"客户往来制单"对话框中，双击"选择标志"文本框，单击"制单"按钮，打开"填制

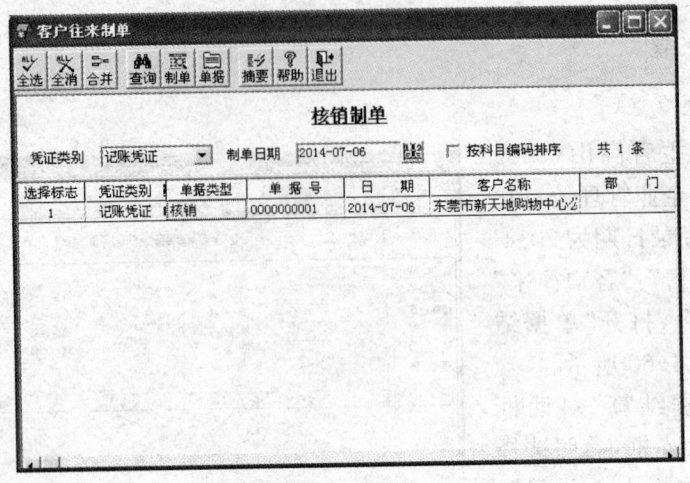

图 6-62 "客户往来制单"对话框

凭证"对话框,如图 6-63 所示。

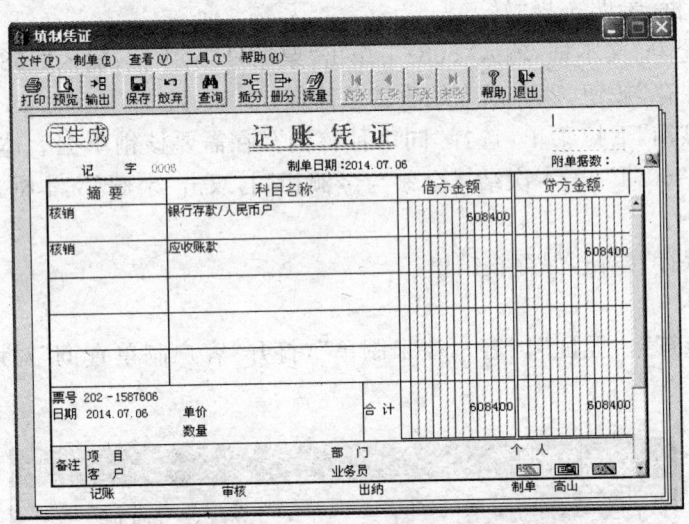

图 6-63 "填制凭证"对话框

(4) 在"填制凭证"对话框中,单击"保存"按钮,保存生成的记账凭证。

 知识点拨

(1) 收款单是处理向客户收取商品赊销货款或预收货款的业务行为,可处理企业销售收款、销售预收款、销售退款等收款业务。

(2) 必须先输入客户的名称,才能进行相应的处理。

 活动训练

填写学习记录表(见表 6-31)。

表 6-31　　　　　　　学习记录表

项　　目	记 录 内 容
销售收款单的操作流程是什么？	
如何修改已经核销的销售收款单？	
销售收款单与采购付款单的操作有什么相同的地方？	

 活动成果

操作至此，将本账套数据备份为"任务 6.3 销售与应收核算"。

任务 6.4　库存与存货核算

库存与存货核算主要包括材料领用业务、调拨业务、盘点业务和期末的处理。

活动 6.4.1　处理材料领用业务

 活动描述

2014 年 07 月 10 日，生产部领用材料聚丙烯 200 千克，用于生产饭盒。业务单据见表 6-32。

表 6-32

领 料 单

领料单位：生产车间　　　2014 年 07 月 10 日　　　领料编号：0701

用途：生产饭盒

材料类别	材料编号	材料名称	材料规格	计量单位	请领数量	实发数量
原材料		聚丙烯		千克	200	200

主管会计：李一凡　　　　发料：齐铭　　　　　　　领料：马金龙

 活动步骤

1. 材料领用业务

（1）以库管员王国勤（306）的身份登录 T3-企业管理信息化软件教育专版，登录日期为 2014-07-10。执行"存货"|"材料出库单"，打开"材料出库单"对话框。单击"增加"按钮，打

开如图6-64所示对话框。

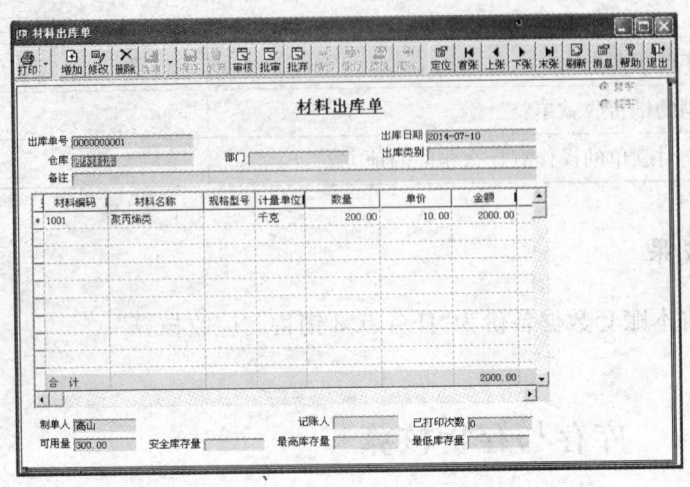

图6-64 "材料出库单"对话框

(2) 在"材料出库单"对话框中,单击"出库日期",输入"2014-07-10";双击"仓库"文本框,参照选择"原材料库";单击"材料编码"文本框,输入"1001";单击"数量"文本框,输入"200";单击"单价"文本框,输入"10"。

(3) 单击"保存"按钮,保存录入的材料出库单。

(4) 单击"审核"按钮,审核录入的材料出库单。

2. 材料领用业务制单

(1) 以账套主管高山(301)的身份登录T3-企业管理信息化软件教育专版,登录日期为2014-07-10。执行"核算"|"核算"|"正常单据记账",对已审核的材料出库单进行记账。

(2) 执行"核算"|"凭证"|"购销单据制单",打开"查询条件"对话框。如图6-65所示。

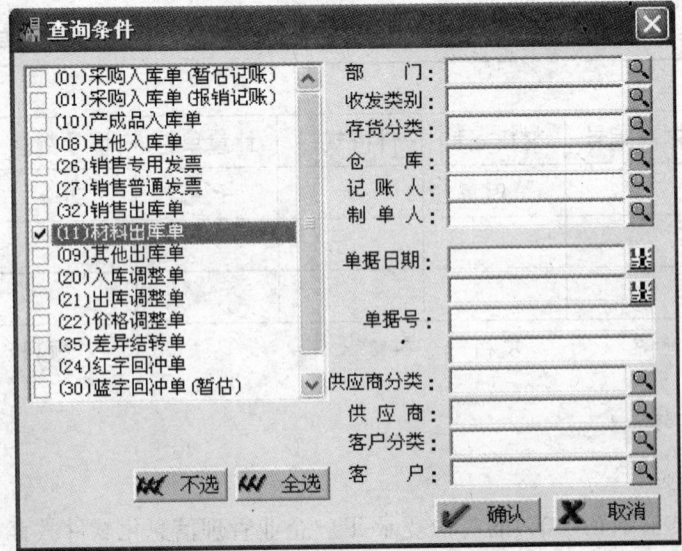

图6-65 "查询条件"对话框

（3）在"查询条件"对话框中，单击"材料出库单"复选框，单击"确认"按钮，打开"生成凭证"对话框，如图6-66所示。

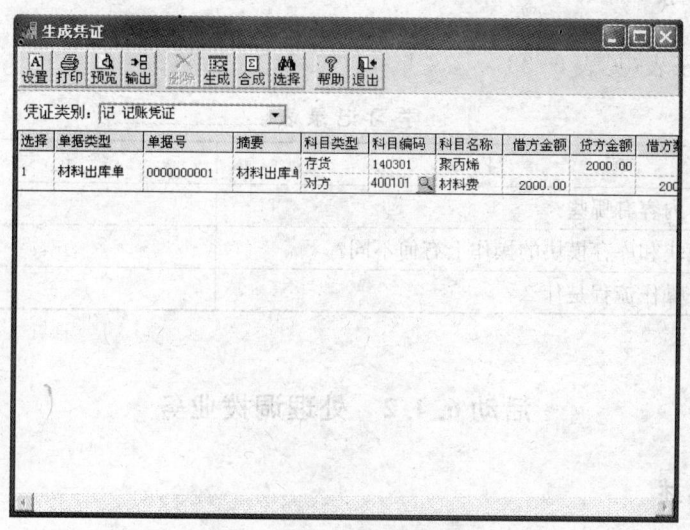

图6-66 "生成凭证"对话框

（4）在"生成凭证"对话框中，双击"对方"文本框，参照选择"400101"，单击"生成"按钮，打开"填制凭证"对话框，如图6-67所示。

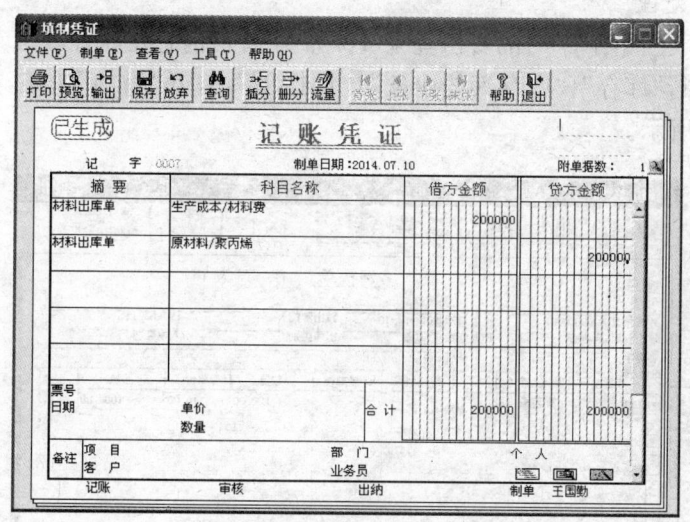

图6-67 "填制凭证"对话框

（5）在"填制凭证"对话框中，单击"保存"按钮，保存已生成的记账凭证。

 知识点拨

材料出库单是工业企业领用材料时所填制的出库单据。材料出库单是工业企业出库单据的主要部分，因此在本系统中，材料出库单也是进行日常业务处理和记账的主要原始单据之一。只有工业企业才有材料出库单，商业企业没有此单据。

 活动训练

填写学习记录表(见表6-33)。

表 6-33　　　　　　　　　学 习 记 录 表

项　　目	记 录 内 容
材料领用单的操作内容有哪些？	
同一业务在总账模块和库存模块的操作上有何不同？	
材料领用单的业务操作流程是什么？	

活动 6.4.2　处理调拨业务

 活动描述

2014年07月10日，将原材料库的100千克聚丙烯暂时调拨到产品库。

 活动步骤

1. 调拨业务处理

（1）以库管员王国勤(306)的身份登录T3-企业管理信息化软件教育专版,登录日期为2014-07-10。执行"库存"|"库存其他业务"|"调拨单"，打开"增加"按钮，打开"调拨单"对话框，如图6-68所示。

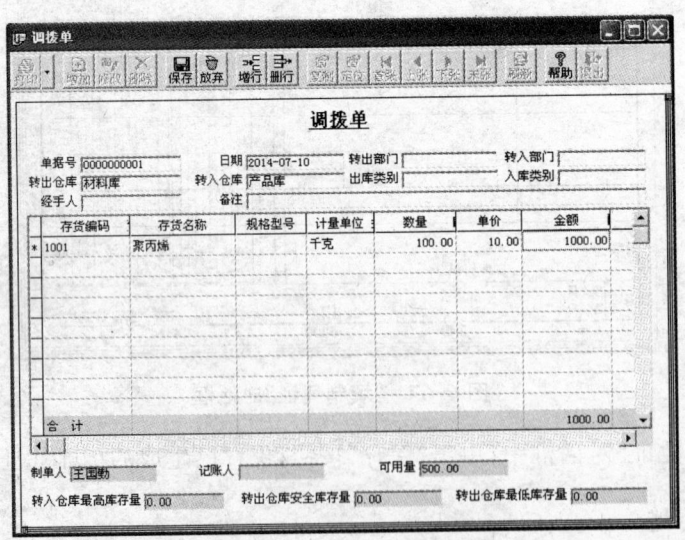

图 6-68　"调拨单"对话框

（2）在"调拨单"对话框中，单击"日期"文本框，输入"2014-07-10"；双击"转出仓库"文本框,参照选择"材料库";双击"转入仓库"文本框,参照选择"产品库";单击"存货编码"文本框,输入"1001";单击"数量"文本框,输入"100";单击"单价"文本框,输入"10"。

(3) 单击"保存"按钮,保存录入的调拨单。

(4) 执行"库存"|"其他入库单",打开生成的"其他入库单"并审核。

(5) 执行"库存"|"其他出库单",打开生成的"其他出库单"并审核。

2. 调拨业务处理制单

(1) 以账套主管高山(301)的身份登录T3-企业管理信息化软件教育专版,登录日期为2014-07-10。执行"核算"|"核算"|"特殊单据记账",打开"特殊单据记账条件"对话框。如图6-69所示。

(2) 在"特殊单据记账条件"对话框中,单击"单据类型"下拉菜单,选择"调拨单",打开"特殊单据记账"对话框,如图6-70所示。

(3) 在"特殊单据记账"对话框中,单击"选择"文本框,单击"记账"按钮,对调拨单进行记账。

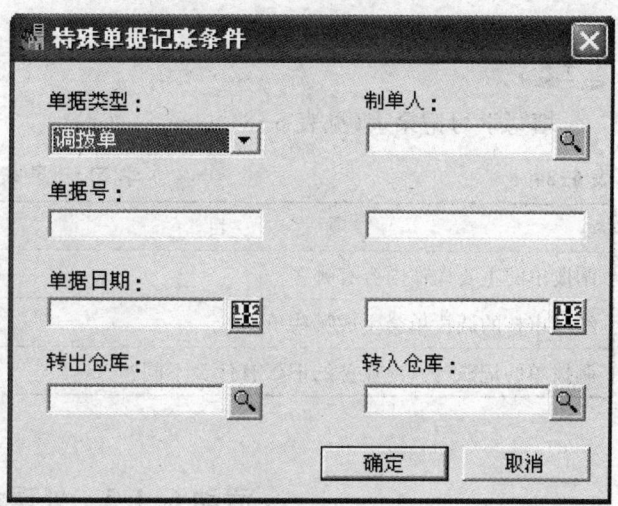

图6-69 "特殊单据记账条件"对话框

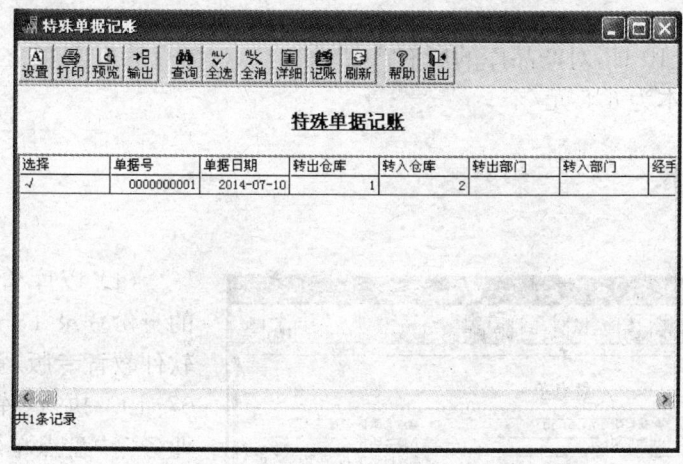

图6-70 "特殊单据记账"对话框

 知识点拨

(1) 调拨单是记录商品在同一公司不同仓库之间移动的凭据,将减少调出仓库的库存,增加调入仓库的库存。

(2) 调拨单用于仓库之间存货的转库业务或部门之间的存货调拨业务。同一张调拨单上,如果转出部门和转入部门不同,表示这是部门之间的调拨业务;如果转出部门和转入部门相同,但转出仓库和转入仓库不同,表示这是仓库之间的转库业务。

(3) 调拨单审核后物资从调出仓库调出,进入调入仓库,调拨业务完成,系统同时自动生成一张其他出库单和其他入库单。

(4) 调拨单是物资在企业内部的转移,只需要相关仓库间做好记账工作,不用生成凭证。

活动训练

填写学习记录表(见表6-34)。

表6-34　　　　　　　　　学习记录表

项　　目	记录内容
调拨单的主要操作内容有哪些?	
经过审核的调拨单会生成哪些单据?	
调拨单的记账与其他业务的记账有什么不同?	

活动6.4.3　处理盘点业务

活动描述

2014年07月10日,对产品库的所有产品进行盘点,盘点后发现饭盒多了100个。经确认,该饭盒的成本为6.5元/个。

活动步骤

1. 盘点业务

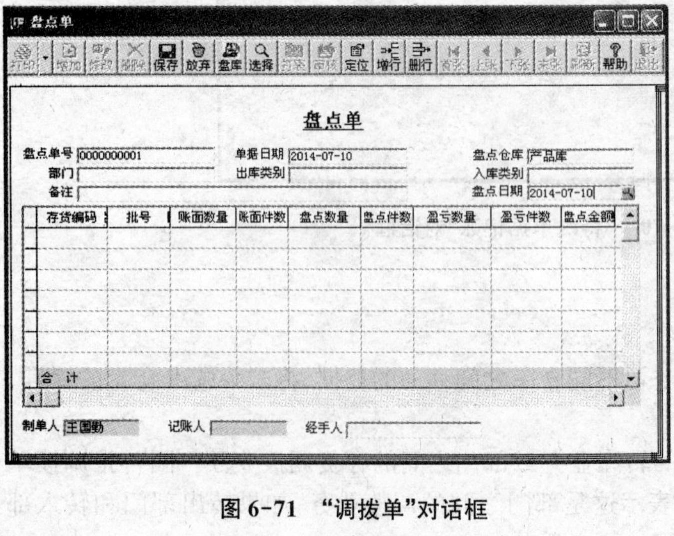

(1) 以库管员王国勤(306)的身份登录T3-企业管理信息化软件教育专版,登录日期为2014-07-10。执行"库存"|"库存其他业务"|"盘点单",打开"增加"按钮,打开"调拨单"对话框,如图6-71所示。

(2) 在"盘点单"对话框中,单击"单据日期"文本框,输入"2014-07-10";双击"盘点仓库"文本框,参照选择"产品库";单击"盘点日期",输入"2014-07-10";单击"盘库"按钮,显示盘点

图6-71　"调拨单"对话框

结果。如图6-72所示。

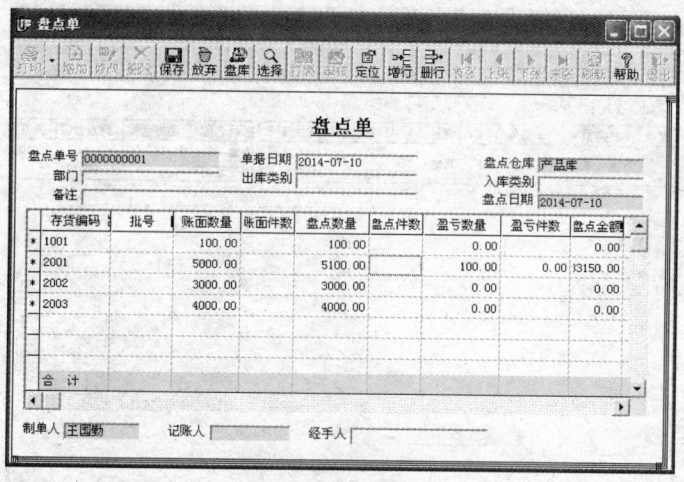

图6-72 "盘点单"对话框

(3) 在"盘点单"对话框中,在存货"2001"对应的"盘点数量"文本框输入"5100";单击"保存"按钮,单击"审核"按钮,打开"盘点单审核"对话框,单击"确定"按钮。如图6-73所示。

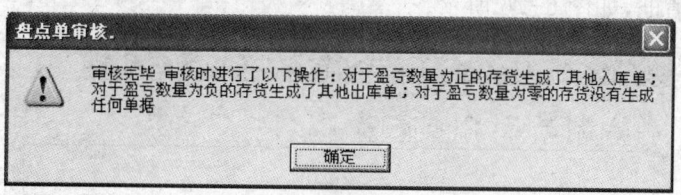

图6-73 "盘点单审核"对话框

(4) 执行"库存"|"其他入库单",打开生成的"其他入库单"并审核。

2. 盘点业务制单

(1) 以账套主管高山(301)的身份登录T3-企业管理信息化软件教育专版,登录日期为2014-07-10。执行"核算"|"核算"|"正常单据记账",对已审核的其他入库单进行记账。

(2) 执行"核算"|"凭证"|"购销单据制单",打开"查询条件"对话框。如图6-74所示。

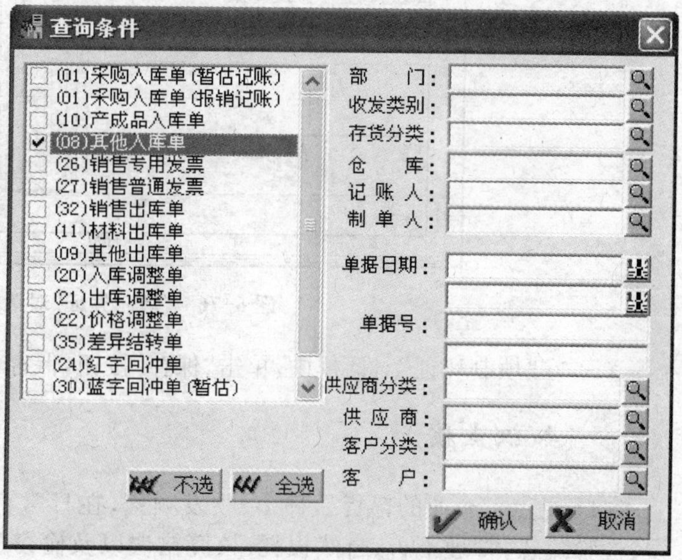

(3) 在"查询条件"对话框中,单击"其他入库单"复选框,单

图6-74 "查询条件"对话框

击"确认"按钮,打开"生成凭证"对话框,如图6-75所示。

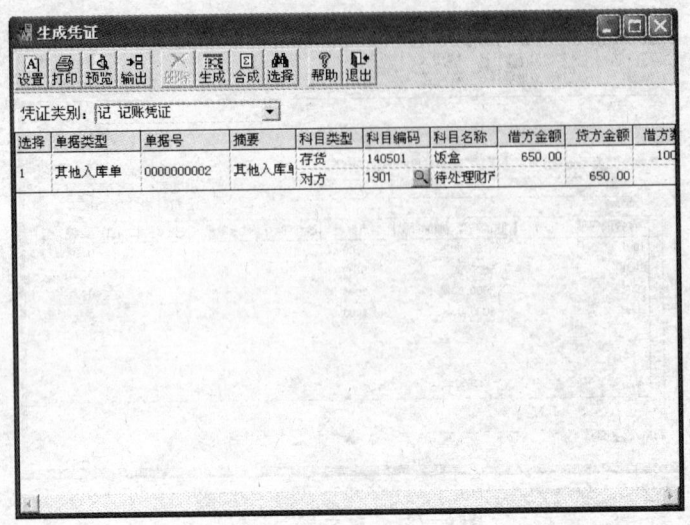

图6-75 "生成凭证"对话框

(4)在"生成凭证"对话框中,双击"对方"文本框,参照选择"1901",单击"生成"按钮,打开"填制凭证"对话框,如图6-76所示。

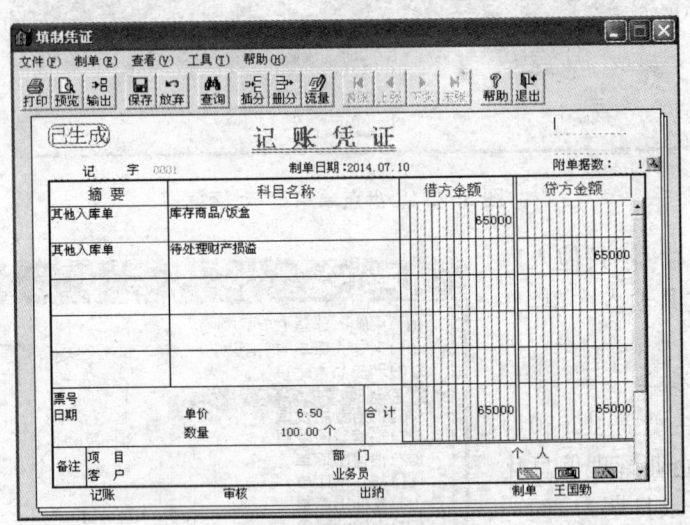

图6-76 "填制凭证"对话框

(5)在"填制凭证"对话框中,单击"保存"按钮,保存已生成的记账凭证。

 知识点拨

(1)盘点。企业的存货品种多、收发频繁,在日常存货收发、保管过程中,由于计量错误、检验疏忽、管理不善、自然损耗、核算错误以及偷窃、贪污等原因,有时会发生存货的盘盈、盘亏和毁损现象,从而造成存货账实不相符。为了保护企业流动资产的安全和完整,做到账实相符,企业必须对存货进行定期或不定期的清查。确定企业各种存货的实际库存量,并与账面记录相核对,查明存货盘盈、盘亏和毁损的数量以及造成的原因,并据以编制存货盘点报告表,按规定程序,报有关部门审批。

(2) 存货盘盈、盘亏和毁损,在查明原因、分清责任、按规定程序报经有关部门批准后,应进行相应的账务处理,调整存货账的实存数,使存货的账面记录与库存实物核对相符。

(3) 存货盘点报告表,是证明企业存货盘盈、盘亏和毁损,据以调整存货实存数的书面凭证,经企业领导批准后,即可作为原始凭证入账。但是,存货的盘盈、盘亏和毁损必须在按规定程序报经有关部门批准后才能进行处理。未批准前,只能先到账,即根据存货盘点报告表所列盈亏数,先结转"待处理财产损溢";批准后,再根据盈亏的不同原因和不同处理结果,作进一步的账务处理。

 活动训练

填写学习记录表(见表6-35)。

表6-35　　　　　　　　　　　　　学习记录表

项　　　目	记　录　内　容
盘点业务的主要操作内容有哪些?	
本模块中的业务操作流程与总账模块中的操作有何不同?	
盘点结果应该如何处理?	

活动6.4.4　期　末　处　理

 活动描述

(1) 采购模块月末结账。
(2) 销售模块月末结账。
(3) 库存模块月末结账。
(4) 核算模块期末处理。
(5) 核算模块月末结账。

 **活动步骤**

1. 凭证审核和记账

以会计李一凡(302)的身份登录T3-企业管理信息化软件教育专版,登录日期为2014-07-31。在总账模块对购销存系统生成的凭证进行审核和记账。

2. 采购模块月末结账

(1) 以账套主管高山(301)的身份登录T3-企业管理信息化软件教育专版,登录日期为2014-07-31。执行"采购"|"月末结账",打开"月末结账"对话框,如图6-77所示。

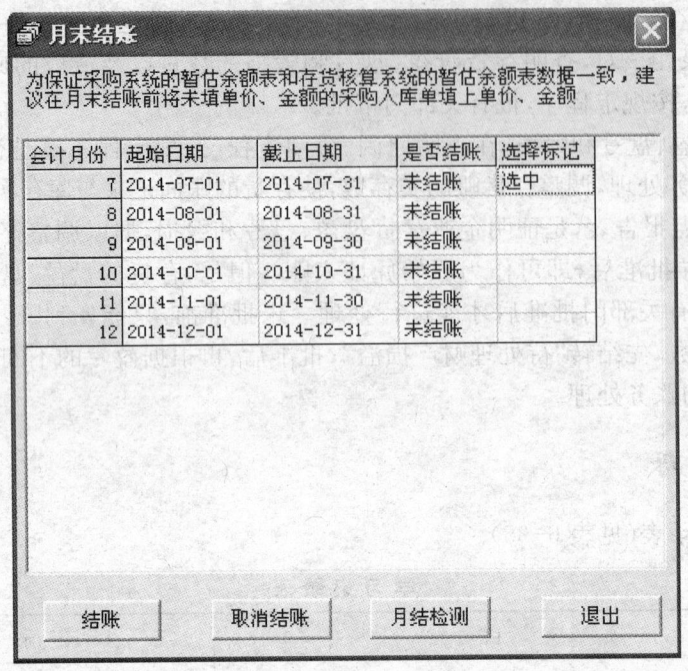

图 6-77 "月末结账"对话框

(2) 单击 7 月份的"选择标志"文本框,选中所要结账的月份,单击"结账"按钮。

3. 销售模块月末结账

(1) 执行"采购"|"月末结账",打开"月末结账"对话框,如图 6-78 所示。

图 6-78 "月末结账"对话框

（2）单击选择"7月份"一行，单击"月末结账"按钮，完成结账。

4. 库存模块月末结账

（1）执行"库存"|"月末结账"，打开"结账处理"对话框，如图6-79所示。

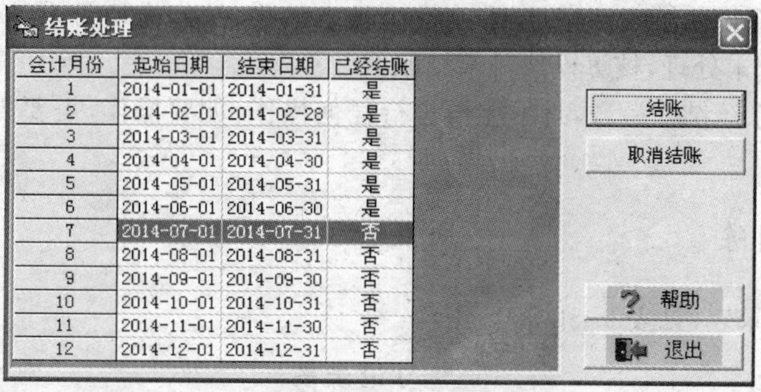

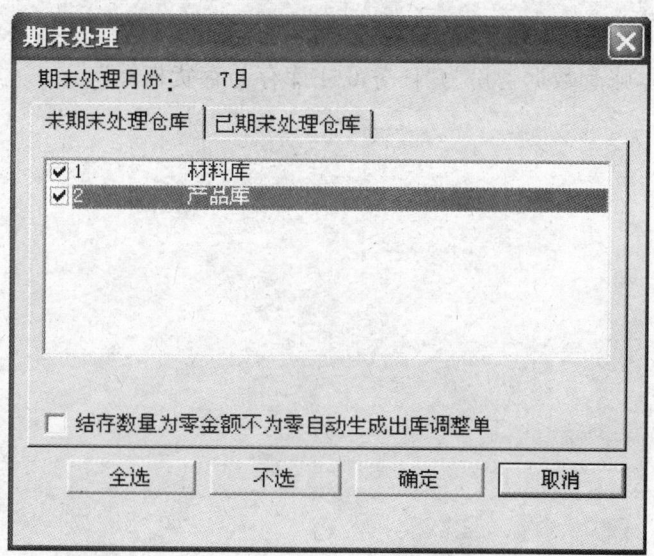

图 6-79 "结账处理"对话框

（2）单击选择"7月份"一行，单击"结账"按钮，完成结账。

5. 核算模块期末处理

（1）执行"核算"|"期末处理"，打开"期末处理"对话框，如图6-80所示。

图 6-80 "期末处理"对话框

（2）单击"材料库"复选框和"产品库"复选框，单击"确定"按钮，完成期末处理。

6. 核算模块月末结账

（1）执行"核算"|"月末结账"，打开"月末结账"对话框，如图6-81所示。

（2）单击"确定"按钮，完成结账。

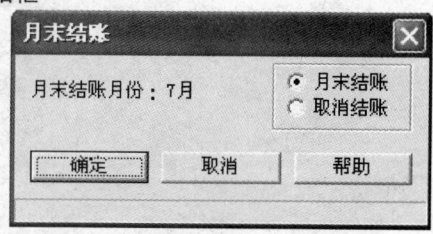

图 6-81 "月末结账"对话框

知识点拨

(1) 购销存系统生成的凭证需要在总账系统中进行审核和记账。

(2) 购销存系统的结账顺序是:采购模块月末结账,销售模块月末结账,库存模块月末结账,核算模块期末处理,核算模块月末结账。

(3) 购销存系统结账后,本月不能再进行任何操作,如要操作,需要先取消结账才可以进行操作。

 活动训练

填写学习记录表(见表6-36)。

表6-36　　　　　　　　　　学习记录表

项　　　目	记　录　内　容
购销存系统的月末结账顺序是什么?	
为什么购销存系统生成的凭证要在总账模块中审核和记账?	

 活动成果

操作至此,将本账套数据备份为"任务6.4 库存与存货核算"。

教学课件索取单

敬爱的老师：

感谢您使用我们出版社的教材。为了方便教学，教材配有相关教学课件。如果您需要，请您填写下面表格中的相关信息，并以电子邮件的形式发到我社，我们在核对您的信息后，即免费向您提供教学课件。

我们的联系方式：

地址：上海市中山西路2230号1号楼1503室　　　　邮编：200235
　　　立信会计出版社　　　　　　　　　　　　　　电话：(021)64411191
电子邮件：gogo2006gogo@126.com

教材名称				作者姓名	
教师姓名		性别		身份证号	
学　　校		院系		教研室	
学校地址				邮　　编	
职　　务		职称		办公电话	
E-mail		手机		宅　　电	
通信地址				邮　　编	
教材用量		册	委托订购单位		

您对本教材的意见和建议是：